Edition Sales Excellence

Reihe herausgegeben von

Gabi Böttcher
Springer Gabler
Springer Fachmedien Wiesbaden GmbH
Wiesbaden, Deutschland

EBOOK INSIDE

Die Zugangsinformationen zum eBook inside finden Sie
am Ende des Buchs.

Die Edition Sales Excellence bietet fundierte, praxisorientierte Fachinformation und Hintergrundberichte für alle Ebenen im Vertrieb – kompetent aufbereitet von renommierten Autoren aus Wissenschaft, Beratung und Vertriebspraxis. Indem sie neueste Forschungsergebnisse mit Beispielen und Erkenntnissen aus dem Vertriebsalltag verknüpfen, stellen die Fachautoren einen hohen Praxisbezug sicher und zeigen, mit welcher Dynamik sich vertriebsrelevante Themen wie beispielsweise Digitalisierung, Kundenbeziehungsmanagement, Pricing, Kundenprofitabilität, Vertriebsteuerung oder Führung entwickeln.

Freuen Sie sich auf einen spannenden Mix aus theoretischem Wissen und praktischen Tipps.

Weitere Bände in dieser Reihe: http://www.springer.com/series/16315

Claudia Thonet

Der agile Vertrieb

Transformation in Sales und Service
erfolgreich gestalten

Claudia Thonet
Berlin, Deutschland

ISSN 2662-9208   ISSN 2662-9216 (electronic)
Edition Sales Excellence
ISBN 978-3-658-29092-4   ISBN 978-3-658-29093-1 (eBook)
https://doi.org/10.1007/978-3-658-29093-1

Die Deutsche Nationalbibliothek verzeichnet diese Publikation in der Deutschen Nationalbibliografie; detaillierte bibliografische Daten sind im Internet über http://dnb.d-nb.de abrufbar.

Springer Gabler
© Springer Fachmedien Wiesbaden GmbH, ein Teil von Springer Nature 2020

Springer Gabler ist ein Imprint der eingetragenen Gesellschaft Springer Fachmedien Wiesbaden GmbH und ist ein Teil von Springer Nature.
Die Anschrift der Gesellschaft ist: Abraham-Lincoln-Str. 46, 65189 Wiesbaden, Germany

Geleitwort

Als ich Claudia Thonet das erste Mal gegenübersaß, merkte ich: Da war jemand, der ganz viel auf unterschiedlichen Ebenen verstand. Sie hatte viel gelesen, unglaublich viele Weiterbildungen absolviert und konnte blitzschnell Verknüpfungen herstellen. Kreativ war sie auch. Und sehr lebendig. Von agilen Arbeitsweisen war sie regelrecht begeistert, hatte hospitiert und sich selbstorganisiert in das neue Thema eingearbeitet. Das war im Sommer 2016. Wow, dachte ich. Aber welche Power diese Vertriebsexpertin in Ausbildungen und Workshops entwickeln könnte, erfuhr ich erst viel später. Da hatte ich sie bereits für unser neues Programm offener Seminare bei Teamworks im Blick.

Wir entschieden uns, „Agiler Moderieren" ins Programm zu nehmen. Beim ersten Mal war ich dabei und konnte erleben, wie Claudia mit Gruppen arbeitet. Liebevoll, zugewandt, detailorientiert und zugleich flexibel. Sie hat eine wunderbare Art, Dinge zu visualisieren, sodass regelrechte Museen im Raum entstehen, sie bemalt auch den kleinsten Post-it und überlegt sich immer wieder neue Varianten.

Trainer der „alten Welt" hatte ich oft als eher fantasielos und starr am Konzept orientiert erlebt. Claudia ist im besten Sinn „agil": Sie nimmt Impulse auf und verändert ihr Programm, wenn es gut für die Gruppe ist. Unser gemeinsames Kursprogramm erweiterte sich, „Agiler Moderieren" ist nun fester Bestandteil. Die Feedbacks sind immer begeistert.

Unser gemeinsames Buchprojekt „Der agile Kulturwandel" war trotzdem ein Experiment für mich. Es ist schwer, gemeinsam zu konzeptionieren und moderieren, aber ein Buch zu schreiben? Irgendwie vertraute ich darauf, dass es gelingen würde. Und nach ein paar Anlaufschwierigkeiten war es dann auch ein Selbstläufer. In Marbella, wo wir einen Schreiburlaub machten, stellte ich fest, wie gut wir uns Bälle zuwerfen können.

Mit „Der agile Vertrieb" macht Claudia als Autorin ihr eigenes Ding, und das erfüllt mich ein wenig mit Stolz. Dieses Ihnen vorliegende Buch hat sie auf der Insel Usedom vollendet, wo wir eine gemeinsame Arbeitswoche verbracht haben. Ich habe miterlebt, wie sie Skizzen fertigte, Text feinschliff und Themen runddachte. Es sollte ein besonderes Buch werden, hilfreich und praktisch und fundiert. Das ist gelungen! Als wir uns das erste Mal trafen, schien Agilität im Vertrieb weit fernzuliegen – sie war eine der ersten, die erkannt hat, wie sinnvoll und fruchtbar agiles Arbeiten gerade im Vertrieb ist.

Gleichzeitig hat der Gedanke agiler Selbstorganisation es hier auch besonders schwer, sind Vertriebler doch Teamarbeit selten gewohnt, stecken die Anreize doch typischerweise wie Bananen eher hoch für individuelle Leistungen. Doch dafür gibt es Lösungen, und in diesem Buch erfahren Sie auf anschauliche und umsetzbare Weise, wie ein Umdenken im Sinne des Kunden gelingen kann.

Svenja Hofert
Autorin und Geschäftsführerin Teamworks GTQ GmbH

Vorwort

Wie viele Vertriebler lockt die Vorstellung von Teamzielen und Gemeinschaftsprovisionen hinterm Ofen der vertrauten Verhaltensweisen vor? Wie viele begeistern sich auf Anhieb für vernetze Kollaboration und dann auch noch mit dem Wettbewerb? Wenn Sie solche Vorschläge machen, müssen Sie sich als Berater, Trainer oder Führungskraft warm anziehen und hitzige Diskussionen mögen. Ich bin seit mehr als 20 Jahren im Vertrieb tätig, erst als interne, dann als externe Trainerin und Coach. Nach all den Jahren schlägt mein Herz immer mehr für diesen Bereich mit seinem besonderen Esprit. Vertriebler sind in der Regel sehr direkt, offen und flexibel. Das liegt vermutlich an den vielen Kontakten mit so unterschiedlichen Kundentypen und an der Ziel- und Ergebnisorientierung, die nirgendwo anders so ausgeprägt ist. Doch seien wir mal ehrlich: Können Sie sich Verkäufer vorstellen, die artig mit den anderen am Lagerfeuer sitzen und über Stammesprobleme sprechen, statt auf die Jagd zu gehen? Ich gebe zu, eine Transformation im Sales und Service wird kein einfacher Spaziergang, sondern eine deftige Umwandlung mit deutlichem Paradigmenwechsel. Der Boden muss dafür nicht nur gedüngt werden, sondern umgegraben und von jeder Menge Wildwuchs befreit werden. Doch ich bin überzeugt: Es wird sich lohnen! Der Boden ist nämlich sehr fruchtbar.

In den letzten vier Jahren durfte ich mehrere Sales- und Servicebereiche beim Umpflügen begleiten. Ich habe unzählige Vertriebscoaches ausgebildet und agile Teamentwicklungen begleitet. Mein Fazit: Verkäufer können zu den besten und wendigsten Crossläufern werden und das sogar als Team! Auch Service Teams begeistern sich nach anfänglicher Skepsis für optimierte Customer Journeys und Shopfloor 4.0. Sie müssen die Menschen nur ernsthaft abholen und mitgestalten lassen, denn Vertriebler sind mehr als manch anderer sehr eigene Geschöpfe, sie laufen nicht einfach mit, sie wollen überzeugt werden.

Erst beim Schreiben dieses Buches wurde mir durch ein Interview mit einem sehr engagierten Markt-Bereichsleiter der Sparda Bank Baden-Württemberg bewusst, wie unausweichlich der Kultur- und Strukturwandel im Vertrieb tatsächlich ist. Nicht nur die jungen Kunden und Fintechs zwingen beispielsweise den Finanzvertrieb zur Transformation, auch die Mitarbeiter tun es. Noch vor fünf Jahren konnten sich die Banken Auszubildende aussuchen. Heute bekommen Sie kaum noch Nachwuchs, geschweige denn Ersatz für Mitarbeiter, die in Rente oder Elternzeit gehen. Auch fürs Employier Branding ist New

Work mit flexibler Arbeitsgestaltung, sinnzentrierter Entwicklungsförderung und globaler Vernetzung keine Option, sondern schlichtweg ein notwendiger Schritt zur Existenzsicherung.

Viele Unternehmen werden die nächsten Jahre nicht überleben, weil sie die Dringlichkeit und Notwendigkeit verschlafen. Das liegt zum einen an der fehlenden digitalen Strategie und zum anderen an der fehlenden Öffnung und Vernetzung. So, wie man früher die Tür verriegelt hat, wenn sich draußen Bedrohliches ereignete, so machen auch Vertriebe sprichwörtlich die Tür zu. Das ist fatal, denn nur mit Verbündeten und frischen Ideen werden erfolgreiche Innovationen entstehen.

Machen Sie die Türen auf und laden Sie Andersdenkende ein! Ändern Sie unbedingt die Tendenz, Menschen nach Ähnlichkeit und Teampassung einzustellen. Verbünden Sie sich mit Ihren größten Konkurrenten und suchen sie gemeinsame Win-Win-Lösungen. Ich bin sicher: Es lohnt sich! Denn Sie haben ja bereits das Wertvollste an Bord: die Menschen.

Claudia Thonet, Expertin für wirksamen Wandel, Inhaberin Institut Berlin
Agile Ausbildungen für den Vertrieb: www.claudiathonet.de

Einleitung

„Mehr Agilität" – das steht auf den Fahnen fast aller Organisationen. Einige meinen sogar, sie seien bereits agil unterwegs, andere dagegen sind voller Spott für das Unwort der letzten Jahre. Wirklich angekommen in einer beweglichen, flexiblen und innovativen Arbeitsweise sind die wenigsten. Laut einer Studie des Instituts für Beschäftigung aus dem Jahr 2018 arbeiten in Deutschland 21 Prozent der IT-Abteilungen agil, gefolgt von 15 Prozent in Forschung und Entwicklung und 13 Prozent der Personalabteilungen (Schabel 2018). 32 Prozent der Unternehmensführung geben zwar an, agile Arbeitsweisen zu nutzen, bezeichnenderweise nimmt dies aber nur jeder 13. der zugehörigen Mitarbeiter so wahr. Einige meinen sogar, Agilität sei eine Mode, die wieder vorübergeht. Im Grunde genommen ist Agilität die Antwort auf die Digitalisierung auf der Ebene der Zusammenarbeit. Sie ist die Basis einer neuen Art, im Business zu denken, zu handeln und Organisationen neu zu gestalten. Ziel ist die Zukunftsfähigkeit zum Umgang mit den disruptiven Transformationen durch Digitalisierung, Globalisierung, Klimawandel und eine neue Generation, die Arbeit neu denkt. Nach einer Studie der Boston Consulting Group (2017) sind agile Unternehmen bis zu fünfmal erfolgreicher als ihre Wettbewerber.

Aber wie steht es mit dem Vertrieb? Die Kernaufgabe des Vertriebs ist es, Produkte und Dienstleistungen zu vertreiben und für den Kunden verfügbar zu machen. Um das Angebot auf allen Kanälen für die Kunden jederzeit bereitzustellen und neue Märkte zu erschließen, braucht jeder Sales- und Servicebereich ein hohes Maß an Digitalisierung und Transformation. In den Organisationen, die ich als Beraterin während der letzten Jahre kennengelernt habe, sind – wenn überhaupt – die Softwareentwicklungsbereiche und einzelne Projekte agil unterwegs. Doch oftmals sind die Entwickler extern oder bilden ein separates Team im Unternehmen ebenso wie die Projektteams. Meist fehlt die Verzahnung und Integration in die gesamte Organisation. Dadurch entsteht eine Kluft zwischen agiler und klassischer Arbeitsweise, die mehr zu einem „Wir gegen die Anderen" als zu einer gesamten Agilisierung des Unternehmens führt.

In diesem Buch widme ich mich der Agilitätssteigerung im Vertrieb. Ich möchte damit nicht das beschriebene „Wir gegen die Anderen", das Bereichs- und Silodenken fördern. Der Vertrieb soll lediglich als Fokus meiner Studien und Erfahrungen dienen. Je mehr vernetzt und crossfunktional der Vertrieb mit den anderen Bereichen kollaboriert, desto wirksamer sind alle hier beschriebenen Impulse, Modelle und Methoden.

Warum also beschäftige ich mich explizit mit dem Vertrieb? Weil er meiner Einschätzung nach prädestiniert ist, agiler zu arbeiten. Zum einen ist er die Brücke zum Kunden und kennt dessen Bedarf am besten; zum anderen sind Service und Verkauf schon immer flexibel und beweglich unterwegs. Sales und Service reagieren als erstes auf Veränderungen am Markt und spüren neue Strömungen auf, um konkurrenzfähig zu bleiben. Ständige Anpassung und Neuausrichtung ist sozusagen eine ihrer Kernkompetenzen. Der Vertrieb ist aus meiner Sicht jener Bereich im Unternehmen, der sich schon immer wandeln musste und durch seine Brückenbildung zu Kunden und Partnern am stärksten mit dem Markt und seinen aktuellen Anforderungen verbunden ist. Fragen Sie Ihren Vertrieb, welche Anforderungen und Schmerzpunkte Ihre Bestandkunden haben, er wird es am treffendsten beantworten können. Kein anderer Bereich ist außerdem so transparent und messbar wie der Vertrieb. Jeder Vertriebler kennt seine Zahlen und Ziele und ist darauf getrimmt, diese auch zu erreichen. Dadurch verhalten sich die meisten Vertriebler ihren Kunden gegenüber wie ein Unternehmer und nicht wie ein Angestellter. Die damit einhergehende Selbstverpflichtung und Verantwortungsübernahme ist die ideale Voraussetzung für agiles Arbeiten.

Oft ist der Vertrieb eingebunden in eine Gesamtorganisation und deren Kultur, außer es handelt sich um eine reine Vertriebsorganisation. Kulturwandel ist immer dann am effektivsten, wenn er im gesamten Unternehmen angestoßen wird. Doch kenne ich auch erfolgreiche Beispiele, in denen der Vertrieb aufgrund seiner Kundennähe und Innovationsstärke als Vorreiter agiler Arbeitsweisen vorneweg geht und als Leuchtturm für andere Unternehmensbereiche wirkt.

Literatur

Boston Consulting Group (2017) BCG Studie Boosting performance through organization Design. https://www.bcg.com/publications/2017/people-boosting-performance-through-organization-design.aspx. Zugegriffen am 05.04.2019

Schabel F (2018) Agile Organisationen auf dem Prüfstand. https://www.hays.de/documents/10192/135555/hays-forum-2018-hr-report-presentation.pdf/99ea2d4a-d337-e7df-5df2-4644fa24c6c0. Zugegriffen am 15.05.2019

Inhaltsverzeichnis

Über die Autorin

 **Claudia Thonet** ist Lehrtrainerin und Lehrcoach (ECA) und hat jahrzehntelange praktische Erfahrungen in der Organisations- und Teamentwicklung im Service und Vertrieb von großen Unternehmen und Konzernen. Sie leitet das Institut Berlin und bildet Führungskräfte, Trainer, Moderatoren und Vertriebscoaches aus.

Kontakt: www.claudiathonet.de

Abbildungsverzeichnis

Zusammenfassung

Wie steht es um den Vertrieb hinsichtlich der agilen Transformationswelle, die über die Unternehmen teils wie ein Tsunami rollt? Welches gemeinsame Verständnis über Agilität können Sie im Vertrieb als Basis schaffen? Und wie setzen Sie das agile Manifest konkret um in Sales- und Servicebereichen? In diesem Kapitel erläutere ich Voraussetzungen und Definitionen, gebe Ihnen eine Metapher für den Wandel an die Hand und beschreibe den Paradigmenwechsel hin zu einer neuen Form der Vertriebswelt.

Durch die Digitalisierung und die damit einhergehenden, disruptiven Veränderungen spricht man auch von der dritten industriellen Revolution. Die Digitalisierung kann nicht ohne Agilität beschleunigt werden, und Agilität macht ohne eine Digitalisierungsstrategie keinen Sinn. Digitalisierung können und müssen Unternehmen und Vertriebsbereiche einführen und vorantreiben, um am Markt bestehen zu können. Neben der Nutzung neuer Technologien sind sie gefordert, agiler, sprich schneller und flexibler zu handeln, um direkter und vorausschauender auf Kundenbedürfnisse und Veränderungen auf dem Markt zu reagieren.

Agilität lässt sich nicht verordnen und im Grunde genommen auch nicht vorantreiben. Sie ist ein Entwicklungsprozess, oder besser gesagt ein Kulturwandel auf Organisationsebene, der jede Menge Aufmerksamkeit braucht und immer erst einmal mit der Stärkung des bereits Vorhandenen beginnt. Jede Vertriebsorganisation ist zu einem gewissen Grad schon jetzt agil, sprich mit wendiger Beweglichkeit unterwegs, sonst wäre sie schon längst nicht mehr wettbewerbsfähig.

Beginnen Sie daher als interner oder externer Berater bzw. Entscheider mit der Erkundung der bereits vorhandenen Ressourcen und stärken Sie diese in Richtung Flexibilität, Kundenzentrierung und Innovation. Sie schlagen damit sozusagen zwei Fliegen mit einer

© Springer Fachmedien Wiesbaden GmbH, ein Teil von Springer Nature 2020

C. Thonet, *Der agile Vertrieb*, Edition Sales Excellence,

https://doi.org/10.1007/978-3-658-29093-1_1

Klappe: Sie nehmen die Belegschaft mit, indem Sie auf Bestehendes aufbauen und das bisher Geleistete wertschätzen. Gleichzeitig schützen Sie die Organisation vor Überhitzung. An dieser leiden Organisationen, die den „Alles-neu-" oder „One-and-only-Erfolgsstrategie"-Marktschreiern auf den Leim gegangen sind. Dafür sind vor allem Geschäftsführer empfänglich, die unter Agilität vor allem eins verstehen: Schnelligkeit! Und zwar im Sinne von zielorientierter Schnelligkeit. Der ein oder andere Entscheider würde aus diesem Grund zu gerne die Agilität „vorantreiben" und wie eine neue Methode „einführen".

Beispiel

Herr Zackig ist jung, dynamisch und erfolgsorientiert. Seit fünf Jahren führt er seine Vertriebsmannschaft mit Außen- und Innendienst. Vor zwei Jahren hat er an einer Schulung „agile Führung" teilgenommen und anschließend ein Start-up in Berlin besucht. Voller Begeisterung entschied er sich Anfang 2018, Agilität in seinem Vertrieb einzuführen. In der Vertriebs-Auftaktveranstaltung zeigt er die Dringlichkeit des Marktes auf und mahnt seine Teams zur Veränderungsbereitschaft. Die Parole lautet: „Wir sind besser als unsere Konkurrenz." Er treibt seine Teams an; sie sollen einfach schneller, effizienter sein und vor allem mehr Umsatz machen als bisher. Und nebenher sollen sie auch noch neue Ideen entwickeln, wie sie den Service und die Produkte zukunftsfähiger machen können. Die Teamleiter veranstalten dazu alle vier Wochen ein 60-minütiges Ideenmeeting und rufen Sprints aus, um ein Produkt in den nächsten zwei bis vier Wochen fokussiert bei den Kunden anzusprechen. Ein Kanban-Board wird im Pausenraum an die Wand gehängt und für die täglichen To-dos genutzt. Nach vier Monaten sind die Teams so überlastet und frustriert, dass ich zur Rettung einspringen und Teamentwicklungen machen soll. Alle sind sich einig: Schuld ist die blöde Agilität.

Doch im Grunde genommen hat rein zielorientierte Schnelligkeit mit der wahren Bedeutung von Agilität wenig zu tun. Schlimmer noch: Das ist eine der Ursachen für die vielen Bereiche, die jetzt von Überhitzung sprechen und mehr Schaden als Nutzen durch agile Methoden erleben.

Was genau bedeutet also Agilität im Vertrieb? Wenn wir im Duden nachschlagen, steht dort: „Von großer Beweglichkeit zeugend; regsam und wendig". Und was ist der Unterschied zwischen schnell und beweglich bzw. wendig? Nun, auf den ersten Blick scheinen beiden Begriffe vielleicht ähnlich, doch lassen Sie mich den entscheidenden Unterschied bildlich verdeutlichen, in dem wir uns verschiedene Läufertypen anschauen:

- Der bewegliche und wendige Läufer ist nicht unbedingt derjenige, der am schnellsten im Ziel ist, sondern derjenige, der sich wendig in seiner Bewegung an die Umgebung anpasst und seinen Kurs stetig korrigieren kann.
- Der klassische Sprinter ist nur auf seiner eingeübten, geradlinigen und vorhersehbaren Tartanbahn schnell. Mit der gleichen Art zu laufen wäre er querfeldein auf einem

Gelände voller wechselnder Untergründe und Hindernissen voraussichtlich nicht besonders erfolgreich. Um dort voranzukommen, müsste er seine Art des Laufens extrem verändern und an den jeweiligen Untergrund anpassen. Über Hindernisse müsste er Sprünge machen und bei Unebenheiten mehr mit dem Gleichgewicht arbeiten. Auch wenn sein Laufstil dabei wendiger und anpassungsfähiger wird, nimmt es ihm zunächst einmal Tempo. So schnell wie auf der Tartanbahn kann er im Crosslauf nicht mehr unterwegs sein.

Übersetzt heißt das: Vertriebsbereiche müssen sich bildlich gesprochen in der Unwegsamkeit der wandelnden, disruptiven Märkte und Produkte weg vom Sprinter hin zum Crossläufer entwickeln. Die Zukunft ist keine Tartanbahn! Die Digitalisierung ist ein höchst unwegsames Gelände. Schnelligkeit ist natürlich wichtig am Markt. Die „Time to market" zu verringern ist ein Erfolgsfaktor der Gegenwart und erst recht der Zukunft, um nicht mit aufwändigen, neuen Entwicklungen erst dann auf den Markt zu kommen, wenn sich der Bedarf des Kunden bereits weiterentwickelt hat und unser Produkt oder unsere Dienstleistung schon veraltet ist.

Beispiel

Das Handy-Betriebssystem Windows Phone kam Ende 2010 nach viel zu langer Entwicklung auf den Markt. Die Kunden hatten sich bereits seit zwei Jahren an iPhone und Android-Smartphones gewöhnt; das Windows Phone bot keine Vorteile gegenüber den bereits existierenden Modellen. Windows hat es schlichtweg verpasst, seine Entwicklung an den Markt anzupassen und einen Mehrwert für den Kunden zu schaffen.

Das funktioniert jedoch nicht mit mehr Tempo im gleichen Laufstil. Vielmehr ist die ständige Anpassung des aktuellen Bewegungsablaufs gefragt, also die Erkundung neuer Wege und Geländearten und die ständige Adaption der eigenen Vertriebsprozesse und Arbeitsweisen an den Bedarf des Kunden (s. Abb. 1.1).

Und wie wird ein Team von Sprint- zu Crossläufern? Kann man das einfach einführen und beschließen? Würden Sie beispielsweise als Trainer Ihren Kurz- oder Mittelstreckenläufern verkünden: „Ab morgen lauft Ihr einfach querfeldein, und zwar schneller als bisher"? Was würde vermutlich passieren, wenn Sie so handeln? Richtig: Viele Läufer würden stolpern, hinfallen, sich verletzen, frustriert aufgeben oder sich mit schlechten Zeiten ins Ziel quälen. Die Motivation würde in den Keller sinken, und am Ende hätten Sie ein abgekämpftes, gestresstes und drittklassiges Team.

Als Trainer wären Sie besser beraten, den Prozess des Umlernens und Trainings hin zum anderen Laufstil mit der Mannschaft gemeinsam zu planen, den Rahmen zu gestalten, in dem das Team stärkenorientiert Verantwortung übernimmt, und den Trainingsplan von Tag zu Tag an die Entwicklung anzupassen. Sie würden auf den Stärken der Sprinter aufbauen, sie iterativ an das Laufen im Gelände gewöhnen und die Achtsamkeit auf den Umgang mit wechselnden Untergründen stärken. Zusätzlich wären Sie gut beraten, den

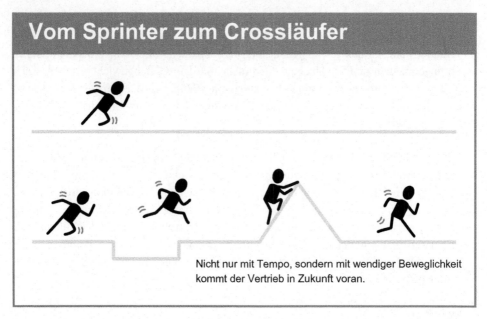

Abb. 1.1 Crossläufer-Teams sind die Zukunft. (Mit freundlicher Genehmigung von © Claudia Thonet 2020. All Rights Reserved)

ein oder anderen erfahrenen und professionellen Crossläufer einzustellen, der neue Impulse und Expertise einbringt. Die Entscheidung und Personalauswahl liegt dabei beim Team.

Als Berater, Coach oder Führungskraft, dessen Aufgabe die Agilitätssteigerung eines Teams oder Vertriebsbereichs ist, müssen Sie also ebenso wie ein guter Trainer ein Grundverständnis haben, um den Prozess jeder Entwicklung begleiten zu können. Beginnen Sie damit, ein gemeinsames Verständnis herzustellen, die Richtung aufzuzeigen, den Sinn zu vermitteln und die vorhandenen Stärken zu stärken.

1.1 Gemeinsames Verständnis als Fundament

Definitionen sind ein brauchbares Hilfsmittel, um eine Basis für ein gemeinsames Verständnis zu schaffen. Gerade dieses gemeinsame Verständnis ist das Fundament jedes Kulturwandels. Wie im Buch *Der agile Kulturwandel* (Hofert und Thonet 2019) beschrieben, ist Speed zwar die Währung der Zukunft, jedoch nur dann, wenn sie intrinsisch befeuert ist und die Mitarbeiter mitgenommen werden. Dazu ist es zunächst einmal entscheidend zu wissen, worüber gesprochen wird. Wo soll die Reise hingehen und was ist der Sinn und Nutzen für jeden Beteiligten, die Teams und die gesamte Organisation?

Wie in der Metapher vom Sprint- und Crossläufer können Sie ein gemeinsames Verständnis erzeugen, indem Sie ein nachvollziehbares und plastisches Bild oder eine gute Geschichte transportieren. Nehmen Sie sich im Unternehmen die Zeit, mit den Beteiligten eine eigene, gemeinsame Definition zu finden. Dabei können Sie von veröffentlichten Definitionen inspirieren lassen. Finden Sie dennoch die Worte, die für Sie am bedeutsamsten sind und am stärksten die Richtung ausdrücken, die Ihnen entspricht. Passgenaue Definitionen und Metaphern, die selbst formuliert und mit Bedeutsamkeit verbunden sind, können dann wie ein Bindemittel wirken. Sie verbinden die einzelnen Elemente zu einer stabileren Basis, einem Fundament, auf das Sie bauen können. Ein Vertrieb, der sich wendig an die Veränderungen des Marktes anpasst und dabei kundenzentriert vorausschauend agiert. Flexibilität hinsichtlich der Anpassungen von Produkten, Prozessen und vor allem der Mitarbeiter mit ihren Kompetenzen sind dabei entscheidende Kriterien. Der Agile Vertrieb ist im hohen Maße intern und extern vernetzt. Die Unternehmenskultur basiert auf dem Vertrauen der Führungskräfte gegenüber ihren Teams und der Kollaboration der Mitarbeiter untereinander.

▶ **Agiles Vertriebsteam** Ein selbstorganisiertes Team, das kundenzentriert handelt und Innovationen umsetzt, evaluiert und anpasst (s. Abb. 1.2). Die Mitarbeiter sind in der Lage, innerhalb eines Rahmens autonom Entscheidungen zu treffen.

▶ **Agile Vertriebsführung** Transformative Führung, die Sinn vermittelt, kundenzentriert die Richtung aufzeigt und Teams in ihrer Selbstorganisation und Reflexionsfähigkeit befähigt. Sie gestaltet den Rahmen, in dem das Team selbstständig handelt (s. Abb. 1.3).

Abb. 1.2 Selbstorganisierte Teams mit Kundenfokus. (Mit freundlicher Genehmigung von © Claudia Thonet 2020. All Rights Reserved)

Abb. 1.3 Führung wird sich verändern. (Mit freundlicher Genehmigung von © Claudia Thonet 2020. All Rights Reserved)

Die wichtigsten Zutaten zur Steigerung der Agilität im Vertrieb

Um die Agilität zu steigern und den Vertrieb wendiger, kundenzentrierter und innovativer zu gestalten, gibt es einige entscheidende Zutaten:

- **Anpassung:** Die Service- und Salesbereiche sind gefordert, sich ständig anzupassen wie ein Chamäleon oder wie der bereits beschriebene Crossläufer, die Bewegungen kontinuierlich an den wechselnden Untergrund zu adaptieren. Marktentwicklungen und veränderte Kundenbedürfnisse werden fortlaufend beobachtet und spiegeln sich in den Produkten und Dienstleistungen wider. Der Vertrieb handelt nach dem Pull-Prinzip und reagiert auf die Impulse des Marktes.
- **Selbstorganisation:** Die Teams arbeiten selbstorganisiert. Hofert (2018) unterscheidet drei Stufen: In der ersten Stufe der Selbstorganisation arbeitet das Team fachlich und inhaltlich autonom und kann Entscheidungen fachlicher Art selbstständig treffen. Die zweite Stufe der Selbstorganisation erreicht ein Team, wenn es darüber hinaus auch seine Ziele und Prioritäten autonom festlegen, messen und verändern kann. Die dritte und höchste Stufe ist dann gegeben, wenn das Team außerdem die betriebswirtschaftliche Verantwortung innehat. Es entscheidet in einem Rahmen über das Budget. Diese Stufe wird erst möglich, wenn die Teams auch die entsprechende betriebswirtschaftliche Kompetenz haben und am Unternehmen durch entsprechende Modelle beteiligt werden.
- **Kundenzentrierung:** Der Vertrieb integriert die Kundensicht in jede Entscheidung und Entwicklung. Personifizierte, charakteristische Kunden werden in Form von Personas

sowohl in Meetings integriert wie auch zur Ideenfindung genutzt, um aus deren Perspektive die Themen zu betrachten. Der Kunde bestimmt die Richtung des Vertriebs.

- **Flexibilität:** Die Strukturen des Vertriebs sind so gestaltet, dass die Prozesse veränderbar sind und Teams wendig agieren können. Auch das Mindset der Führung und der Mitarbeiter ist flexibel und transformationsfähig. Man glaubt an die Entwicklungsfähigkeit jedes einzelnen Kollegen und des gesamten Teams.
- **Reflexionsfähigkeit:** Das eigene Verhalten und die Interaktionen untereinander zu reflektieren ist eine hohe Kunst. Im agilen Kontext wird diese Fähigkeit durch Retrospektiven stetig gefördert. Dazu braucht es Mitarbeiter, die in der Lage sind, ihr Denken und Handeln in Frage zu stellen, und bereit sind, sich zu entwickeln.
- **Schnelligkeit:** Schnelle, direkte Umsetzung ohne strukturelle Hürden ist die Voraussetzung, um die „Time to market" zu reduzieren. Das sichert die Wettbewerbsfähigkeit. Agile Schnelligkeit beinhaltet immer eine gewisse Wendigkeit. Somit ist nicht nur die Schnelligkeit der Umsetzung, sondern auch der Anpassung an Veränderungen gemeint.

1.2 Was das agile Manifest für den Vertrieb bedeutet

Das agile Manifest ist sozusagen der kleinste gemeinsame Nenner aller agilen Vorgehensmodelle. 2001 trafen sich 17 führende Köpfe der agilen Softwareentwicklung in Utah, um gemeinsame Paradigmen und Arbeitsprinzipien zu vereinbaren und als Überbegriff das Wort „agil" zu wählen (Manifesto for Agile Software Development 2001).

Das Manifest lautet übersetzt
Wir suchen nach besseren Wegen, Produkte zu entwickeln, indem wir es selbst praktizieren und anderen dabei helfen, dies zu tun.

1. **Individuen und Interaktionen** haben Vorrang vor Prozessen und Werkzeugen.
2. **Funktionsfähige Produkte** haben Vorrang vor ausgedehnter Dokumentation.
3. **Zusammenarbeit mit dem Kunden** hat Vorrang vor Vertragsverhandlungen.
4. **Das Eingehen auf Änderungen** hat Vorrang vor strikter Planverfolgung.

Wir erkennen dabei sehr wohl den Wert der Dinge auf der rechten Seite der vier Sätze an, wertschätzen jedoch die auf der linken Seite noch mehr.

Allein die Umsetzung dieser vier Paradigmen würde im klassischen Vertrieb einen Kulturwandel verursachen. Schauen wir uns die Grundsätze des Manifestes zunächst näher an und stellen uns die Frage, wie der Vertriebsalltag diesbezüglich aussieht.

1.2.1 Individuen und Interaktionen

Bereits das Einhalten des ersten Gebots agiler Vorgehensweise würde bei so mancher Vertriebsorganisation mit Umdenken einhergehen: „Individuen und Interaktionen haben Vorrang vor Prozessen und Werkzeugen." Jeder einzelne Mitarbeiter und die Interaktionen unter der Belegschaft hätten Vorrang, wären also höherwertig und bekämen mehr Aufmerksamkeit als die Prozesse und Werkzeuge.

Hand aufs Herz, kennen Sie einen Vertrieb, in dem das so gelebt wird? Ich kenne vielmehr Vertriebler, die im Wettbewerb miteinander stehen und sogenannte Rennlisten führen, wer der beste Verkäufer ist. Welche Auswirkungen das auf die Interaktionen untereinander hat, wird in der Regel nicht reflektiert. Auch die Beziehungsgestaltung in einem Team findet bestenfalls in Teamentwicklungsseminaren Beachtung, die erst bei eskalierten Konflikten gebucht werden. Ganz zu schweigen von der fehlenden Kooperation mit anderen Unternehmensbereichen wie Einkauf, Controlling, Recht etc. Auch die Interaktionen innerhalb der Mannschaft zwischen Innen-, Außen- und Onlinevertrieb lässt zu wünschen übrig. Das alles wird im Normalfall hingenommen, obwohl die Nachteile der fehlenden Kollaboration offensichtlich sind: Es mangelt nämlich an Vertrauen, Austausch, Fehlerkorrektur, Engagement, Verantwortungsübernahme und Zielorientierung.

Beispiel

Bei einer Teamentwicklung eines zehnköpfigen Teams ließ ich zu einer Kleingruppenübung Lose zur Gruppeneinteilung ziehen. Zwei Teilnehmer einer gelosten Gruppe verließen daraufhin wortlos den Schulungsraum. Auf Nachfrage erfuhr ich, dass die beiden Teamer seit Jahren nicht miteinander sprachen. Am meisten schockierte mich neben der Tatsache als solche meine Feststellung, dass ich in den vergangenen vier Stunden der Teamentwicklung nichts Ungewöhnliches bemerkt hatte. Das Team war offensichtlich derart vertraut mit der Situation, dass es gelernt hatte, seine Interaktionen drum herum zu bauen.

1.2.2 Funktionsfähige Produkte

Wenn ich im Finanzvertrieb den zweiten Grundsatz vorstelle, ernte ich entweder schallendes Gelächter oder heftiges Kopfschütteln. Ausgiebige Beratungsdokumentationen pflastern den Verkaufsprozess, und es wird von Jahr zu Jahr mehr Papierkram. Seit der neuen Datenschutzgrundverordnung hat sich das Ganze zusätzlich verschärft. Trotzdem ließe sich mit kreativen Einfällen und vernetzter Kommunikation einiges an Dokumentationen zugunsten der Vorführung der Produkte vermindern oder anders kommunizieren. In einer gelungenen Review, bei der der Kunde oder Stakeholder ein Produkt vorgeführt bekommt, ist die Funktionsweise des Inkrements und dessen Nutzen für den User immer im Vordergrund – anstelle langweiliger Beamerpräsentationen über die Eigenschaften. Auch

Dokumentationen lassen sich auf das Wesentliche und Notwendige reduzieren, um mehr Zeit für das eigentliche Angebot zu haben.

Beispiel

Das Beratungsunternehmen Müller & Söhne bestellt neue Büromöbel bei dem Berliner Start-up „Design to go", das innovative Büroeinrichtungen anbietet. Damit will das alteingesessene Beraterhaus einen agileren Anstrich bekommen. Nach der Auswahl der Möbelstücke inklusive der Sonderwünsche bittet das Gründerteam um einen weiteren Vororttermin zwei Wochen später. Zum Erstaunen der Berater werden vor deren Augen ein Schreibtisch mit Stuhl sowie zwei unterschiedliche Schränke aus Pappe im Raum aufgestellt. Die Pappstühle sind so stabil, dass sie sogar probesitzen können. Auf diese Weise erleben sie die Wirkung der Möbel im Raum und können Anpassungen vornehmen, bevor die Möbel in Produktion gehen.

1.2.3 Zusammenarbeit mit dem Kunden

In einem kleinen Unternehmen lässt sich das dritte Paradigma sehr gut umsetzen. Ich habe von meiner Seite aus noch nie von den Unternehmen, für die ich im Einsatz bin, Verträge verlangt oder vorgelegt. Außer, es wird von Seiten der Organisation anders gewünscht, arbeite ich ausschließlich auf Vertrauensbasis und mit mündlichen oder schriftlichen Terminabsprachen.

Wenn ein Termin von Kundenseite her ausfällt, wird er nachgeholt oder er findet einfach nicht statt, weil sich der Bedarf geändert hat. Beraterkollegen schlagen die Hände über dem Kopf zusammen über meine – aus ihrer Sicht – naive Vorgehensweise. Doch diese bewährt sich für mich seit mehr als 15 Jahren. Ich wage zu behaupten, dass in einem gewissen Maße auch größere Unternehmen im B2B-Bereich mehr auf Basis von Vertrauen und Commitment agieren können. Großzügigkeit zeichnet sich meistens aus. Sie machen damit sprichwörtlich eine Einzahlung auf dem Beziehungskonto des Kunden und diese wird in der Regel durch entsprechendes Entgegenkommen seinerseits ausgeglichen. Wie Steven Covey in seinem Klassiker so treffend beschreibt, haben wir unbewusst Beziehungskonten, die nach Ausgleich streben. Geraten wir allerdings ins Soll, weil wir durch Prozesse oder Verträge unflexibel agieren oder die Kundenerwartungen enttäuschen, müssen wir erst einmal eine Menge einzahlen bzw. wieder gutmachen, bevor der Kunde uns eine weitere Chance gibt (Covey 2005, S. 170 ff.).

Beispiel

Für einen meiner Kunden arbeite ich seit 15 Jahren. In dieser Zeit wurden immer mal wieder Trainings von Seiten des Kunden verschoben, weil Mitarbeiter krank wurden oder sich wichtige Rahmenbedingungen geändert hatten. Wir haben keine Verträge miteinander geschlossen, sondern uns immer über Änderungen einvernehmlich ausgetauscht und Lösungen gefunden. Bisher hat das unser Vertrauen und die Abstimmungen miteinander immer mehr gestärkt als geschädigt. Wenn sich Rahmenbedingungen ändern, bin ich als Trainerin immer dafür, ein Seminar zu verschieben oder zu streichen, um den besten Nutzen für meine Kunden zu erzielen. Letztes Jahr bekam ich zwei Tage vor einem 16-köpfigen Führungsworkshop eine heftige Grippe. Das Seminar sollte in einem hochpreisigen Hotel stattfinden. Ich musste das Seminar sehr kurzfristig absagen, was zu einem immensen Verlust für den Kunden führte: die Hotelzimmer mit Tagungspauschalen und die gebuchten Flüge etc. waren nicht mehr stornierbar. Die Personalabteilung bemerkte diese Misere mir gegenüber noch nicht einmal, sondern wünschte mir von ganzem Herzen gute Besserung. Als ich wieder gesund war, bat man mich um einen neuen Termin für den Workshop.

1.2.4 Anpassung an Veränderungen

Der vierte Grundsatz ist für einige große Organisationen der Stolperstein schlechthin. Ähnlich wie ein Flaggschiff sind sie träge und langsam, was kurzfristige Veränderungen und Richtungswechsel angeht. In dem schnelllebigen Markt sind die klassischen Meilensteinplanungen über Monate bis Jahre hinweg nicht mehr zeitgemäß. Der Kunde erwartet von seinem Anbieter Flexibilität, egal ob im B2C- oder B2B-Geschäftsfeld. Verkürzen Sie Ihre Umsetzungszeiträume und adaptieren Sie Teilprodukte zeitnah. Je größer der Vertrieb, desto dringender brauchen Sie kleinere agile Einheiten, die wie Schnellboote agieren können.

Beispiel

Der Riesendampfer „Irina" schipperte durch eine verlassene Region des großen Ozeans. Plötzlich bekam der Kapitän ein Notrufsignal von einem Sender einige Meilen östlich seines Kurses. Er berechnete eine Fahrtzeit von vier Stunden, bis er voraussichtlich bei dem Signalsender ankommen würde. Bei tatsächlicher Notsituation kann alles zu spät sein. So ließ er ein kleines Erkundungsteam seiner Mannschaft mit dem wendigen Schnellboot zu Wasser. Das Erkundungsboot erreichte nach nur einer Stunde das kleine Schiff in Seenot und barg sicher die fünfköpfige Besatzung.

1.2.5 Umsetzungsmöglichkeiten im Vertrieb

Auch ohne einen gesamtheitlichen Transformationsprozess des Vertriebs wie im Abschn. 7.4 beschrieben, können Sie durch einfache Maßnahmen die Agilität der Teams im Sinne des agilen Manifests stärken (s. Tab. 1.1). Damit erzielen Sie allerdings, wie es Klaus Leopold (2018) formuliert, höchstens Flughöhe 1 durch einen agileren Reifegrad innerhalb der Teams (s. Abschn. 5.6). Businesstransformation gelingt nur durch ganzheitlichen Kulturwandel, was mindestens Flughöhe 3 bedeutet. Doch wo Sie den Hebel ansetzen, ist nicht relevant, denn jede Ebene beeinflusst die andere. Fangen Sie bei bestehenden Teams durch

Tab. 1.1 Das agile Manifest und die Umsetzung im Vertrieb

Paradigmen des Agilen Manifestes	Umsetzungsmöglichkeiten im Vertrieb
Individuen und Interaktionen haben Vorrang vor Prozessen und Werkzeugen	**Tägliche Kurzmeetings:** 15 Minuten zur gleichen Zeit am gleichen Ort mit folgender Agenda: Einloggen (wie geht's mir heute) Was habe ich gestern abgeschlossen, umgesetzt? Was werde ich heute umsetzen? Welche Hindernisse sind aufgetreten? Was brauche ich an Unterstützung? **Monatliche Retrospektiven:** 2 bis3 Stunden Meeting mit folgenden Phasen: Einloggen Zahlen, Daten und Fakten erheben Hintergründe verstehen Entscheidungen treffen Ausloggen **Teamentwicklung:** 2 Tage Offsite, bei denen sich das Team Zeit nimmt für Rück- und Ausblick auf alle relevanten Themen. **Führungsentwicklung:** Wandel des Führungsverständnisses hin zu transformativer und flexibler Führung. Das erfordert persönliche Entwicklung. **Crossfunktionale Teams:** 5 bis 9 Experten aus unterschiedlichen Bereichen, die mit Multiperspektiven neue Ideen und Vorgehensweisen einführen und umsetzen. **Teamübergreifende Tandems** Kollaboration und Netzwerken über die Teams hinaus Tandems von Mitarbeitern aus unterschiedlichen Teams
Funktionsfähige Produkte haben Vorrang vor ausgedehnter Dokumentation	**Reviews:** zweistündige Besprechungen, bei denen der Kunde/Stakeholder/Product Owner Teilprodukte vorgeführt bekommt, um Feedback für den nächsten Umsetzungszyklus zu erhalten und die neuen Anforderungen anzupassen. Dokumentationen auf das Nötigsten reduzieren Produkte/Dienstleistungen erleben lassen Digitalisierung vorantreiben und alle neuen Medien nutzen
Zusammenarbeit mit dem Kunden hat Vorrang vor Vertragsverhandlungen	Transparente Absprachen Vertrauen gegenüber Kunden Commitment mit Kunden über Anforderungen erzeugen Zugeständnisse den Kunden gegenüber machen Großzügigkeit im Umgang mit Kundenbedürfnissen
Das **Eingehen auf Änderungen** hat Vorrang vor strikter Planverfolgung	Flexible Strukturen und Prozesse Inspect and Adapt (Überprüfen und Anpassen) Agile und wendige Teams Iterationen Vorreiter sein in der Nutzung neuer Technologien

einfache Veränderungen an, das hat Einfluss auf die Teamkultur und diese wiederum strahlt auf andere Bereiche ab. Transition hat, wie schon erwähnt, keine Schrittfolgen und keine Einheitsstrategie. Sie ist komplex und unberechenbar. Starten Sie an so vielen Stellen wie möglich mit einem Paradigmenwechsel, akzeptieren Sie dabei Irritationen und Anpassungen und betrachten Sie das Ganze als „Work in progress".

1.3   Die drei Seiten der Münze Agilität

In wendiger Beweglichkeit zu sein, schnell auf den Markt zu reagieren und innovativ, vorausschauend zu agieren verlangt uns Menschen mehr ab, als es auf den ersten Blick scheint. Wie in Abschn. 4.1 beschrieben, entspricht es nicht unbedingt unserem Naturell, uns derart in einer unbekannten Welt zu bewegen. Dafür gibt es hilfreiche Methoden und Frameworks, die uns bei den erforderlichen aktiven Handlungen unterstützen. Es gibt jedoch auch noch eine andere Betrachtungsweise, die sozusagen die Dualität der Agilität beleuchtet und daraus resultierend komplementäre Ansätze zur Folge hat. Wie Prof. Christiane Prange von der Universität Shanghai beschreibt, gibt es zwei Seiten oder Betrachtungsweisen. Lassen Sie uns zum besseren Verständnis der Dualität die alte Metapher der Münze und ihrer zwei Seiten nutzen und sogar noch eine dritte Seite hinzufügen.

1.3.1   Die eine Seite der Münze: konventionelle Sicht

Die eine Seite der Münze ist die konventionelle Sicht: Es braucht in erster Linie Schnelligkeit und Anpassung, um agil zu sein und Kundenbedürfnisse besser zu erfüllen. Der Fokus liegt auf Transformation, Schnelligkeit, Anpassung und Innovation.

- **Transformation:** Wandel der bestehenden Strukturen, wie beispielsweise der Umbau in eine Holokratie oder in selbstorganisierte Teams, die aus gleichberechtigten Managementrollen bestehen: Master, Product Owner und Umsetzungsteam. Auch die Veränderung der Artefakte wie Räumlichkeiten, Technologien, Ausstattung etc. ist ein sichtbarer Ausdruck einer veränderten Denk- und Handlungsweise. Noch entscheidender für eine gelungene Transformation ist allerdings der Kulturwandel. Welche Grundannahmen sind verwurzelt, nach denen sich die Mitarbeiter unbewusst ausrichten? Welche Werte sind verinnerlicht und wie können diese verändert werden, damit neue Strukturen (wie die oben beschriebenen Rollen) überhaupt gelebt werden? Welche neuen Werte und resultierenden Arbeitsprinzipien werden hinzugefügt und wie wird ihnen Leben eingehaucht?
- **Schnelligkeit:** Schneller werden im Sinne des „Time to market", reduzieren durch fokussierte Umsetzung und schnellere Entscheidungen. Das geht nur, indem die Kompetenzen dazu in die Teams delegiert werden. Solange immer noch oben entschieden wird, werden Teams und Entwicklungen extrem verlangsamt. Wie im Abschn. 10.3.2

beschrieben, ist das Delegation Board eine gute Methode, um Entscheidungsspielräume transparent zu machen. Das Team weiß dann genau, welche Themen es unabhängig entscheidet, bei welchen Fragen es sich mit anderen wie etwa der Führungskraft berät oder welche Beschlüsse außerhalb seiner Befugnis liegen. Insgesamt geht es bei Schnelligkeit in erster Linie darum, die klassischen Hindernisse wie langwierige Prozesse und unnötige Abläufe zu beseitigen.

- **Anpassung**: Schnelle Anpassung an geänderte Anforderungen wird vornehmlich durch iterative Prozesse erreicht, bei denen funktionsfähige Teilprodukte entstehen, die an die Kundenbedürfnisse angepasst werden. Aber auch die Anpassung der internen Abläufe und Verhaltensweisen an neue Anforderungen ist damit gemeint. Wie im Kap. 1 beschrieben, werden die Teams zu Crossläufern, die sich chamäleonartig an wechselnde Untergründe adaptieren können.

- **Innovation:** Bei Pranges Beschreibung fehlt die Innovation. Das Wort stammt aus dem lateinischen „innovare", also erneuern. In der Wirtschaft versteht man unter Innovation Ideen, die zur erfolgreichen Umsetzung neuer Produkte, Verfahren oder Dienstleistungen geführt haben. Um innovativ zu sein, braucht ein Vertrieb Innovationsgeist, also Kreativgeister und Schutzräume, in denen neue Ideen entwickelt und getestet werden. Design Thinking und Service Design Thinking sind die Frameworks der Wahl.

1.3.2 Die andere Seite der Münze: komplementäre Sicht

Die andere Seite der Münze ist die komplementäre Sicht: Mehr und mehr wächst das Bewusstsein bei Führungskräften und Beratern für andere Methoden und Denkweisen, die in komplexen Kontexten gebraucht werden. Anstatt dem Wettbewerb hinterher zu laufen und stets zu versuchen, der Erste zu sein und gleichzeitig den hektischen Alltag zu bewältigen, gibt es nach Pranges Studien einige Unternehmen, welche die widerstandsfähige und reflektierende Seite der Agilität entdeckt haben (Prange 2018). Die Denkweise des „Alles anders machen" und „Mehr ist mehr" wird abgelöst von einer „Sowohl als auch"-Haltung. Beispielsweise kann ein Unternehmen beschließen, einige seiner traditionellen Werte zu bewahren und gleichzeitig Neues hinzuzufügen. Es kann sich auch entscheiden, sein Produkt zu konservieren, aber seine Prozesse zu ändern. Wenn solche Entscheidungen auf solidem strategischen Denken basieren, können sie ein hohes Maß an Beweglichkeit widerspiegeln. Es ist nicht unbedingt zielführend, eine Revolution auszurufen, sondern viel nachhaltiger und effektiver, die Evolution anzufeuern. Die DNS des Unternehmens wird dabei bewahrt und darauf aufbauend der Fokus verändert. Reflektierende Maßnahmen helfen zu betrachten, was zu bewahren ist und wo Veränderung und Neuorientierung forciert gehören. Der Fokus dieser Seite der Münze ist: Resilienz, Reflexion und Abwarten.

Resilienz oder auch psychische Widerstandsfähigkeit

Das ist die Fähigkeit, Krisen zu bewältigen und sie durch Rückgriff auf persönliche und sozial vermittelte Ressourcen als Anlass für Entwicklungen zu nutzen (Wikipedia 2019).

Resilienz brauchen Unternehmen bzw. ihre Mitarbeiter, um bei all dem Wettbewerbsdruck und den unzähligen Möglichkeiten, scheinbar falsche Entscheidungen zu treffen oder in ungewisse Innovationsprojekte zu investieren, in sich stabil und handlungsfähig zu bleiben. Wie das Bild eines Bambus der stark und stabil ist, trotz seiner Beweglichkeit und Wachstumsstärke. Die Zutaten zu dieser Widerstandfähigkeit in Teams sind nach Stephanie Borgert folgende (Borgert 2013, S. 9–22):

- **Akzeptanz als Person:** ein Teamklima, in dem Wertschätzung im Umgang miteinander die Basis bildet. Das gelingt am einfachsten durch gelebte Akzeptanz den Kollegen gegenüber und die Trennung von Verhalten und Person. Dann kann auch in Konflikten ein positiver Umgang miteinander leichter gewahrt werden.
- **Positive Beziehungen:** zu den Kollegen und außerhalb des Teams, bei denen die Kooperation gewährleistet wird. Bei ähnlichen Menschen gelingt das meist leichter als bei sehr unterschiedlichen Charakteren. Gerade in agilen Teams werden gegensätzliche Menschen mit divergenten Perspektiven bevorzugt. Um damit gut umgehen zu können, sind hohe gelebte Toleranz und Übung erforderlich.
- **Klare Strukturen und Rollen:** helfen dem Team, sich schneller miteinander zurechtzufinden und die eigene Position und Aufgabe im Team zu klären.
- **Fehlertoleranz statt Schuldzuweisungen**: im agilen Kontext eine Regel, man könnte es auch fast Gebot nennen, und bedeutet Lösungen statt Schuldfragen und „fail fast and often". Fehlertoleranz ist ein ganz wichtiger Aspekt des Kulturwandels hin zu Agilität.
- **Ruhephasen:** wichtig zwischen stressigen und krisenhaften Projektzeiten. Der dauernde Stresspegel schadet den Menschen und auch dem Teamerfolg. Die Balance zwischen Arbeits- und Ruhephasen zu finden, ist in vielen Teams eine große Herausforderung. Leider ist es in vielen Vertriebsorganisationen trendy, immer im Stress zu sein, und verpönt, mal einen lauen Tag einzulegen. Hier braucht es ein neues Denken und Handeln in der Organisation.
- **Sinnhafte Einbindung:** Jeder Mensch strebt systemisch betrachtet nach Zugehörigkeit zu einer Gruppe, will sich wichtig und bedeutsam für das Team erleben.
- **Zugriff auf die notwendigen Ressourcen:** Jeder im Team braucht direkten Zugang zu allen Arbeitsmitteln, Kompetenzen und Prozessen, die seine Aufgaben erfordern.
- **Effektives Feedback:** Jeder Mitarbeiter möchte wissen, wie seine Arbeitsleistung und seine Person bei anderen „ankommen" und wo er im Hinblick auf das Gesamtziel steht. Das wird nur durch eine gute Feedbackkultur gewährleistet. Geben Sie im Team gegenseitig ein „++"-Feedback. Dabei werden die Stärken (+) betont und reflektiert, was derjenige tun kann, um seine Performance noch weiter zu verbessern (++). So wird die meist demotivierende Kritik automatisch als Entwicklungspotenzial gedacht und reframed sowie konstruktiv formuliert. Ein Beispiel: „In deinem Beitrag hast du konkret und nachvollziehbar anhand der Auswertungscharts den Verlauf des letzten Sprints dargestellt. Wenn du uns beim nächsten Meeting dabei anschaust und Blickkontakt hältst, dann nimmst du uns noch mehr mit und erzeugst eine noch stärkere Wirkung."

Reflexion

Reflexion kann als das Grundprinzip für die Entwicklung von Kompetenzen gesehen werden (Hilzenhausen 2008) und bedeutet, sich der eigenen Lernprozesse bewusst zu sein und diese im persönlichen Wissenskontext einzuordnen. Anders ausgedrückt: Nur wer reflektieren kann, wird sich weiterentwickeln. Jeder Einzelne, die Teams und vor allem die Unternehmensführung brauchen dringend einen strukturellen Rahmen, um Reflexion in den Arbeitsalltag zu integrieren und sie zu trainieren. Das entsprechende Meetingformat dazu ist die Retrospektive. Hier nimmt sich das Team nach jeder Iteration zwei bis drei Stunden Zeit, um gemeinsam auf die Zusammenarbeit zu schauen und die vergangene Arbeitsphase zu reflektieren. Durch den regelmäßigen Turnus und die klar moderierte Struktur erhöht sich die Reflexionsfähigkeit des gesamten Teams.

Abwarten

Oder wie Daniel Kahneman es in seinem Bestseller nennt: *Langsames Denken* ist wichtig, um nicht vor lauter Aktionismus im alten Fahrwasser zu landen und den alten Wein in neuen Schläuchen zu verkaufen (Kahneman 2016). Abwarten und nicht jedem Trend hinterhereifern, sondern beobachten und einen zweiten Blick darauf werfen. Eine Nacht drüber schlafen, wie wir es bei so manchem Konflikt gelernt haben, führt erstaunlich oft zu lösungsorientierteren Handlungsspielräumen. Kahneman beschreibt als eine zentrale These seines Werkes die zwei Arten des Denkens: Das schnelle Denken, welches vor allem instinktiv und emotional gesteuert ist und zu vielerlei kognitiven Verzerrungen führt. Und das langsame, logische und durchdenkende System 2. Wichtige und weitreichende Entscheidungen sollten wir nicht mit dem schnellen System 1 fällen, sondern auf das langsame, logische Durchdenken aufbauen.

1.3.3 Die dritte Seite: die Dynamik der Dualität

Alle Seiten der Münze sind gleich wichtig. Nur die eine oder die andere zu fokussieren würde bedeuten, dass die Münze keine Dynamik hat, sondern still liegt. Münzen rollen nämlich nur auf der dritten Seite: der schmalen Seite zwischen der Zahl und dem Kopf. Zuviel Seitenlage bringt sie wieder zum Liegen. In Abb. 1.4 ist die Balance der beiden Seiten dargestellt.

Die dritte Seite der Agilität stellt die Balance dar zwischen Aktion und Reflexion, zwischen hohem und niedrigem Speed, zwischen Bewahren und Verändern. Die Navigation dazwischen ist entscheidend, um einen guten Kurs voranzubringen, ohne das Unternehmen zum Kentern zu führen oder die Maschinen zu überhitzen. Das wird die vorwiegende Aufgabe von Führung in Zeiten der Digitalisierung sein. Sie wird mehr gebraucht als je zuvor. Dabei geht es um genau dieses Navigieren und Balancieren der Dynamik. Wann braucht das Team oder der Bereich Reflexion und Resilienz und wann Erneuerung und Speed? Wie ein professioneller Coach agiert die Führung dazu innerhalb eines Teams, das nach außen und innen beobachtet, reflektiert und kontinuierlich alle Spieler fördert und fordert.

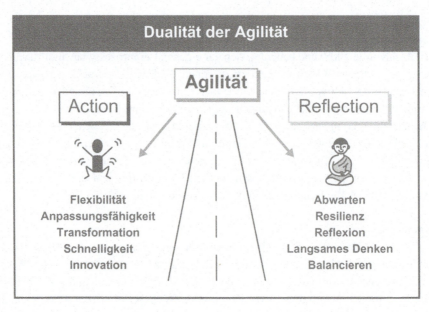

Abb. 1.4 Die drei Seiten der Münze. (Mit freundlicher Genehmigung von © Claudia Thonet 2020. All Rights Reserved)

Literatur

Borgert S (2013) Resilienz im Projektmanagement. Springer Gabler, Wiesbaden
Covey S (2005) Die 7 Wege zur Effektivität. Gabal, Offenbach
Hilzenhausen W (2008) Theoretische Zugänge und Methoden zur Reflexion des Lernens. Ein Diskussionsbeitrag. In: Bildungsforschung. Jg. 5, Ausgabe 2, Schwerpunkt „Reflexives Lernen". http://bildungsforschung.org. Zugegriffen am 19.08.2019
Hofert S (2018) Das agile Mindset. Springer Gabler, Wiesbaden
Hofert S, Thonet C (2019) Der agile Kulturwandel. Springer Gabler, Wiesbaden
Kahneman D (2016) Schnelles Denken, langsames Denken. Penguin, München
Leopold K (2018) Agilität neu denken. LEANability, Wien
Manifesto for Agile Software Development (2001). http://agilemanifesto.org/. Zugegriffen am 07.04.2019
Prange C (2018) Strategic agility – decision-making beyond speed. In: Strategic management society annual conference, Paris 23–25 Sept., 2018, Best Paper Nomination
Wikipedia (2019) Resililenz. https://de.wikipedia.org/wiki/Resilienz_(Psychologie). Zugegriffen am 01.02.2019

Das Ende des Vertriebs, wie Sie ihn heute kennen

2

Zusammenfassung

Nicht nur die Digitalisierung, sondern auch die B2B- und B2C-Kunden zwingen den Vertrieb, sich zu wandeln. In diesem Kapitel erfahren Sie nicht nur wichtige Trends und Prognosen, sondern finden gute Ansatzpunkte und Erfolgshebel, die Sie trotz der vorhandenen Widersprüche für den Wandel nutzen können.

Der agile Vertrieb ist im Idealfall Bestandteil einer agilen Organisation. Er taucht allerdings in den meisten Studien als agile Organisationseinheit gar nicht auf. Bei der reinen Digitalisierung von Vertriebseinheiten sieht es etwas besser aus. Zumindest besagt eine Studie aus dem Jahr 2015 von Berger und Google, dass 42 Prozent der B2B-Vertriebsorganisationen eine digitale Strategie verfolgen (Müller 2018). Der Prozentsatz wird seit 2015 gestiegen sein. Doch wie passt das zusammen?

Digitalisierung vorantreiben mit klassischen Linienstrukturen, festgelegten Hierarchien und bis ins Detail vorgegebenen Prozessen und Abläufen? Wir können das ständig zunehmende Tempo der Veränderungen auf dem Markt nur mit einem agilen Kulturwandel zu beweglichen, anpassungsfähigeren Strukturen verändern, in denen Vertriebsteams schnell und entscheidungsfähig Neuerungen explorieren und umsetzen. Bevor wir uns dem Vertrieb der Zukunft und der agilen Transformation widmen, schauen wir erst einmal, wie es um die Gegenwart der Vertriebskultur bestellt ist.

Beispiel

Bei einer Klausurtagung mit Führungskräften einer Bank erlebte ich ein Phänomen: Das Thema der Tagung hatte der Bereichsleiter mit mir vorab besprochen. Ihm war es wichtig, seine Filialleiter mit agiler Führungskultur vertrauter zu machen. In den ersten Stunden begegneten mir leicht desinteressierte Teilnehmer, die in abwartender und eher

© Springer Fachmedien Wiesbaden GmbH, ein Teil von Springer Nature 2020
C. Thonet, *Der agile Vertrieb*, Edition Sales Excellence,
https://doi.org/10.1007/978-3-658-29093-1_2

konsumierender Haltung auftraten. Um die Ursache der vorherrschenden Stimmung herauszufinden, entschied ich mich für eine Befragung.

Mich interessierte, wie die Führungskräfte die Dringlichkeit zur Veränderung ihres bestehenden Geschäftsmodells einschätzten. Dazu zeigte ich ein Diagramm (s. Abb. 2.1) über Markt- und Produkteinschätzungen und fragte jeden Teilnehmer nach seiner Einschätzung bezüglich des Bankengeschäfts im Filialbetrieb. Auf einer Achse ging es um den Markt: Glaubten die Anwesenden, der Markt für den klassische Bankvertrieb sei beständig, innovativ oder sogar disruptiv? Und auf der anderen Achse bat ich sie um Einschätzung der Entwicklung ihrer Produkte: Werden diese einfach oder komplex sein? Nach der Einschätzung der 20 leitenden Banker war ich sprachlos: Sie schätzen ihren Markt unisono zwischen stabil und leicht innovativ ein und ihre Produkte als ein-fach. Jeder Controller kann Ihnen ausrechnen, wie es bei gleichbleibender Zinspolitik um Privatkundenbanken bestellt ist: Sie werden in spätestens fünf Jahren pleite sein. Wie konnten die Anwesenden zu so einer Fehleinschätzung gelangen und dann auch noch dabei einer Meinung sein?

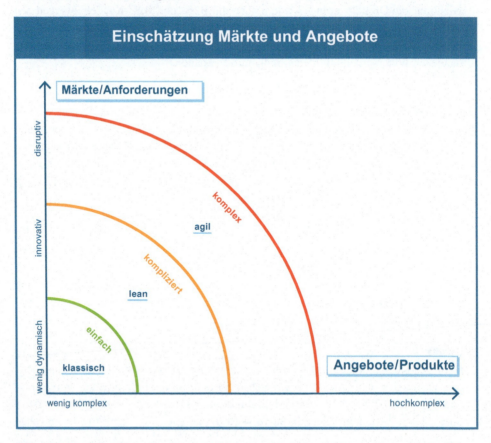

Abb. 2.1 Wie dringlich ist der Wandel? (Mit freundlicher Genehmigung von © Claudia Thonet 2020. All Rights Reserved)

Wenn man die klassischen Vertriebsorganisationen betrachtet und Studien hinzuzieht, sind diese Fehleinschätzungen kein Einzelfall, sondern immer noch weit verbreitet. Wie sonst ließe sich erklären, dass 58 Prozent der B2B-Vertriebsorganisationen noch keine Digitalisierungsstrategie besitzen (Müller 2018) Die Begründung liegt wie im beschriebenen Beispiel an einer weitverbreiteten Ignoranz von Notwendigkeit und Dringlichkeit.

Wie im Abschn. 4.1 näher erläutert, haben wir Menschen im Denken Begrenzungen, die uns bei Bedrohungen, wie es Banken seit Jahren erleben, emotional schützen. Wir verdrängen oder bagatellisieren Tatsachen und entsprechende Hinweise und machen so weiter wie bisher. Das ist absolut wichtig und für die psychische Gesundheit erforderlich. Stellen Sie sich vor, Sie würden jede Gefahr immer präsent haben: die Bedrohung durch den Straßenverkehr, die nachlassende Gesundheit im Alter, die steigende Scheidungsrate etc. Wir würden schrecklich depressiv werden oder von Ängsten geplagt. Insofern ist Verdrängung gut und fatal zugleich; es ist gut, manche Gefahren zu ignorieren und sich auf die Möglichkeiten des Tagtäglichen zu konzentrieren; es ist schlecht, wenn wir sämtliche Hinweise auf drohende Gefahren ignorieren. Die Dosis ist entscheidend. Eine gesunde Dosis zur Vorsicht auf der Straße, Achtsamkeit bezüglich unserer Gesundheit und Engagement in der Ehe aufrechtzuerhalten ist ratsam und entspricht einer intakten Selbstfürsorge.

Zurück zu den Führungskräften der besagten Bank: Ich konfrontierte die Klausurtagungsrunde mit meiner externen Einschätzung der Sachlage und zeichnete meinen Punkt auf den Achsen bei der Einschätzung des Bankenmarktes zwischen innovativ und disruptiv ein (s. Abb. 2.1). Die dafür erforderlichen Produktentwicklungen schätzte ich in Richtung komplex ein. Die darauffolgende Stille ließ ich eine Weile ausbreiten. Ich vertraute auf den positiven Effekt, der meist eintrat, wenn der Elefant im Raum angesprochen wird.

Ich kenne zwei typische Reaktionen auf das Aussprechen von Themen, die im Grunde jeder sieht oder ahnt, jedoch eine kollegiale Übereinkunft über das Ignorieren derselben vorherrscht: Entweder folgt nach dem ersten Schreck und der Empörung über diese unangenehme Konfrontation eine durchaus hitzige und wichtige Diskussion, oder es tritt nach eine Weile eine spürbare Erleichterung ein wie ein lautloses Seufzen. Alle stimmten dieser Variante zu, weil sie den Elefanten schon lange wahrnahmen, obgleich er kollegial ignoriert wurde. Und tatsächlich änderte sich in meinem Workshop die Haltung der Banker in den folgenden eineinhalb Tagen merklich. Alle waren aufmerksam, engagiert, diskussionsfreudig und wollten ihre Handlungsspielräume erkunden. Sie wurden beweglicher und offener – man könnte auch sagen: agiler. Am Ende des zweiten Tages resümierten sie, wie wenig sie mit allgemeinen Aussagen und Prognosen bezüglich Digitalisierung und Agilität anfangen konnten und wie wichtig konkrete Handlungsmöglichkeiten für sie waren. Sie brauchten die Gewissheit und Sicherheit, um handlungsfähig zu bleiben.

Dieses Phänomen begegnet mir in vielen Vertriebsbereichen: Die Mitarbeiter schwanken zwischen einer eher lähmenden Angst vor der unsicheren und nicht planbaren Zukunft ihrer Arbeitsplätze und ablehnender Ignoranz gegenüber der notwendigen Veränderung. Der Vertrieb braucht neben dem Bewusstsein der Dringlichkeit und Notwendigkeit auch Handlungsspielräume und Anleitung zur Transformation. Das Ungewisse, die sogenannte VUCA-Welt – VUCA = Volatility (Unbeständigkeit) + Uncertainty (Unsicherheit) + Complexity (Komplexität) + Ambiguity (Mehrdeutigkeit) –, muss heruntergebrochen werden in verdaubare Erkenntnisse und umsetzbare Denk- und Handlungsweisen.

Das ist der große Vorteil von Frameworks, die in Abschn. 10.1, 10.2, 10.3, 10.4 und 10.5 beschrieben werden. Sie geben einen klaren Rahmen, in dem die Komplexität reduziert und in einfache, gangbare Schritte umgesetzt wird.

2.1   Was Käufer heute wirklich wollen

Lassen Sie uns für einen Moment uns selbst betrachten und unser Kaufverhalten Revue passieren: Wie hat es sich in den letzten Jahren verändert? Ich brauche nur mein eigenes Konsumverhalten zu reflektieren: Als Vielreisende stürze ich mich kaum noch in den Einkaufsrummel diverser Shoppingmeilen. Wieso auch, wenn mein Smartphone das vielfältigste und preiswerteste Shoppingparadies überhaupt in sich trägt? Ich bekomme die Sachen nach Hause oder in meinen Paketshop geliefert und kann sie anprobieren und bei Missfallen meist ohne Hürden zurücksenden.

Vor kurzem verirrte ich mich auf einer Geschäftsreise nach langer Zeit mal wieder in ein Modekaufhaus, um, wie sollte es auch anders sein, Schuhe zu kaufen. Als ich im Hotel feststellte, wie unbequem sie sind, musste ich am nächsten Tag den umständlichen Weg in das besagte Kaufhaus antreten, um mich von der Verkäuferin zurechtweisen zu lassen. Weil ich den Karton beim Kauf nicht mitgenommen hatte, war mein Rückgaberecht angeblich verwirkt. Nach solchen Erlebnissen nutze ich noch lieber meine favorisierten Apps, um meine selbst entwickelten Bedarfe zu decken. Das mögen die neuen Kleidungsstücke sein, die ich zu brauchen glaube, oder aufgebrauchtes Trainermaterial wie zum Beispiel Post-its oder Stifte, die ich nachfüllen muss. Immer öfter ist es auch der Lebensmitteleinkauf, den ich in der Bahn auf dem Weg nach Hause bequem übers Handy erledige und mir eine passende Lieferzeit aussuche, zu der mir die netten Mitarbeiter meinen Einkauf in den fünften Stock tragen und sich über ein ordentliches Trinkgeld freuen dürfen.

2.1.1   B2C-Kunden

Für meine Bankgeschäfte könnte ich schon gar keinen Beratertermin vor Ort in meiner Filiale mehr wahrnehmen, denn meine Bank sitzt 800 Kilometer weit weg in meinem ehemaligen Wohnort, den ich vor zehn Jahren verlassen habe. Bisher sah ich keine Veranlassung, die Bank zu wechseln. Warum auch? Ich erledige sowieso alles online, und wenn ich doch einmal Fragen an meinen Berater habe, gibt es neben der E-Mail mittlerweile zum Glück eine Chatfunktion für kurze Anfragen. Das Ganze hat allerdings auch einen nicht zu unterschätzenden Preis. Denn jede Anfrage, die ich online tätige, bringt diversen schlauen Anbietern Daten über mich. So gebe ich nicht nur meine Vorlieben für Mode und Bücher preis, sondern auch welche Urlaubsorte, Restaurants, Unternehmungen, Versicherungen und Lebensthemen ich bevorzuge. Diesen Preis zahlen wir alle für die Bequemlichkeit, wobei die meisten ihn ignorieren. Ein weiterer Preis ist die Werbung, die mir beim Surfen im Internet oder beim Lesen der Nachrichten eingeblendet wird. Trotzdem ertappe ich mich dabei zu reagieren und mich über das ein oder andere Schnäppchen meiner Lieblingsmarke zu freuen. Das ist die Gegenwart des Kaufverhaltens vieler Menschen in meinem Alter.

Die jüngeren Kunden sind noch digitaler und wechselfreudiger unterwegs. Die Kaufprozesse des sogenannten B2C, Business to Customer, sind schon längst standardisiert, Algorithmen werten das Kaufverhalten aus und bieten dem Kunden das Gesuchte an. Mehr und mehr wird der Markt von jenem Anbieter beherrscht, der die größten Datenmengen der Kunden bekommt und auswerten kann. So wird mir in naher Zukunft nicht nur das Trainermaterial angeboten und eine Stunde später geliefert, mir wird auch ein Vergleich maßgeschneiderter, individuell berechneter Berufsunfähigkeitsversicherungen angeboten, weil ich nämlich genau diese noch nicht abgeschlossen habe. Außerdem erhalte ich, bevor ich es auch nur ahne, dass meine Post-its schon wieder zur Neige gehen, online den Hinweis, wer mir diese am günstigsten anbietet. Mein Drucker gibt ein Signal an den HP-Vertrieb, sobald meine Tintenpatrone zur Neige geht. Ich bekomme die neuen Patronen geliefert, bevor mir der Bedarf überhaupt bewusst ist. Zukunftsmusik? Nein, das ist bereits Realität.

2.1.2 B2B-Kunden

Nun könnte der ein oder andere denken: „Ja, aber das betrifft doch nur das B2C-Geschäftsfeld, im B2B, Business to Business, ist das ganz anders". Das dachte ich leider auch bis letztes Jahr. Mein entsprechendes Verhalten als ein sehr kleines B2B-Business möchte ich als einfaches Beispiel anführen:

Beispiel

Ich bin seit 2003 selbstständige Trainerin und Beraterin. Natürlich habe ich seitdem auch eine Website. Doch Suchmaschinen-Optimierung war für mich bis letztes Jahr immer völlig irrelevant. Ich vertrat die Auffassung, Trainer und Berater würden niemals via Internet gesucht werden, zumal wenn sie wie ich ausschließlich für mittlere und große Unternehmen tätig sind. Insofern betrachtete ich meine Website lediglich als Visitenkarte im Netz, über die Kunden gezielt Informationen über mich erhalten konnten. Wenn ich mich recht erinnere, war meine Seite bei den Suchbegriffen zu meinen Angeboten bei Google auf Seite 3000 gerankt. Meine Überzeugung mag in den ersten Jahren meiner Selbstständigkeit noch mit der Realität des Suchverhaltens von Personalabteilungen großer Unternehmen übereingestimmt haben, doch wirklich überprüft habe ich das nie.

Genau das ist das Dilemma von sogenannten Grundannahmen, sie werden nicht überprüft. Wenn Ihre Vertriebler die Grundannahme hegen, ihre Großkunden würden nicht online bestellen, sondern nur im persönlichen oder telefonischen Kontakt, und sich da-

durch der Konkurrenz gegenüber sicher wägen, wird das fatale Folgen haben. Ich jeden-
falls hatte die Überzeugung, dass mein eigener Vertrieb nur durch hervorragende Arbeit
und das daraus folgende Weiterempfehlungsgeschäft funktionieren könne, nie upgedatet.
Erst letztes Jahr habe ich durch meine Spezialisierung auf die agile Entwicklung von Unternehmen, speziell dem Vertrieb, drastisch an Sichtbarkeit gewonnen. Bei manchen Suchbegriffen bin ich sogar von Seite 3000 auf Seite 1 gelandet. Und, was glauben Sie, wer
mich seitdem kontaktiert? Genau, Personalabteilungen von mittleren und sogar sehr großen Unternehmen fragen mich plötzlich an. Da ich damit aufgrund meiner unzeitgemäßen
Grundhaltung nicht gerechnet habe, ist meine Lieferzeit immens nach oben gegangen.
Dringend notwendig, meine Strategie anzupassen an die neue Marksituation.

Laut einer Studie aus dem Jahr 2015 von Berger und Google suchen 90 Prozent der
Einkäufer nach Schlagworten im Internet, 70 Prozent schauen Videos, um sich vor dem
Kauf zu informieren, und 57 Prozent des Einkaufsprozesses im B2B-Geschäft sind bereits
gelaufen, wenn die Entscheider erstmals einen Vertriebsmitarbeiter kontaktieren (Müller
2018). Sie müssen also im Anbahnungsprozess online sichtbar sein, sonst haben Sie in
Zukunft keine Chance auf dem Markt.

Ein weiterer Wandel wird in der Studie deutlich, der sich mit meinen Beobachtungen
deckt: Die Aktivitäten des Vertriebs verändern sich vom Push- zum Pull-Prinzip. Der Vertrieb agierte bisher im Push: Er startete Kampagnen, zu denen er Broschüren oder Mai-
lings versendete, Telefonaktionen oder sonstige Ansprachen anschob, um Kunden auf Angebote aufmerksam zu machen. Schon jetzt entwickelt sich der B2B-Vertrieb mehr und
mehr in Richtung Pull-Prinzip. Der Kunde entscheidet, wann der Vertrieb ins Spiel kommt,
welchen Bedarf er wie gedeckt haben will und in welcher Form die Interaktion stattfinden
soll. Insofern ändert sich die gesamte Vertriebsstrategie. Sie müssen erspüren, was der
Kunde heute und morgen will, welchen Bedarf er jetzt und in Zukunft haben wird, und Sie
müssen mit Ihrem Angebot sichtbar sein. Dazu genügt es jedoch nicht, den Kunden zu
fragen, was er erwartet.

Amazon befragte seine Kunden vor zwei Jahren, ob sie eine Lieferung innerhalb weniger Stunden bevorzugen würden. Die meisten Kunden verneinten und sagten, am gleichen
oder am nächsten Tag sei ausreichend für sie. Amazon ließ sich von der Befragung nicht
abhalten, die Lieferzeiten derart zu verkürzen und genießt dadurch heute einen großen
Wettbewerbsvorteil gegenüber anderen. Sprich: Der Kunde weiß heute noch nicht, was er
morgen bereits erwarten wird. Wir müssen also im Vertrieb vorausdenken und erspüren,
was morgen gebraucht wird.

2.1.3   Erwartung versus Leistung

Der Kunde von heute möchte seine Anforderungen jederzeit schnell, flexibel und bequem
auf allen Kommunikationskanälen erfüllt bekommen. Aus Sicht des Vertriebsbereichs ist
es dabei schon immer leichter, einen Bedarf zu erfüllen, der dem Kunden bereits bewusst
ist. Diesen Bedarf schnell, einfach und passgenau zu erfüllen, ist die Pflicht eines funk-

tionstüchtigen Vertriebs. Aus Kundensicht betrachtet, ist der Vertrieb der Bereich eines Unternehmens, mit dem er direkt in Kontakt steht. Wird mein Bedürfnis als Kunde dabei durch die Qualität des Produkts oder der Dienstleistung übererfüllt, bin ich positiv überrascht und vielleicht sogar begeistert. Wird meine Anforderung passgenau erfüllt, bleibt der Anbieter vermutlich nicht in meinem Gedächtnis haften, und ich bleibe als Kunde wechselfreudig. Schafft der Verkauf es nicht, meinen Wunsch zu erkennen und mindestens zu erfüllen, werde ich hier das erste und letzte Mal meinen Bedarf kundtun.

Kunden zu begeistern führt in vielen Organisationen dann zu Bemühungen auf der falschen Ebene. Ich erinnere mich noch gut daran, wie positiv überrascht ich vom Service der Deutschen Bahn war, als ich mir aus beruflichen Gründen zum ersten Mal Bahnfahrten in der 1. Klasse gegönnt hatte. Mit der Auswahl an Zeitschriften und kleinen Nascherein hatte ich nicht gerechnet. Begeistert las ich die *Süddeutsche* und genoss ein Päckchen Pralinen zu meinem Kaffee. Doch wie lange hält so ein Effekt an? Nicht mehr als drei oder vier Mal, dann hatte ich mich nicht nur daran gewöhnt, nein, ich erwartete bereits, meine Lieblingszeitung vorzufinden. Aus dieser Erwartung wird in Nullkommanichts wieder eine Enttäuschung: Diesmal nur die Frankfurter Rundschau? Nur salzige Erdnüsse und keine Pralinen? Psychologisch ein interessanter Effekt: Blitzschnell werden aus gut gemeinten Add-ons neue Erwartungen und Selbstverständlichkeiten, die wiederrum erfüllt werden müssen, um keine Enttäuschung zu kassieren (s. Abb. 2.2). Was also begeistert Kunden nachhaltiger, was nutzt sich nicht so schnell ab?

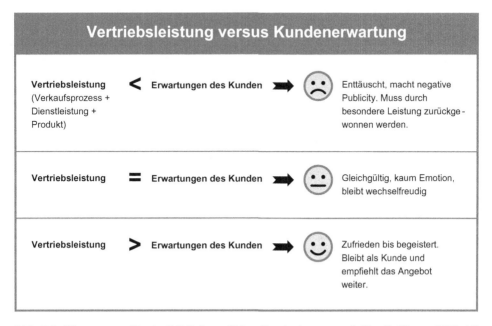

Abb. 2.2 Was erwarten Kunden? (Mit freundlicher Genehmigung von © Claudia Thonet 2020. All Rights Reserved)

Das ist meiner Beobachtung nach ähnlich wie in privaten Beziehungen: Wenn die ersten Probleme auftauchen und Erwartungen nicht erfüllt werden, dann zeigt sich, wie gut
eine Beziehung ist bzw. wie kundenorientiert ein Service tatsächlich ist. Das war schon
immer der Prüfstein eines guten Vertriebs. Wie reagiert er bei besonderen Anforderungen
des Kunden über den Standard hinaus? Wie geht der Service mit Reklamationen und Enttäuschungen um? Nutzt er diese, um die Kundenbindung sogar noch zu festigen und das
Vertrauen des Kunden zu stärken, indem er zuhört und mit dem Kunden Lösungen entwickelt? Oder verliert er durch Ignoranz nicht nur den Kunden, sondern auch den guten
Ruf? So, wie aus Bekannten erst dann gute Freude werden, wenn der positive Umgang mit
Unstimmigkeiten das Vertrauen ineinander stärkt.

Jedem Vertriebler ist dieses Szenario bewusst und prägt seit Jahren die Strategien
und Prozesse der Vertriebsorganisation. Durch die Digitalisierung und die damit einhergehende Geschwindigkeit von Veränderungen kommen auf den Vertrieb seit einiger Zeit noch ganz andere Anforderungen hinzu. Bisher galt es vorwiegend, den Bedarf von Bestandskunden und Neukunden zu erfüllen bzw. zu übertreffen, um darüber
hinaus weitere Wünsche zu erkennen oder zu wecken. Doch weiß der Kunde von heute
überhaupt, was er morgen brauchen wird? Der Vertrieb von heute muss weit vorausdenken und den künftigen Bedarf der Kunden erkennen – und eben bereits jetzt erfüllen.

Beispiel

Amazon setzt als reiner Versandhändler mit seinem Onlinevertrieb Maßstäbe zumindest im B2C-Bereich. Auch Zalando und Otto ziehen im Versandhandel nach und sind
im Bereich Mode Vorreiter, und das sowohl im Verkauf als auch in der Kundenbetreuung. Die Erwartungshaltung des Kunden orientiert sich an den Leistungen, die die sogenannten Elefanten (Großanbieter, die global den Markt dominieren) des Onlineve-
triebs bieten.

Zum einen ist das genau die Stärke des Vertriebs: Keiner im Unternehmen kennt die
Bedürfnisse, Anforderungen, Ärgernisse und „Painpoints" der Kunden so gut wie Service
und Verkauf. Innen- wie Außendienst wissen peinlich genau um die Kundenerwartungen.
Denn das macht die Profession jedes guten Vertrieblers aus: Er versetzt sich in Kunden
hinein, erfragt und spürt dessen Wünsche und Schmerzen und handelt danach. Wenn Sie
mehr über Ihre Kunden erfahren wollen, dann fragen Sie Ihre Teams im Service und im
Verkauf. Der Vertrieb von heute ist mehr denn je vor allem Problemlöser. Standardwaren
kann heutzutage jeder Anbieter weltweit erfüllen – und das günstiger als die meisten loka-
len Anbieter. Doch bei Schwierigkeiten oder speziellen Anforderungen zeigt sich die
wahre Kompetenz, hier trennt sich die Spreu vom Weizen. Zum anderen unterliegt der
Vertrieb bei komplexen Themenstellungen denselben Irrtümern wie jeder andere Bereich
auch (s. Abschn. 4.1).

2.2   Wie viel Agilität steckt bereits drin?

Ich habe in den letzten Jahrzehnten so viele Servicecenter und Vertriebsbereiche begleitet, dass ich guten Gewissens behaupten kann: Viele Vertriebsteams sind anderen Firmenbereichen in ihrer Innovation und Flexibilität weiter voraus, als ihnen bewusst ist. Mehr als andere Organisationseinheiten leben sie nämlich schon agile Prinzipien oder sind zumindest dem Lean-Ansatz sehr nah:

- **Wenig Hierarchiehürden:** In der Regel herrschen flache Hierarchien in Sales und Service. Die Mitarbeiter können oft in einem gewissen Rahmen selbstständig agieren und entscheiden.
- **Commitment:** Jeder gute und erfolgreiche Vertriebler hat ein hohes Engagement und die entsprechende Selbstverpflichtung. Der Fokus der Mitarbeiter liegt auf dem Punkt „meine Kunden".
- **Kundenorientierung:** Sie ist für Mitarbeiter die oberste Prämisse; der Effekt ihres Handelns zeigt sich an der Reaktion des Kunden und des Vertriebscoachs. Schon immer wurden neue Themen direkt am Klienten getestet und adaptiert.
- **Feedback:** Das Geben und Erhalten von Feedback gehört zum Arbeitsalltag eines Agenten und Verkäufers, sowohl im Team als auch gegenüber Kunden. Salesbereiche und Servicecenter haben oft eigene Vertriebscoaches und Trainer (manchmal sind es Kollegen, die das als Rolle zusätzlich erfüllen). Ständiges neues Lernen und Trainieren am Arbeitsplatz mit einem Coach oder Kollegen an der Seite gehören zum Alltag. Außendienstmitarbeiter bekommen das Feedback direkt vom Kunden oder spätestens beim Bestellverhalten.
- **Transparenz:** Kein anderer Bereich ist so transparent und messbar wie der Vertrieb. Die Arbeitsleistung lässt sich direkt an den Verkaufszahlen oder Servicelevels aufzeigen und überprüfen. Und nicht zu vergessen: Die Transparenz über Workflows ist „State of the art".
- **Anpassung/Flexibilität:** Vertriebler sind es gewohnt, sich anzupassen und flexibel zu sein. Ohne Anpassung an den jeweiligen Kundentypus hätten sie keine Erfolge und keinen Spaß an ihrem Beruf. Zusätzlich zur Kundenanpassung sind sie es gewohnt, ständig neue Produkte oder Services anzubieten. Ohne entsprechende Auffassungsgabe und Überzeugungskraft wäre das nicht leistbar.

Viele gute Gründe sprechen für die Agilitätssteigerung des Vertriebs. Packen Sie es an, treffen Sie die Entscheidung, neue Wege zu gehen, transportieren Sie die Dringlichkeit und Sinnhaftigkeit und geben Sie agilen Kernteams den entsprechenden Schutzraum für vertriebliche Experimente. Seien Sie aber gewarnt: Es wird nicht gleich fruchten und funktionieren. Kulturwandel ist im Gegensatz zu einem Change ein fortlaufender Prozess, der kein Ende hat. Es gilt, die Transformationsfähigkeit und den Innovationsgeist der Teams zu entwickeln und beides in die Selbstorganisation zu führen. Der Vertrieb muss

vor allem eins lernen: Teamarbeit. Viele klassische Vertriebsbereiche bestehen aus Einzelkämpfern, die provisionsgebunden ihre Kunden betreuen. Teamarbeit kennen sie nicht
oder zumindest konnten sie bisher wenig Nutzen darin sehen. Das wird ein wesentlicher
Erfolgshebel im Kulturwandel des klassischen Vertriebs. Das veränderte Kaufverhalten
fordert Omnichannel-Angebote und ständige, bedarfsorientierte Verfüg- und Erreichbarkeit, die nur durch flexible, crossfunktionale und selbstständige Teamstrukturen erfüllt
werden kann.

2.3   Der Widerspruch der Anforderungen

Was ist die Ursache trotz so vieler Stärken und Pro-Argumente für die wenigen agilen Vertriebsorganisationen oder -bereiche im Vergleich zu Personalentwicklung, Marketing oder
Projektmanagement? Wie immer gibt es dafür nicht die eine Antwort oder nur eine Ursache. Vielmehr gibt es mehrere Perspektiven oder Brillen, mit denen wir Kausalität betrachten können. Eine Ursache ist in jedem Fall die Kernaufgabe des Vertriebs: Er hat für den
heutigen Umsatz zu sorgen. Er generiert die Einnahmen und zählt dadurch zu den stabilen
Unternehmensbereichen, die für die Existenzsicherung verantwortlich sind. Die sogenannte Exploitation (Ausnutzung von Bestehendem) ist für jede Organisation die Basis-
sicherung und finanziert neben den laufenden Kosten auch die Exploration (Erkundung
neuer Dinge) (s. Abb. 2.3). Agile Arbeitsweisen werden in der Regel in den explorativen
Bereichen eingesetzt und nicht in dem stabilen Geschäft von heute.

Vertriebliche Ambidextrie	
EXPLOITATION	**EXPLORATION**
Das heutige Geschäft (Außendienst, Innen-dienst, Onlinevertrieb…)	Das Neue / Geschäft von morgen (neue Produkte und Services, neue Technologien…)
Ziele: das heutige Geschäft sichern, Umsatz steigern	**Ziele:** Forschung, Innovation, Entwicklung, Anpassung
Wege zum Ziel: Kontinuierlicher Verbesserungsprozess = KVP Wertschöpfung erhöhen Lean Arbeitsweisen	**Wege zum Ziel:** Experimente, Fail fast/Fail often/Fail forward Agile Teams, Agile Arbeitsweisen, Kulturwandel
Verschwendung minimieren Blindleistung reduzieren	Verschwendung und Blindleistung gehören zur Erkundung

Abb. 2.3 Exploration und Exploitation. (Mit freundlicher Genehmigung von © Claudia Thonet
2020. All Rights Reserved)

Das mag eine Erklärung sein für die zurückhaltende Investition in die Agilisierung des Vertriebs. Er soll den Umsatz machen und bekommt dadurch nur wenige Ressourcen für Experimente und Innovation zur Verfügung gestellt. Hier ist ein Sowohl-als-auch-Denken erforderlich. Der Vertrieb muss sich bewegen und neben dem laufenden Umsatz wendiger werden. Dafür hat er bereits jede Menge Agilitätsfaktoren an Bord. Eine vertriebliche Ambidextrie ist der Schlüssel zum Erfolg. Nach Reilly und Tushman (2008) ist die Ambidextrie die Fähigkeit eines Unternehmens, gleichzeitig forschen (Exploration) und optimieren (Exploitation) zu können, um langfristig anpassungsfähig zu sein (Roland Berger GmbH 2015).

Man unterscheidet zwischen kontextueller und struktureller Ambidextrie.

- **Kontextuelle Ambidextrie:** Hier werden die konträren Anforderungen der Exploitation und Exploration situativ und dynamisch gesteuert, ohne die Struktur der Organisation zu verändern. Google hat beispielsweise die 80/20-Regel: Mitarbeiter sollen 20 Prozent ihrer Arbeitszeit fernab des Tagesgeschäftes für Innovation nutzen (Müller 2018). Das verlangt von Mitarbeitern einen hohen Reifegrad. Sie sind gefordert, zwischen sehr komplementären Vorgehensweisen innerhalb der gleichen Struktur zu wechseln und sich darin selbst zu organisieren.
- **Strukturelle Ambidextrie:** Die konfliktären Anforderungen werden durch eine duale Struktur umgesetzt. Dafür werden unterschiedliche Organisationseinheiten geschaffen, die sich jeweils mit der Replikation oder mit der Innovation beschäftigen. Die Herausforderung ist dabei die Abgrenzung der explorativen Einheiten, um ihnen ausreichend Schutzraum für Kreativität und Selbstorganisation zu gewährleisten, ohne sie dabei gänzlich abzukoppeln. Ein Ansatz ist das Konzept der eingebetteten Unternehmensteams oder das zweite Betriebssystem von Kotter (Roland Berger GmbH 2015). Beide Ansätze fördern den Austausch und das wechselseitige voneinander Lernen, um einen guten Übertragungseffekt zu erreichen.

Beispiel

Die Autoindustrie steht derzeit vor großen Herausforderungen und hat dringend einen Paradigmenwechsel nötig, bezogen auf konventionelle Antriebe wie Otto- oder Dieselmotoren. Bezogen auf die Exploitation, also die Optimierung des bestehenden Modells, ist Elektromobilität ein wichtiger und ausbaufähiger Ansatz. Explorativ ist hier ein weitreichenderes Umdenken der gesamten Mobilität erforderlich. Vermutlich werden wir in naher Zukunft zumindest in den Städten eine „All in One" Mobility Flat nutzen, mit der wir bedarfsorientiert und flexibel jede Mobilität von Flug, Taxi, Leihfahrzeugen und klassischen Schienenfahrzeugen nutzen können.

Diesen scheinbaren Widerspruch zwischen dem Fokus auf den heutigen Umsatz und dem Blick in die Zukunft gilt es, geschmeidig zu verbinden, um weiterhin erfolgreich sein zu können. Wie beschrieben, brauchen wir den dreifachen Blick auf heute, morgen und übermorgen. Das ist nicht neu, erfolgreiche Unternehmen haben das schon immer so gehandhabt. Der Unterscheid liegt in der Schnelligkeit und unserem Unvermögen, diese exponentielle Entwicklung mental erfassen zu können.

Literatur

Müller GV (2018) Google gibt seinen Mitarbeitern Freiräume – und profitiert davon. https://www.nzz.ch/wirtschaft/google-innovation-braucht-freiraeume-ld.1424815. Zugegriffen am 07.01.2019

Reilly O, Tushman M (2008) Ambidexterity as a dynamic capability: resolving the innovator's dilemma. Res Organ Behav 28:185–206

Roland Berger GmbH (2015) Think Act, die digitale Zukunft des B2B-Vertrieb, Studie Roland Berger im Auftrag von Google. https://www.rolandberger.com/de/Publications/Die-digitale-Zukunft-des-B2B-Vertriebs.html. Zugegriffen am 05.01.2019

Der Vertrieb der Zukunft

3

Zusammenfassung

Wie wird die neue Wertschöpfung aussehen? Welches sind die besten Kundenbindungsstrategien und wie verkaufen Sie in Zukunft online und offline? Wie sieht ein guter Service 4.0 aus und von welchen Top-Playern können Sie am besten lernen? Zu diesen entscheidenden Fragen erhalten Sie in diesem Kapitel Antworten und Strategien.

Laut dem Institut für Handelsforschung an der Universität Köln wurden im Jahr 2017 bereits 25 Prozent des Umsatzes von Mode und Konsumelektronik online gemacht, Tendenz drastisch steigend. Der Onlinehandel überstieg mit 60 Milliarden Euro Umsatz mehr als zehn Prozent des gesamten Einzelhandels. Es ist also höchste Zeit, die Sales- und Servicebereiche wandlungsfähig und fit für die Zukunft zu machen (Dixon 2018).

Der Vertrieb wird immer konsequenter Lösungen für Kunden bieten, statt nur Produkte zu verkaufen. Denn Produkte bekommt der Kunde mithilfe von Suchmaschinen überall einfacher, vergleichbarer und schneller als jemals zuvor. Entscheiden wird er sich schließlich für den Anbieter, dem er vertraut und der seinen aktuellen und zukünftigen Bedarf erfüllt. Natürlich braucht jede zukunftsfähige Organisation dazu hohe Expertise in neuen Technologien. Doch reicht das?

3.1 Die Wertschöpfung aus Kundensicht

Im Grunde genommen ist das Ziel des Vertriebs klar und einfach: Er stellt dem Markt die Angebote des Unternehmens zur Verfügung und bildet somit die direkte Schnittstelle zum Kunden. Wie in Abb. 3.1 dargestellt gibt es zwei Austauschkreisläufe:

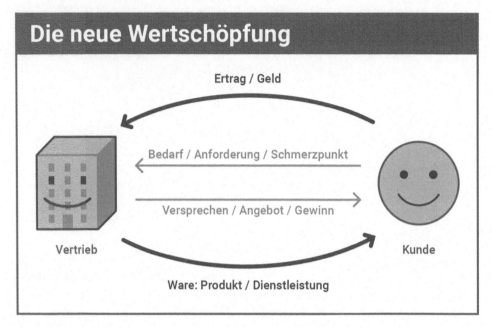

Abb. 3.1 Kreislauf der Wertschöpfung. (Mit freundlicher Genehmigung von © Claudia Thonet 2020. All Rights Reserved)

1. Der Kunde gibt seine Bedürfnisse, Anforderungen bzw. seinen Schmerzen preis und erhält vom Vertrieb die passenden Versprechen und Angebote bzw. Leistungen in Aussicht gestellt. Optimal genutzt ist diese Phase, wenn er mehr bekommt, als er erwartet. Das können menschliche Werte wie Freundlichkeit und Vertrauenswürdigkeit sein oder prozessuale wie Schnelligkeit, Zuverlässigkeit oder Bequemlichkeit. Und natürlich attraktive Angebote, die über den Bedarf des Kunden hinausgehen und ebenfalls den Bedarf erfüllen oder wecken.

    Beispiel: Kürzlich wollte ich eine Schutzfolie für mein Smartphone bestellen. Da ich zufällig an einem Apple Store vorbeikam, schaute ich kurz entschlossen rein, anstatt wie üblich online zu bestellen und mich dann mit dem korrekten Aufbringen der Folie zu quälen. Kaum durch die breite Glastür eingetreten, empfing mich ein gut aussehender freundlicher Mitarbeiter mit der Frage, wie er mir helfen könne. Sofort wurde ich zu einem Tisch begleitet, an dem seine Kollegin die Schutzhüllen anbrachte. Nach zwei Minuten gab sie mir drei verschiedene Varianten zur Auswahl, reinigte mein Handy von allen Seiten und besserte Kratzer aus. Noch bevor ich etwas gekauft hatte, erhielt ich Service, mit dem ich nie gerechnet hatte. Natürlich entschied ich mich spontan für eine der vielen unterschiedlichen Folien. Ich bin mir sogar sicher: Das nächste Mal werde ich lieber den Weg zum Store in Kauf nehmen, als beim Onlinekauf auf diesen tollen Service zu verzichten.

2. Nach der Entscheidung zum Abschluss gibt der Kunde sein Geld und erhält im Gegenzug die Ware oder Dienstleistung, manchmal auch umgekehrt: er zahlt erst, nachdem er

das Produkt erhalten hat. Auch in dieser zweiten Phase gibt uns der Kunde die Chance, seine Erwartungen zu übertreffen. Er bekommt ein besseres Produkt oder einen besseren Service, als er dachte. Schon Kleinigkeiten können reichen, die eine immense Wirkung auslösen. Bei meinem letzten Online-Schuhkauf bekam ich zusätzliche Schnürsenkel in tollen Farben dazu geliefert. Das hat mich überrascht und ich war positiv begeistert. Seitdem habe ich dort für meinen Mann und meinen Sohn weitere Schuhe bestellt.

Jetzt denken Sie vielleicht, das sei doch so klar wie das Einmaleins. Ich stimme Ihnen zu und habe mich dennoch entschieden, diesen einfachen Wertschöpfungskreislauf aus Kundensicht darzustellen. Denn aus meiner Sicht verlieren viele Unternehmen im Eifer der Gewinnmaximierung oder Existenzsicherung die wesentlichen und einfachen Zusammenhänge aus dem Blick. Dabei sind genau diese beiden Kreisläufe das Einzige, das wirklich zählt und bedeutsam ist. Je besser Sales und Service diese Kreisläufe beherrschen, desto erfolgreicher wird ein Unternehmen sein.

Folgende typische Hürden hat der Vertrieb dabei zu meistern:

- Wie bekomme ich mit, wenn ein Kunde Bedarf äußert? Das tut er mehr und mehr bei Google. Damit hat diese Plattform einen exorbitanten Vorsprung gegenüber jedem anderen Anbieter.
- Wie unterscheide ich mich von den vielen anderen Anbietern?
- Wie transportiere ich innerhalb von wenigen Sekunden meinen USP (Unique Selling Point) und meinen ESP (Emotional Selling Point)?
- Welchen Kundenbedarf erkenne ich zwischen den Zeilen?
- Wodurch biete ich dem Kunden mehr, als er erwartet hat?
- Wie halte ich auch nach dem Kauf den Kontakt, ohne aufdringlich zu wirken?

3.2   Digitale Lösungen bieten statt Produkte verkaufen

Produkte verkaufen kann jeder, die Sichtbarkeit im Dschungel der globalen Angebote einmal vorausgesetzt. Dazu braucht es gutes Onlinemarketing und neue Technologien. Hervorheben und abheben von der Masse der Anbieter werden Sie sich damit nicht. Das schaffen Sie nur, wenn Sie mehr können als digitale Vertriebswege. Was zukünftig wirklich zählt, sind gute Lösungen für Probleme des Abnehmers. Dazu muss ich meine Kunden kennen, ihre Wünsche und Bedürfnisse verstehen und passgenaue Antworten zur Verfügung stellen. Laut einer aktuellen Studie der Harvard Business School (Buell und Shell 2019) sorgt gerade in Bereichen wie Finanzen, Gesundheit oder Mobilität, in denen Kunden verunsichert sind, ein Zuviel an Automatisierung zur Abnahme der Zufriedenheit. Bei Einführung der Geldautomaten erlebten Banken genau dieses Phänomen. Obwohl die Bargeldversorgung schneller, bequemer, einfacher und verfügbarer wurde, sank die Kundenzufriedenheit der Bestandskunden. Warum? Dafür gibt es drei Gründe:

1. Automatisierung trennt Kunden von operativen Abläufen. Der Kunde beobachtete früher, wie der Mitarbeiter ihn legitimierte, seine Kontoübersicht heraussuchte, das Geld vorzählte und es ihm per Unterschrift übergab. Das alles und mehr macht der Geldautomat, während das Display „in Bearbeitung" sagt. Für den Kunden ist der Wert dieser Handlungen nicht mehr erkennbar und somit wertlos.
2. Wenn Menschen verunsichert sind, suchen sie instinktiv den Kontakt zu anderen Menschen, nicht zu Maschinen. Ganz im Gegenteil: Als ich vor kurzem meine Blutwerte online erhielt und daraufhin den einen erhöhten Wert im Internet recherchierte, war ich dermaßen beunruhigt, dass ich sofort einen Arzt aufsuchte. Viele Anbieter leiten nervöse Kunden an eine Self-Service-Technologie (SST) weiter. Das ist zwar kostengünstiger als menschliche Unterstützung, beruhigt aber keine Gefühle.
3. Digitale Services bieten vorwiegend standardisierte Lösungen. Sobald der Kunde Sonderwünsche hat, die nicht ins Raster der eingespeisten Möglichkeiten passen, wird er auch kein zufriedenstellendes Resultat erhalten.

Was bedeutet das für die Zukunft? Wie können wir künstliche Intelligenz nutzen und vorantreiben sowie gleichzeitig das Vertrauen der Kunden gewinnen und halten? Vertrauen ist und bleibt die Basis jeder tragfähigen Kundenbeziehung. Je digitaler wir werden, desto wichtiger ist es, die Psyche der Kunden zu verstehen, um neue Wege zu gehen. Wenn wir Vertrauen in der Kundenbeziehung aufbauen und halten wollen, sind vier Komponenten entscheidend:

- Transparanz
- Menschliche Fürsorge
- Individualität
- Engagement und Wertschätzung

3.2.1 Transparenz

Transparenz schafft Vertrauen. Informieren Sie die Kunden jederzeit über den Status der Bearbeitung. Machen Sie jeden Schritt transparent und damit den Wert Ihrer Leistung erkennbar. Je mehr Sie offenlegen, desto wertvoller betrachtet der Kunde den Service.

Beispiel

In einer Studie suchten Probanden auf einem Testportal nach Flügen. Manche warteten ohne Statusanzeige, andere wiederum erhielten Fortschrittbalken mit Informationen darüber, was die Suchmaschine gerade erledigte („… bisher 133 Verbindungen gefunden", „… jetzt 427 …"). Je mehr Informationen die Teilnehmer erhielten, desto besser bewerteten sie im Anschluss das Portal. Sie hatten eine höhere Zahlungsbereitschaft, und die Wartezeit machte ihnen weniger aus. (Boston Consulting Group (2017))

Schaffen Sie freiwillig Transparenz über Ihren Service: Bei der BBVA-Bank in Spanien sehen die Kunden auf dem Bildschirm eine Darstellung, wie der Automat Geld zählt, sortiert und zur Auszahlung anordnet. Die Ergebnisse von Studien sind laut Professor Buell (Buell und Shell 2019) eindeutig: Transparenz hat einen hohen Einfluss auf die Kundenzufriedenheit.

Als Vielreisende nutze ich sehr häufig Taxiservices. Seit mir die App „MyTaxi" nicht nur angibt, wie lange der Fahrer brauchen wird, sondern auch seinen Weg zu mir aufzeigt, fühle ich mich wesentlich besser bedient als bei den herkömmlichen Telefonzentralen. Ich weiß das Kennzeichen, den Namen und habe sogar das Bild des Fahrers. Außerdem kann ich genau abschätzen, wann es Zeit ist, meinen Koffer hinunterzutragen und mich bei minus vier Grad vor die Haustür zu stellen.

3.2.2   Menschliche Fürsorge

Bieten Sie verunsicherten Kunden jederzeit den Kontakt zu einem Mitarbeiter an. Erstaunlicherweise reicht diese Möglichkeit aus, um Kunden zu beruhigen und ihr Vertrauen zu stärken. In Anspruch genommen wird das Angebot viel seltener, als man erwarten würde.

Beispiel

Die Harvard Business School (HBS) machte ein Experiment zur Untersuchung von Unsicherheiten und komplexen Entscheidungen bei Finanzdienstleistungen (Buell und Shell 2019). Dazu entwickelten sie eine Onlineplattform, auf der die Teilnehmer hypothetisch 100.000 Dollar in Aktien und Anleihen verschiedenster Art anlegen und verwalten konnten. Je mehr Abschwünge die Teilnehmer erlebten, desto unsicherer waren sie und umso weniger vertrauten sie auch dem Anbieter der Aktien. Selbst Teilnehmer, die im Endeffekt höhere Renditen erwirtschafteten als andere Vergleichsteilnehmer, waren viel unzufriedener mit dem Anbieter, sobald sie Schwankungen und damit Unsicherheiten durchleben mussten.

Wir können Kunden vor Schwankungen und Unsicherheiten nicht bewahren, vor allem in der Finanzdienstleistungsbranche. Gerade bei Unsicherheiten und Ängsten haben wir automatisch das Bedürfnis nach menschlichem Zuspruch und Anteilnehme. Um herauszufinden, was in so einem Fall auch bei Onlineservices helfen kann, wiederholte die HBS ihr oben beschriebenes Experiment mit erstaunlichen Ergebnissen. Diesmal bekamen einige Teilnehmer die Möglichkeit, während des Experiments mit einem Experten zu chatten. Tatsächlich war deren Zufriedenheit mit der Onlineplattform trotz Schwankungen stabil. Das hatten die Betreiber bereits erwartet, doch was sie erstaunte, war folgendes: Kaum einer nahm die Funktion des Chats mit einem Experten tatsächlich in Anspruch. Allein das Angebot der menschlichen Fürsorge durch den Expertenchat brachte die Wirkung.

3.2.3   Individualität

Wollen Sie als Kunde eine anonyme Nummer sein? Die Kunst guter Omnichannel-Angebote der Zukunft besteht in der individualisierbaren Darbietung Ihrer Leistungen. Achten Sie beispielsweise bei jeder Kommunikation auf die namentliche Anrede des Käufers und personalisieren Sie Ihre Angebote. Sammeln und werten Sie die Daten Ihrer Geschäftspartner sinnvoll aus mit dem Ziel, kuratierte Angebote (s. Abschn. 3.7.2) zu erstellen.

> **Beispiel**
>
> Die Amazon-Tochter Audible bietet Hörbücher und Podcasts an. Die Plattform erstellt – auf Grundlage der Merklisten oder Käufe – eine gut abgestimmte Auswahl an Empfehlungen für ihre Nutzer. Das regt die Abonnenten nicht nur zum Kauf an, sondern schafft eine gute Kundenbindung durch individuellen Service.

3.2.4   Engagement und Wertschätzung

Tue Gutes und rede darüber. Teilen Sie dem Kunden mit, was Sie alles für ihn tun. Vermitteln Sie, wie wichtig er Ihnen ist. Überraschen Sie Kunden mit Aufmerksamkeiten, die er nicht erwartet. Damit bleiben Sie als besonderer Anbieter in Erinnerung. Vor allem bei Reklamationen ist die aktive Problemlösung Ihrerseits entscheidend für das Vertrauen.

> **Beispiel**
>
> Erst kürzlich reservierten wir bei dem Onlinedienst „Open Table" einen Tisch im Restaurant. Wir bemerkten im Notizfeld „Sonderwünsche", dass wir mit Kanadiern zum Essen kommen und uns auf typisch deutsche Küche freuen. Kaum waren wir angekommen, brachte der Kellner jedem zur Begrüßung ein Bier auf Kosten des Hauses.

Beziehungen festigen sich, wenn man schon einmal Schwierigkeiten miteinander gemeistert hat. Das steigert das Vertrauen immens. Ist das bei digitalen Diensten anders? Nein, ganz im Gegenteil: Bei Schwierigkeiten besteht die Chance auf eine lange und tragfähige Geschäftsbeziehung. Aber nur, wenn Sie schnell, zuverlässig und lösungsorientiert Abhilfe schaffen oder zumindest nachvollziehbare Erklärungen für den aufgekommenen Ärger anbieten. In Tab. 3.1 sind Basiselemente der Vertrauensbildung und die passenden Lösungen für digitale Services aufgeführt.

Ganz besonders wichtig ist das Bewusstsein der Zwei-Wege-Transparenz bei der Digitalisierungsstrategie im Vertrieb! Denn nicht nur der Kunde verliert Vertrauen und Zufriedenheit, wenn die Automatisierung zu Intransparenz führt. Auch die Mitarbeiter in Sales und Service sind weniger motiviert, wenn sie von den Kunden abgeschottet werden. Was

Tab. 3.1 Das digitale Vertrauen

Basis zur Vertrauensbildung	Lösungsmöglichkeiten bei digitalen Services im agilen Vertrieb
Transparenz	Transparenz schafft Vertrauen. Informieren Sie die Kunden jederzeit über den Status der Bearbeitung. Machen Sie jeden Schritt transparent und damit den Wert Ihrer Leistung erkennbar. Je mehr Sie offenlegen, desto wertvoller betrachtet der Kunde den Service.
Menschliche Fürsorge	Bieten Sie verunsicherten Kunden jederzeit den Kontakt zu einem Mitarbeiter an. Erstaunlicherweise reicht die Möglichkeit, um Kunden zu beruhigen und ihr Vertrauen zu stärken. In Anspruch genommen wird das Angebot viel seltener, als man erwartet.
Individualität	Wollen Sie als Kunde eine anonyme Nummer sein? Achten Sie bei jeder Kommunikation auf die persönliche Anrede des Käufers und personalisieren Sie Ihre Angebote.
Engagement und Wertschätzung	Tue Gutes und rede darüber. Teilen Sie dem Kunden mit, was Sie alles für ihn tun. Vermitteln Sie, wie wichtig er Ihnen ist. Vor allem bei Reklamationen ist die aktive Problemlösung Ihrerseits entscheidend für das Vertrauen.

ist einer der Hauptmotivatoren im Vertrieb? Sie denken vielleicht, die Erfolge und die Provision? Da liegen Sie zum Teil richtig. Denn Erfolge sind es sehr wohl, doch die Erfolge durch begeisterte Kunden sind für die Motivation von Teams noch entscheidender als der rein monetäre Gewinn. Wenn ein Vertrieb schlechte Kundenbewertungen bekommt und viele Reklamationen erhält, dann sinkt die Identifikation mit dem Bereich bei den Teams auf den Gefrierpunkt. Sind die Kunden hingegen begeistert, dann strahlt das augenblicklich auf die Mitarbeiter und deren Motivation ab. Wie in Abb. 3.2 dargestellt, ist Transparenz der Gewinner zur Förderung von Vertrauen und Zufriedenheit.

Abb. 3.2 Vertrauen und Zufriedenheit durch Transparenz. (Mit freundlicher Genehmigung von © Claudia Thonet 2020. All Rights Reserved)

3.3 Offline Verkaufen 4.0

Der Offlineverkauf verzeichnet immer mehr Verluste und kann mit dem Angebot von über 300 Millionen Produkten eines Online-Riesen wie Amazon auf dem deutschen Markt nicht mithalten. Amazon, Otto Group und Zalando haben demnach immense Sortimentvorteile gegenüber Offline-Handelsflächen. Doch sie haben auch Schwächen! Kaum jemand kauft bei Amazon ein, weil er den Händler als so sympathisch oder nachhaltig empfindet. Im Gegenteil, viele Nutzer haben – wie ich – zumindest ein schlechtes Ökogewissen beim Einkauf. Reinartz und Hudez (2019) sprechen beim Onlinevertrieb von kalter Loyalität, die Kunden bindet. Kalte Loyalität entsteht durch große Auswahl, niedrige Preise und hohe Funktionalität und ist rein transaktional. Genau hier liegt die Chance anderer Anbieter. Gerade auf der Fläche und im direkten Kontakt mit den Kunden können Sie eine ganz andere Art von Loyalität erschaffen.

> **Beispiel**
>
> Im August kletterten die Temperaturen in Berlin auf 38 Grad im Schatten. Kurz vor einem dreitägigen Kundentermin wollte ich mich vor Hitzewallungen in Hosenanzügen bewahren und beschloss zwei Stunden vor meinem Abflug, eine Boutique um die Ecke aufzusuchen, um nach businesstauglichen Sommerkleidern Ausschau zu halten. Ich muss gestehen, dass ich normalerweise zu den 25 Prozent gehöre, die alles online bestellen und zu Hause anprobieren. Meine Ungeduld ist zu groß, um in Modeläden die vielen Kleiderstangen durchzusuchen. Umkleidekabinen sind mir ein Graus, und Verkäuferinnen, die alles super schön finden, auch wenn es wie ein Zelt mit Füßen aussieht, kann ich nicht ernst nehmen. Doch bestellen war in dem Zeitfenster schlicht unmöglich. Es geschah etwas ganz anderes, als ich erwartete: Bereits 30 Minuten später war ich glückliche Besitzerin zweier wunderschöner Sommerkleider, der Modeladen hat in Zukunft eine Stammkundin mehr und Zalando eine weniger. Wie hat dieses kleine Geschäft um die Ecke das geschafft?
>
> 1. Der Laden ist sehr geschmackvoll eingerichtet und mit liebevollen Details versehen.
> 2. Die Raumtemperatur war sehr angenehm, und es roch unaufdringlich nach frischen Blumen.
> 3. Die Verkäuferin begrüßte mich sehr freundlich, ließ mich aber in Ruhe selbst schauen.
> 4. Meinen fragenden Blick griff Sie sofort auf und bat mir Hilfestellung und Beratung an.
> 5. Sie erkundigte sich genau nach meinem Geschmack und brachte mir eine treffsichere Auswahl in die Kabine.
> 6. Sie sagte mir ehrlich, was ihr gut und was ihr weniger gut gefiel und war dabei vertrauenswürdig.
> 7. Ihre Komplimente wirkten jederzeit ehrlich, sie gab mir ein gutes Gefühl.
> 8. Sie interessierte sich für mich und wir lachten viel zusammen.

Alle acht aufgezählten Punkte kann natürlich kein Onlinehändler jemals bieten. Genau das ist die Chance der Flächen. Nutzen Sie die warme Loyalität, die Sie am stärksten offline im direkten Kontakt herstellen können. Machen Sie das Einkaufen zum Erlebnis für den Kunden und geben Sie ihm ein gutes Gefühl. Jeder Kunde sollte Ihr Geschäft mit einem Lächeln auf den Lippen verlassen, dann haben Sie ein gutes Ergebnis erzielt. Das funktioniert nicht mit einem Salesteam, das Dienst nach Vorschrift macht, und erst recht nicht mit einem unterbezahlten Serviceteam, das seinen Vorgaben an Gesprächszeiten hinterherhetzt. Das wird nur mit Menschen gelingen, die sich identifizieren und im wahrsten Sinne stolz darauf sind, ihren Kunden die eigenen tollen Lösungen für ihre Bedarfe zu offerieren.

3.4   Kundenbetreuung: Servicecenter 4.0

Die meisten Menschen stellen sich unter Callcentern die Galeeren der Neuzeit vor: Heerscharen von schlecht bezahlten Sklaven, die unter dem Decknamen „Agenten" im Takt weniger Minuten hunderte Anrufe abfertigen. Entsprechend hoch ist die Fluktuation. Mehr als 27 Prozent der Mitarbeiter wechseln durchschnittlich pro Jahr in einen anderen Bereich oder ein anderes Unternehmen (Reinartz und Hudez 2019). Es mangelt an Anerkennung, Entwicklungsmöglichkeiten und Flexibilität, zudem ist die Bezahlung miserabel. Die meisten nennen sich zwar Teams, haben aber keine Gestaltungsmöglichkeiten, sondern arbeiten nach strengen Einzelzielen, die akribisch gemessen und ausgewertet werden. Demgegenüber stehen höchste Anforderungen an die Mitarbeiter. Kaum ein anderer Arbeitgeber hat so hohe Erwartungen an Schnelligkeit, Flexibilität und Kommunikationsfähigkeit seiner Bewerber. Jeder Mitarbeiter ist gläsern: Wie viele Calls mit welcher Gesprächszeit und Nachbearbeitungsdauer leistet der Einzelne, und wie steht er im Vergleich zu den anderen da? Wenn Sie als Arbeitgeber klug sind, dann stellen Sie im Innendienst Menschen ein, die davor einige Jahre in einem Servicecenter gearbeitet haben. Sie werden erstaunt sein, wie schnell, serviceorientiert, strukturiert und kommunikationsstark ein Servicemitarbeiter agieren kann.

Für die meisten Kunden ist der „Touchpoint" Servicecenter auch eher ein Alptraum in der Kundenreise, den sie lieber meiden würden. Der Kunde muss erst einmal mehrere Hindernisse meistern, bis er sich einen Mehrwert für die investierte Zeit erhoffen kann. Die erste Hürde ist die zeitraubende Navigation durch computergesteuerte Sprachmenüs, die eher wie Labyrinthe wirken, bei denen das Ziel – nämlich eine echte Person zu sprechen – unerreichbar erscheint. Die zweite Hürde sind Kundennummern und Auftragsdetails, die gleich zu Beginn abgefragt werden und ohne die man keine Auskunft erhält. Die dritte Hürde ist das Anliegen selbst: Liegt es außerhalb des eng gesteckten Entscheidungsspielraums des Agenten, dann wird man sowieso nur auf einen unbestimmten Rückruf des zuständigen Fachbereichs vertröstet. Natürlich gibt es Ausnahmen. Ich kenne Servicebereiche, die zum einen eine hohe Mitarbeiterzufriedenheit und eine niedrige Fluktuation aufweisen und zum anderen einen hervorragenden Kundenservice bieten: Jeder Anrufer wird entweder fallabschließend betreut oder erhält innerhalb von 24 Stunden einen garantierten Rückruf mit der individuellen Lösung im Gepäck. Was machen die Ausnahmen anders? Wie könnte der Service der Zukunft aussehen? Wird er überhaupt noch gebraucht oder wird der digitale Kunde alles online selbst erledigen?

3.4.1   Die zukünftigen Anforderungen an den Kundenservice

Wird das Callcenter überhaupt noch gebraucht? Benötigt der Kunde heute oder morgen noch eine Hotline mit ihren typischen Diensten wie Adressänderungen, Fragen zur Abrechnung, Vertragsänderungen oder Kündigungen? Dank der Online-Verwaltungsfunktionen kann der Kunde das alles und mehr selbstständig erledigen. Doch durch die Individualisierung der Angebote und die komplexeren Produkte wandeln sich auch die Anforderungen an den Kundenservice gewaltig. Anstatt einfacher Routineantworten sind individuelle Lösungen gefragt, anstelle standardisierter Problemlösestrategien erwartet der Kunde passgenaue Antworten. Sie ahnen vermutlich bereits, wohin meine Ausführungen gehen. Ja, richtig, auch im Servicebereich plädiere ich für Teams statt für Einzelkämpfer. Gerade jetzt hat die Kundenbetreuung die idealen Voraussetzungen für Innovationen, Flexibilität und vernetzte Expertise, die nur Teams leisten können. Je weniger Routine, desto mehr werden die Leistung und der Inhalt der Tätigkeit aufgewertet werden. Das erfordert nicht nur mehr Können, sondern macht auch viel mehr Spaß. Wenn Mitarbeiter in Teams gefordert und gefördert werden und dabei selbst entscheiden können, was das Beste für ihre Kunden ist, dann brauchen Sie sich als Arbeitgeber keine Sorgen um Fluktuation und Demotivation zu machen. Sie schlagen sprichwörtlich gleich mehrere Fliegen mit einer Klappe. Je anspruchsvoller und selbstorganisierter die Teams für die Kunden arbeiten, desto loyaler und engagierter verhalten sie sich.

3.4.2   Vom Call-Sklaven zum Experten für den Kunden

Stellen Sie sich die folgenden beiden Szenarien vor:

Beispiel

Szenario A

Sie hetzen morgens zur Arbeit, um nur ja nicht zu spät zu kommen. Ihre Kollegen aus der Schicht vor Ihnen warten bereits sehnsüchtig auf die Ablösung. Innerlich stellen Sie sich vorsorglich auf acht Stunden Dauerstress ein. Schon beim Ankommen sehen Sie die hektischen Flecken bei Ihren Kollegen: Alle sitzen mit dem Headset auf den Ohren wie angetackert an unzähligen Inseln, und der Raum ist angefüllt vom Geräuschpegel hunderter gleichzeitig stattfindender Gespräche. Kaum angemeldet, ploppt die rote Warteschleife auf und zeigt Ihnen eine Menge an verärgerten Kunden an, die bereits seit mehr als zehn Minuten auf einen Ansprechpartner hoffen. Schon die ersten Anrufe können Sie nicht befriedigend lösen, weil Sie weder die Kompetenz zur Entscheidung haben noch einen Kollegen aus dem Fachbereich erreichen, der die Kundenanfragen beantworten kann. Nach acht Stunden Dauergesprächen mit minutiös gezählten Pausen haben Sie abends nicht einmal Lust, mit Ihrer Partnerin über Ihren Tag zu sprechen. Sie wollen einfach nur noch die Ruhe genießen und fallen in einen komatösen Tiefschlaf auf dem Sofa.

Szenario B

Sie freuen sich morgens schon auf Ihr Team. Heute früh werden wieder alle für zehn Minuten zusammenstehen, sich über die Themen des letzten Tages austauschen und die gemeinsamen Ziele von heute besprechen. Sie sind jetzt schon gespannt, mit welchen interessanten Fragen Ihre Kunden heute auf Sie zukommen werden. Die meisten der Anrufer freuen sich über Ihren erstklassigen Service und die lösungsorientierten Gespräche. Wenn Sie selbst mal nicht weiterwissen und Hilfe brauchen, ist immer ein Experte aus dem Team an Ihrer Seite und erklärt Ihnen die Themen so gut, dass Sie beim nächsten Mal selbst die Lösung vermitteln können. Außerdem wird heute Mittag das neue Innovationsprojekt starten, zu dem Sie sich gemeldet haben. Sie freuen sich darauf, mit vielen Experten aus anderen Teams an neuen Services für die Kunden mitzuwirken. Heute Abend sind Sie mit Ihrer Freundin zum Essengehen verabredet. Gemeinsam wollen Sie mit Ihr die hohe Sonderzahlung feiern, die jeder im Team für herausragende Leistung erhalten hat.

So kann Kundenservice sein. Und meiner Meinung nach stellt Szenario B die einzig sinnvolle und produktive Zukunft der Branche dar.

Interview mit Marc Schmetkamp, Sales Spezialist und Agiler Vertriebscoach
Wie agil kann das typische Servicecenter von heute überhaupt werden?

Agilität stellt, im klassischen Kundenservice-Center, meiner Meinung nach die größte Herausforderung der Zukunft dar. Viele Unternehmen arbeiten derzeit mit sogenannten Dienstleistern zusammen, denen lediglich ein klar gesteckter Kompetenzrahmen bereitgestellt wird. Flexibilität und Authentizität sind hier eher Fehlanzeige. Der Kundenberater hat kaum eigenen Spielraum und wenig Entscheidungsfreiheit. Mit wenigen Ausnahmen werden die Aufgaben und Arbeitsabläufe vom Auftraggeber klar definiert. Hinzu kommt, dass das Servicecenter von heute in einen Schichtablauf eingebunden ist, der in der derzeitigen Form kaum oder gar keinen Raum für Flexibilität und Eigengestaltung zulässt. Menschen arbeiten nach ihren Verfügbarkeiten in stringenten zeitlichen Räumen und kommen meist nur wenige Wochen im Jahr in ähnlicher Konstellation zusammen. So können in den seltensten Fällen Zusammengehörigkeit und Teamwork entstehen. Der Mitarbeiter ist Einzelkämpfer. Kundenanliegen, die nicht in den eigenen Kompetenzbereich fallen, werden anderen Abteilungen zugewiesen, die meist räumlich und zeitlich getrennt, oft sogar in anderen Unternehmen angesiedelt sind. Der Kontakt zur Fachabteilung erfolgt auf elektronischem Wege, direkte Anfragen sind nicht oder nur über einen Sammelaccount möglich. Das Ergebnis ist Kundenunzufriedenheit – und damit verbunden auch Unzufriedenheit des Mitarbeiters, der ja doch den Wunsch hat, seine eigenen Kundenkontakte final zu bearbeiten und dem Kunden eine Lösung anzubieten, die zielführend und befriedigend ist.

Das klingt sehr unbefriedigend für alle Beteiligten. Gibt es einen Weg?

Es geht aber sicherlich auch anders. Einzelne Unternehmen setzen nach und nach auf sogenannte Hybridteams. Hier werden die Mitarbeiter übergreifend ausgebildet. Der Kundenberater wird in die Lage versetzt, Kundenanliegen aus den unterschiedlichsten Segmenten des Anfragespektrums zu bearbeiten und zu finalisieren. Zusätzlich zur themenübergreifenden Wissensvermittlung setzen solche Teams auch Multiplikatoren ein, die in übergeordneten Systemen ausgebildet werden und einen weiteren Kompetenzspielraum haben, der sie in die Lage versetzt, schnell und effizient auf Anfragen zu reagieren. Nehmen wir also eine typische Kundenanfrage als Beispiel heraus, dann kann sich ein Ablauf entwickeln, der den Kunden vom Erstkontakt bis zum Abschluss einen einzelnen Berater zuweist, unabhängig davon, welches Anliegen vorgebracht wird.

Welche Hindernisse müssen überwunden werden?

Eine weitere Hürde zu agiler Arbeitsgestaltung stellt auch die Personalstruktur des Unternehmens dar, die durch Recruiting und Onboarding gelöst werden muss. Neue Kundenberater sollten demnach so ausgewählt werden, dass sie in klar definierten Teams zusammenarbeiten, welche auch in der gleichen zeitlichen und räumlichen Struktur beheimatet sein müssen. Führungskräfte übernehmen viel mehr die Rolle des Organisators und Motivators sowie die Aufgabe, dem Team und dem Tagesablauf eine Struktur zu geben. Auch muss es die Aufgabe der Führung sein, Schnittstelle zwischen dem Team und dem Unternehmen intern wie extern zu sein und Meetings und Informationsflüsse zu gewährleisten.

Was muss noch geschehen?

Betrachtet man zum Schluss auch noch die Entlohnungssysteme, dann ist derzeit in vielen Fällen eine Kennzahlenvergütung, eine Leistungsvergütung auf Einzelpersonenebene, üblich. Diese Form der Zahlung fördert meist nur den Drang, Masse zu produzieren. Wenn man also mehr Einkommen generieren kann, indem man mehr Calls abnimmt, für Service und Verkauf aber mehr Zeit benötigt, dann ist diese Milchmädchenrechnung ganz einfach. Warum sich Zeit nehmen und den Kunden begeistern, wenn es auch anders geht? Ganz speziell in Unternehmen, die Sales und Service einzuführen versuchen, zeigt sich dieser Störfaktor ganz deutlich. Es ist für den agilen Vertriebs- und Servicecoach schon fast die sprichwörtliche Sisyphusarbeit, Kundenberater für eine andere Herangehensweise zu begeistern.

Ist also im klassischen Kundenservice ein agiler Kulturwandel überhaupt möglich?

Die Frage, die ich mir stelle, ist weniger, ob der Wandel möglich ist, sondern vielmehr, wie er möglichst schnell vollzogen werden kann. Die Servicewelt wird bunter, digitaler und schneller. Der Kunde kann sich wesentlich leichter auf unterschiedlichsten Wegen informieren, ob über Vergleichsportale, im Handel oder auf den jeweiligen Kontaktwegen der Unternehmen. Es steht eine Informationsflut zur Verfügung, die aber dazu neigt, den Menschen vollends zu überfordern. Umso wichtiger ist der Erstkontakt: der Kontakt, der vom Kunden selbst initialisiert wurde und der nutzbar ist, um Begeisterung zu fördern. Genau hier ist die Tür offen für mehr Service und eben auch für den kleinen Schritt zu mehr Kundenzufriedenheit und damit auch Kundenbindung.

Machen wir uns nichts vor: Zufriedene Kunden zahlen unser Gehalt, begeisterte Kunden kaufen zusätzliche Produkte und tragen zum Erfolg des Unternehmens maßgeblich bei. Der Kundenberater an vorderster Front ist die erste Schnittstelle zum Endverbraucher, sei es B2C oder B2B.

Welchen Tipp können Sie dem Leser für den Start mitgeben?

Wenn Sie mich also fragen, was ist notwendig, was braucht ein Unternehmen, um den Wandel anzugehen, dann ist meine Antwort: Leidensdruck! Bewusstheit darüber, dass die Welt sich schneller drehen wird und wir bald von Serverfarmen betreut werden, anstelle von echten Menschen. Sind es aber nicht genau diese Wertevorstellungen und der Wunsch von jedem von uns, eben Menschlichkeit und Individualität, Lösungen zu schaffen, anstelle von „Das geht nicht …". Eben hier haben wir die beiden bestmöglich ansetzbaren Hebel: Werteverständnis und das Überleben auch in der Zukunft. Der Markt im Kundenservice scheint mir höchst disruptiv, die Zukunftschance der Unternehmen in althergebrachten Strukturen sehr gering. Im Laufe von zwei Jahren werden sich Veränderungen zeigen, auf die reagiert werden muss. Der Kunde verlangt immer mehr, ist aber auch dazu bereit, dafür mehr zu investieren. Die digitale Welt schreitet rasant voran, dem Verbraucher werden maßgeschneiderte Angebote auf Grundlage von empirischen Daten unterbreitet, die von einer artificial intelligence berechnet und präsentiert werden, und dies dann gleich noch unter Berücksichtigung von Kaufwahrscheinlichkeiten und Wohlfühlfaktoren.

3.4.3 Agile Serviceteams

Ich kann mich noch gut erinnern, wie sich der Kundenservice oder Innendienstmitarbeiter früher mit unzähligen Aufgaben herumgeschlagen hat, bei denen der Kunde als Anrufer immer störte. Versuchen Sie selbst einmal, ein Angebot oder eine Rechnung korrekt zu erstellen, wenn Sie dauernd durch eingehende Anrufe mit anderen Dingen konfrontiert werden, um sich danach wieder in die mühsam durchdrungene Kalkulation hineinzudenken. Genau so ging es dem klassischen Innendienst vor der Einführung des Frontoffice, auch Service Line genannt. Das war in großen Unternehmen eine logische und effektive Neustrukturierung des Kundenservice. Alle Anfragen wurden von dem Moment an von einem Team übernommen, dessen Fokus allein auf der Beantwortung der Telefonate und E-Mail-Anfragen lag. Ziel war es, einfache Kundenanliegen direkt zu beantworten und ausschließlich kompliziertere Anfragen an den sogenannten Backoffice-Bereich weiterzuleiten. Dadurch konnte der Fachbereich ungestört Angebote, Belege und dergleichen fertig stellen, der Kunde erreichte immer jemanden, der ihm auch ein Ohr lieh.

Abb. 3.3 Expertenteam. (Mit freundlicher Genehmigung von © Claudia Thonet 2020. All Rights Reserved)

Dummerweise wurde das Frontoffice in den meisten Unternehmen schlechter bezahlt, aber viel strenger kontrolliert und gemessen als alle anderen Vertriebsbereiche. Das führte meist zu hoher Fluktuation und einem zu Recht schlechten Ruf eines Berufsbildes, das aus einem ehemals guten Gedanken entstand. Ich selbst war viele Jahre in Servicecentern als Trainerin und Coach eingesetzt und habe in keiner anderen Branche so viele kommunikationsstarke und serviceorientierte Menschen getroffen. Ich fand es schon immer einen Jammer, wie sehr Ruf und Bezahlung im Kontrast zur erbrachten Leistung und dem Wert der Tätigkeit standen. Dank Digitalisierung werden die einfachen Routinen von nun an weniger gebraucht. Der frühere Gedanke des Front- und Backoffice gehört überdacht. Meiner Meinung nach haben die Servicecenter jetzt die besten Voraussetzungen, um mit ihren talentierten Mitarbeitern agile Teams zu bilden. Die Service Liner sind nicht nur der erste Ansprechpartner der Kunden und kennen dadurch deren Pains und Gains, sie sind auch effektives und schnelles Arbeiten gewöhnt. Außerdem ist jede Veränderung ihres Berufsbilds hin zu mehr Selbstorganisation eine drastische Verbesserung und wird jeden Kundenbetreuer begeistern. Bilden Sie rund um die Kundensegmente herum crossfunktionale Teams aus den Bereichen und Kompetenzen, die für eine umfassende Betreuung der Kunden relevant sind. Entwickeln Sie Expertenteams aus Kundenbetreuern, Fachexperten, Technikern, Verkaufsprofis, Einkäufern, Produktionsfachkräften etc. (s. Abb. 3.3). Gestalten Sie einen Rahmen, innerhalb dessen die Teams selbstorganisiert entscheiden können.

3.5   Von anderen lernen

Glauben Sie auch daran, ganz neue Angebote entwickeln zu müssen, um innovativ zu sein? Gehören Sie zu den Menschen, die sich unter Erfindern und Innovatoren hochgradig kreative Exoten vorstellen? Natürlich gibt es besonders kreative Gestalter, die einmalige und tatsächlich neue Dinge erschaffen haben. Doch in den meisten Fällen entstehen Innovationen durch das Lernen von Anderen. Im Design Thinking gibt es neben unzähligen anderen Kreativitätsstrategien die Übung „Analoge Welten". Die Strategie besteht darin, sehr erfolgreiche Unternehmen aus völlig anderen Bereichen zu betrachten, um deren Erfolgsrezepte auf das eigene Produkt zu übertragen. Modelling heißt das bei den NLP'lern (Neurolinguistisches Programmieren). Diese Coachingrichtung hat schon immer offen damit geworben, die besten Methoden und Denkmuster der erfolgreichsten Therapeuten herauskristallisiert zu haben, um diese weiterzugeben und vermitteln zu können. Damit wurden Ausnahmetalente wie Virginia Satir, Frist Perl oder Milton Erikson sozusagen entzaubert. Ihre Überzeugungen und Handlungsweisen wurden kleinschrittig analysiert und in Methoden und Strategien übersetzt, um sie zum Nachahmen freizugeben. Noch nicht einmal vor ihrer Art des Beziehungsaufbaus zu ihren Klienten wurde Halt gemacht.

Die Gründer des Neurolinguistischen Programmierens Bandler und Grinder (2015) hielten all das für jedermann erlernbar. Berühmt wurde die Strategie zum Beziehungsaufbau durch die Begriffe „Pacen" und „Leaden". Sie fragen sich jetzt vielleicht, was das mit Innovation und mit Ihrem Business zu tun hat? Sehr viel, nämlich mit Ihrer Zukunftsgestaltung, und es soll Sie entlasten. Sie müssen nicht das weltbewegend Neue und Einzigartige erfinden. Falls Ihnen das gelingt, ist das wunderbar, doch wenn nicht, dann machen Sie es wie die meisten erfolgreichen Innovatoren: Lernen Sie von Anderen durch Beobachtung und Analyse der besten Ideen und bilden Sie daraus Synthesen oder Ableitungen für Ihre eigenen Angebote (s. Abb. 3.4).

Die nachfolgenden Schritte habe ich aus dem Modelling des NLP auf Unternehmen übertragen (s. Abschn. 3.5.1, 3.5.2 und 3.5.3):

Abb. 3.4 Lernen durch genaues Beobachten. (Mit freundlicher Genehmigung von © Claudia Thonet 2020. All Rights Reserved)

3.5.1   Elizitation – Die Strategie des Modells kleinschrittig herausarbeiten

Suchen Sie sich Erfolgsmodelle aus, von denen Sie etwas lernen wollen. Beobachten Sie die Strategie des Denkens und Handelns bis ins kleinste Detail. Bandler und Grinder (2015) beschrieben zwei wesentliche Faktoren, die über die erfolgreiche Übertragbarkeit von Erfolgen entscheiden:

- **Faktor 1: Das Mindset** oder anders ausgedrückt die **Überzeugung und Haltung des Modells**.
- Wie im Leuchtturm-Modell (s. Abschn. 5.2) beschrieben, ist die innere Überzeugung und die damit verbundene Denk- und Handlungslogik der wichtigste Erfolgshebel für wirksame Veränderungen. Will man erfolgreiche Unternehmen oder Vertriebsstrategien modellieren, so muss man exakt deren Überzeugung und Haltung in der Lernphase verstehen und übernehmen. Erst mit der entsprechenden Einstellung und den analogen Werten, kann ich auch das Verhalten des Anderen ausüben und lernen. Wenn man außerordentliche Leistungen von anderen lernen will, muss man deren Mindset übernehmen.
- **Faktor 2: Das konkrete Verhalten, die Umsetzung und Kommunikation gegenüber den Kunden.** Wie verhält sich das Vorbild auf allen Kanälen und wie wird kommuniziert? Wie geht der Vertrieb mit Bestellungen, Retouren, Anfragen, Reklamationen etc. um? Kopieren Sie die Customer Journey Schritt für Schritt. Wie bei einem Rezept sind die Abfolgen und Zutaten entscheidend für das Ergebnis. Die beste Idee wird nicht zum gleichen Erfolg führen, wenn der Kundenservice nicht hält, was er verspricht.

3.5.2   Utilisation – Anpassen der Strategie auf Produkt und Kultur

Erst, wenn Sie das Mindset und das Verhalten Ihres Vorbilds hinreichend verstanden und erlernt haben, können Sie es auf Ihre Produkte übertragen und an die Unternehmenskultur anpassen. Wie beim Kuchenrezept: Nur wenn Sie wissen, wie der Kuchen, den Sie so lecker finden, gemacht wird und ihn ein paar Mal nachgebacken haben, können Sie das Rezept in Nuancen verändern und Stück für Stück anpassen. Entwickeln Sie entsprechende Prototypen aus der Denk- und Verhaltensweise Ihres Lernmodells heraus und übertragen Sie die Learnings auf Vertrieb und Service.

3.5.3   Installation – Lernen und Übernehmen der utilisierten Strategie

Die letzte Stufe des Modellings ist die Installation der Strategie. Auf Organisationen übertragen entspricht das der Implementierung des Gelernten aus der analogen Welt des Modells. Die Implementierung erfolgt dabei wie in Abb. 3.5 dargestellt iterativ und damit in wiederholenden Phasen und Lernschleifen, die sich dem Ergebnis annähern.

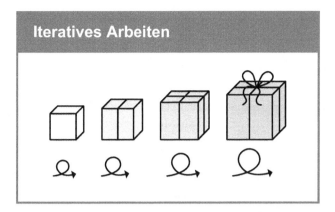

Abb. 3.5 Lernschleifen. (Mit freundlicher Genehmigung von © Claudia Thonet 2020. All Rights Reserved)

3.6   Modelle: Von diesen Unternehmen können Sie moderne Kundenbindung lernen

Wenn wir uns Sales und Service diverser Unternehmen anschauen, können wir uns von vielen unterschiedlichen Erfolgsgeschichten inspirieren lassen. Ich habe für Sie eine Auswahl einiger weniger Modelle getroffen, die in unterschiedlicher Art und Weise die Reise des Kunden durch ihren Service oder Verkauf besonders gestalten und Kunden an sich längerfristig binden. Hier bekommt der Kunde einen offensichtlichen Mehrwert im Vergleich zu Wettbewerbern. Alle beschriebenen Modelle heben sich ab und gehen komplett neue Wege. Das funktioniert nur mit Innovationskraft, die sich entweder aus engagierten selbstbestimmten Teams speist oder aus der hohen Identifikation mit dem Anbieter und seiner Vision. Jedes beschriebene Unternehmen macht irgendetwas anders als seine Mitbewerber und ist damit erfolgreich.

Laut der Studie von Boston Consulting Group (2017) gibt es sechs entscheidende Faktoren, warum agile Organisationen bis zu fünfmal erfolgreicher sein können als klassische Unternehmen.

1. Die Organisation adaptiert agile Techniken und bettet agile Prinzipien in die Unternehmensführung und Personalentwicklung ein.
2. Die Zentrale/Verwaltung übernimmt eine strategische Rolle, unterstützt operative Exzellenz und teilt Best Practices.
3. Die Verantwortlichkeiten sind klar umrissen, stärken die Mitarbeiter und zahlen auf die Gesamtstrategie ein.
4. Flache Hierarchien fördern Entscheidungsträger an vorderster Front.
5. Shared Services werden effektiv genutzt.
6. Führung und die Unternehmenskultur unterstützen Teams und Kollaboration.

3.6.1   Amazon

Was macht Amazon anders?
Amazon hat mit seiner expansiven Handelsstrategie eher eine Revolution als eine Evolution betrieben. Darüber lässt sich kontrovers diskutieren. Der Weltmarktführer ist in
vielerlei Hinsicht sowohl Vorbild als auch Abschreckung. In jedem Fall eignet sich der
ehemalige Buchversand hervorragend als Modell. Nach und nach hat Amazon weitere
Produkte in das Sortiment aufgenommen, Unternehmen gekauft und den Kunden immer weitere Möglichkeiten offeriert. Mittlerweile hat Amazon neben einem riesigen
Sortiment eine Verkaufsplattform für andere Händler, einen erfolgreichen Streaming-
dienst, eigene Produkte wie Kindle und Echo und zählt neben Apple zu den wertvolls-
ten Unternehmen. Der Riese hat die Erwartungshaltung der Kunden hinsichtlich Kulanz, Schnelligkeit und Zuverlässigkeit komplett verändert und völlig neue Maßstäbe
gesetzt.

Was ist der besondere Nutzen für den Kunden?
Taggleiche Lieferungen? Als Amazon seine Kunden vor nicht allzu langer Zeit dazu befragte, waren die Ergebnisse eindeutig. Die Kunden dachten, sie benötigten diesen Service
nicht. Heute ist genau diese Schnelligkeit ein weiterer Wettbewerbsvorteil. Amazon macht
schon heute das, was der Kunde erst morgen brauchen wird. Ob Bezahlservices, Drohnen-
lieferungen oder Lebensmittelservices – das Unternehmen wächst ständig in neue Märkte.
Die Bequemlichkeit, Zuverlässigkeit, Kulanz und Serviceorientierung bindet Kunden
trotz des schlechten Rufs. Rückrufe funktionieren innerhalb weniger Minuten, Retouren
defekter Waren weit über die Garantie hinaus, und im Preis-Leistungsverhältnis ist der
Elefant einfach unschlagbar.

Wie arbeiten die Sales- und Serviceteams?
Amazon hat als Arbeitgeber noch vor einem Jahr miserable Bewertungen erhalten.
Schlechte Stimmung, ausgebrannte Service- und Logistikteams, miese Führung. Doch
auch hier wandelt sich das Unternehmen beeindruckend schnell. Innerhalb kürzester Zeit
kletterten die Bewertungen auf Portalen drastisch nach oben. Führung definiert sich neu
und sorgt für bessere Bedingungen. Fragt man heute nach, ist zwar immer noch zu wenig
Agilität vorhanden, doch hat sich Amazon zu einem vergleichsweise attraktiven Arbeitgeber gemausert.

3.6.2   Teambank: easyCredit

Was macht die Teambank anders?
Im Vergleich zu anderen Kreditinstituten bekommt die Teambank AG mit Sitz in Nürnberg
sehr gute Kundenbewertungen auf unterschiedlichen Portalen für ihre kundenorientierte
und faire Kreditvergabe durch easyCredit. 300 von 900 Mitarbeitern sind im Vertrieb des

mehrfach umfirmierten Finanzdienstleisters angesiedelt, der bereits 1950 gegründet wurde. Die Teambank AG ist Teil der genossenschaftlichen Finanzgruppe.

Was ist der besondere Nutzen für den Kunden?

Der Kunde hat jederzeit die Möglichkeit zu Sonderzahlungen und vorzeitiger Ablösung. Dazu sorgt die flexible Ratenanpassung während der Rückzahlung für zusätzliche Flexibilität. Die fairen Zinsen werden noch durch besonders guten und schnellen Service ergänzt. Als besondere Leistung bietet easyCredit ein extra langes Widerrufsrecht von 30 Tagen an. Die Vergabe des Kredits ist innerhalb eines Tages papierlos und rein online so effektiv, dass der Kunde bereits am Folgetag über die Summe verfügen kann. Die vielen Auszeichnungen hat sich das Unternehmen durch konsequente Kundenzentrierung verdient.

Wie arbeiten die Sales- und Serviceteams?

Die Teambank heißt nicht nur so – sie arbeitet wirklich mit selbstbestimmten Teams, die schnell und agil sind. Innovationen stehen hoch im Kurs, und das gute Arbeitsklima bringt dem Unternehmen nicht nur auf Arbeitnehmerportalen sehr gute Bewertungen ein, sondern schafft auch eine hohe Mitarbeiterbindung. Die Teambank überträgt ihren Mitarbeitern bewusst unternehmerische Verantwortung und Entscheidungskompetenzen. Transparente Kommunikation ist ein entscheidender Erfolgsfaktor, Führungskräfte verstehen sich als Lotsen und Mentoren für die Teams. Jeder Mitarbeiter hat die Möglichkeit, durch eine Learning Journey andere Unternehmen wie Amazon, Sony und American Express weltweit kennenzulernen und so neue Impulse und Ideen in den eigenen Bereich einzubringen.

3.6.3 OBI Baumarkt

Was macht OBI anders?

OBI bietet Kunden ein Tool, um den Garten oder das Badezimmer zu konfigurieren. Alle Details und Fragen kann der Kunde dann mit dem Fachangestellten im Markt persönlich besprechen und klären. OBI next ist die neu gegründete Einheit des Baumarkts, mit dem der Vertrieb der führende kundenzentrierte Cross-Channel-Baumarkt werden will. OBI next arbeitet agil mit crossfunktionalen, kundenzentrierten Teams und hat das Ziel, die junge Generation mit als Kunden an Bord zu bekommen. Projekte statt Produkte sollen in Zukunft angeboten werden, von der Planung des Bauvorhabens bis zum Verkauf der Materialien inklusive Vermittlung von Handwerkern. Somit bietet OBI ein gutes Beispiel für das Credo: weg vom reinen Produktverkauf, hin zur umfassenden Lösung von Kundenproblemen.

Was ist der besondere Nutzen für den Kunden?

Der Kunde kann schon jetzt seinen Garten oder sein neues Bad bequem mit einer App von zu Hause aus konfigurieren und im Detail planen und ansehen. In Zukunft werden noch weitere Räume wie Küchen und Wohnräume dazukommen. Im Baumarkt erfährt der Nutzer anschließend eine kompetente Beratung durch Fachleute und bekommt nicht nur das Material bei Bedarf nach Hause geliefert, sondern erhält auch die passenden Handwerker gleich mit dazu. Üblicherweise sind Baumarktbesuche für Ottonormalverbraucher wie mich eine Tortur. Meistens finde ich mich nicht zurecht, die Produkte kann ich nicht beurteilen, und Service zu finden ist wie ein Sechser im Lotto. Insofern verspricht der neue Ansatz von OBI next für den Kunden eine immense Verbesserung der Customer Journey. Der Kunde erhält ein Rundum-Sorglos-Paket für sein Vorhaben.

Wie arbeiten die Sales- und Serviceteams?

OBI next arbeitet mit 160 jungen Wilden, die in einem offenen Raumkonzept ohne Papier und Schreibtische Ideen entwickeln und die Kundenerlebnisse optimieren. Crossfunktional und selbstbestimmt werden Apps entwickelt und mit den Verkaufsflächen der OBI-Märkte verknüpft. OBI next hat es sich auf die Fahne geschrieben, Kundenträume zu realisieren, anders zu denken und agil zu arbeiten.

3.6.4   Nike

Was macht Nike anders?

Der amerikanische Sportartikelhersteller ist seit 1989 Weltmarktführer. Der Riese vertreibt seine Artikel weltweit online und offline, in eigenen Stores sowie über Drittanbieter. Gegründet wurde der Konzern durch einen Läufer und Studenten, der in den 1970er-Jahren mit seinem Coach Laufschuhe herstellen und vertreiben wollte. Doch der Hersteller ruht sich nicht auf seinem Namen und der weltweit etablierten Marke aus, sondern offeriert immer neue Strategien. Ob über Coach-Funktionen wie dem Run Club oder neue Gamification-Strategien, bei denen Motivatoren aus der Spielwelt übertragen werden, Nike hat immer die Nase vorn und ist aus gutem Grund auf Platz 1 der innovativsten Unternehmen.

Was ist der besondere Nutzen für den Kunden?

Mit dem Nike Run Club bietet der Hersteller eine Plattform für Läufer mit diversen Möglichkeiten an. Es gibt eine Läufer-Community, an der sich der Kunde beteiligen kann. Mit der zugehörigen App können Trainingspläne erstellt, Laufstrecken aufgezeichnet und ausgewertet werden. Zusätzlich bietet eine Trainings-App mehr als 100 Workouts von Experten an. Der Run Club ist ein sehr gutes Beispiel für Kundenbindung über eine attraktive Coach-Funktion. Auch bei Gamification-Strategien bietet Nike jede Menge: Wenn der Kunde das Fitnessarmband trägt, erhält er durch seine Bewegung Punkte, die ihm bei Spielen neue Level anbieten, das Feature „Nike und Baseball" offeriert die Möglichkeit, über einen Sensor im Schuh Feedback zum Training zu geben. Auch beim Kauf kann der Kunde durch NikeID seine Schuhe online selbst gestalten und beschriften.

Wie arbeiten die Sales- und Serviceteams?
Nike erhält besonders gute Bewertungen als attraktiver und dynamischer Arbeitgeber. Einige Bereiche sind innovativ unterwegs und arbeiten innerhalb flacher Hierarchien. Die Sales- und Servicestrukturen sind allerdings klassisch und wenig agil. Hier herrschen noch die typischen Vertriebsabläufe durch zahlengetriebene Messkriterien.

3.6.5   Thomann

Was macht Thomann anders?
Das Familienunternehmen mit Sitz in Teppendorf ist das größte Musikhaus Europas und versorgt mittlerweile über elf Millionen Kunden. Thomann führt mit einer riesigen Auswahl alles, was das Musikerherz begehrt. Seit 1996 betreibt das Unternehmen einen Onlineshop, der bei Kundenbefragungen höchste Bewertungen erhält. Der Vertrieb setzt auf besten Service: Lieferbedingungen und Retouren sind kulant geregelt, Kunden erhalten jederzeit eine exzellente Beratung in ihrer Muttersprache via Telefon oder Chat. Viele Mitarbeiter sind selbst Musiker und drehen teilweise YouTube-Videos zu den Produkten von Thomann. Der Händler stellt mit 80.000 Artikeln ein immenses Sortiment zur Verfügung und löst damit das Beschaffungsproblem fast jedes Musikers augenblicklich.

Was ist der besondere Nutzen für den Kunden?
Im Vergleich zu vielen Servicebereichen punktet das Musikhaus ganz klar mit der Fachexpertise. Hier bekommt der Kunde zu jeder Zeit kompetente Ansprechpartner zur Seite gestellt. Thomann bietet Beratung auf Augenhöhe. Als Kunde habe ich von Anfang an das Gefühl, von anderen Musikliebhabern an die Hand genommen zu werden und einen gemeinsamen Spirit zu verkörpern.

Wie arbeiten die Sales- und Serviceteams?
Schaut man sich die Bewertungen auf Arbeitnehmerportalen an, ergibt sich folgendes Bild: Der Vertrieb arbeitet in der klassischen Hierarchie, der trotz gutem Image langsam an seine Grenzen stößt. Für die frühere familiäre Atmosphäre ist der Bereich zu groß geworden. Viele Mitarbeiter haben eine hohe Identifikation aus der Vergangenheit heraus. Die neuen Kräfte wünschen sich eine modernere Führung mit mehr Transparenz und Freiräumen für die Teams.

3.6.6   HP Inc.

Was macht HP anders?
Die ehemalige Hewlett-Packard Company wurde 2015 in HP Inc. umbenannt. Das Unternehmen ist deutschlandweit durch Vertriebs- und Serviceeinheiten vertreten. Der größte amerikanische PC- und Druckerhersteller beschäftigt 50.000 Mitarbeiter. Er ist führend im Bereich 3D-Druckerherstellung und forscht in seinen Labs, um immer neue Innovationen auf dem schrumpfenden Druckermarkt herzustellen.

Was ist der besondere Nutzen für den Kunden?

HP Inc. integriert in seine Drucker ein automatisches Signal über den Füllstand der Patronen, die wiederum eine Bestellung beim Store auslösen. Der Kunde bekommt somit seine Nachfüllpatronen geliefert, bevor er den Bedarf überhaupt bemerkt. Ein toller Service für den Nutzer, der nie wieder auf dringende Ausdrucke verzichten muss, weil scheinbar plötzlich die Patrone zur Neige geht. Der Hersteller sichert sich damit einen kontinuierlichen Kauf von Verbrauchsmaterial und stärkt die Kundenbindung. Der Service bietet einen exzellenten technischen Support an. Erst kürzlich blockierte die Automatisierung meinen Drucker. Der Support nahm sich tatsächlich fast eine Stunde Zeit, um mit mir gemeinsam den Drucker Schritt für Schritt neu zu konfigurieren und einzustellen. Ich hätte ohne diesen Service augenblicklich den automatischen Patronenservice abbestellt. Durch die gute Beratung traute ich mich, dem Patronenservice noch eine Chance zu geben und wurde bisher sehr positiv überrascht.

Wie arbeiten die Sales- und Serviceteams?

Außer in den Labs scheint das Unternehmen noch die alte Pyramidenform zu haben. Vertrieb und Service in Deutschland sind noch sehr klassisch und in herkömmlicher Servicecenter-Mentalität aufgestellt. Kundenorientierung und Fachexpertise sind meiner Erfahrung nach sehr gut.

3.6.7   BestSecret

Was macht BestSecret anders?

Der Online-Versandhändler von Designermode ist ein Tochterunternehmen der Schustermann & Borenstein GmbH. Das deutsche Unternehmen bietet eine geschlossene Community, zu der neue Kunden nur auf Einladung von Bestandskunden Zugang erhalten. Die registrierten Kunden bekommen reduzierte Designerwaren angeboten. Dadurch schafft der reine Onlinevertrieb eine stärkere Form der Kundenbindung und vermittelt seinen Mitgliedern das Gefühl der Exklusivität. Zusätzlich bietet das Unternehmen wesentlich günstigere Preise für Markenwaren. Je nach Bestellvolumen erhält der Kunde Bronze-, Silber- oder Gold-Status und mit steigendem Status bessere Konditionen.

Was ist der besondere Nutzen für den Kunden?

BestSecret bietet zwar mehr als 3000 Designermarken an, dennoch bekommt der Kunde eine Auswahl zur Verfügung gestellt. Jedes Kleidungsstück ist reduziert, und Kunden sehen bei allen Produkten, die sie in den Warenkorb legen, sofort ihre Ersparnisse im Vergleich zum herkömmlichen Preis. Das vermittelt trotz der exklusiven Marken den Eindruck, sparen zu können. Auch das reduzierte Sortiment im Vergleich zu den Riesen wie Zalando, Amazon oder Otto verschafft dem Kunden einen leichteren Überblick und erleichtert die Auswahl. Dank guter digitaler Prozesse erhält der Kunde regelmäßig attraktive, kuratierte Angebote.

Wie arbeiten die Sales- und Serviceteams?
BestSecret verfolgt eine Open Door Policy mit flachen Hierarchien und hoher Innovationsfreude. Die Mitarbeiter arbeiten zwar im klassischen Organigramm, haben aber jederzeit die Möglichkeit, Ideen einzubringen, die auch umgesetzt werden. Flexible und mobile Arbeitszeiten gehören dazu. Die Stimmung und Mitarbeiterzufriedenheit ist entsprechend gut.

3.6.8   PayPal versus paydirekt

Was macht PayPal anders?
PayPal ist ein Online-Bezahldienst und hat sich 2015 von dem Unternehmen eBay abgespalten. PayPal nutzt virtuelle Konten als Dienstleister für den Transfer von Einkäufen. Dadurch entfällt die übliche Buchungszeit über herkömmliche Banken, und der Empfänger erhält sein Geld sehr schnell gutgeschrieben. Damit verkürzt sich die Lieferzeit und der gesamte Service für den Kunden wird verbessert.

Was ist der besondere Nutzen für den Kunden?
Der agil transformierte amerikanische Finanzdienstleister bietet diverse bequemere und fortschrittlichere Lösungen an. Nicht nur als direkte Zahlungsfunktion bei Internet-Käufen von Reisen, Konzertkarten oder Sonstigem punktet PayPal mit einer einfachen Lösung. Denn die Eingabe von Mailadresse und Passwort genügt, ohne die lästige Suche nach der 22-stelligen IBAN oder Kartennummer mit Prüfziffer und Ablaufdatum, die sich kein Mensch merken kann. Wollen Sie sich eine Anschaffung mit Freunden oder Partnern teilen? Kein Thema – PayPal bietet das Teilen der Rechnungen per Klick an. Kein Geld dabei und Ihre Freunde zahlen das Essen? Zur Rückzahlung brauchen Sie nur deren Mailadresse einzutippen, und schon können Sie die Schulden per Klick überweisen.

Der deutsche Anbieter paydirekt punktet im Vergleich mit höherem Datenschutz, weil die Transaktionen ohne Drittanbieter direkt über Ihre Bank abgewickelt werden. Doch bisher kann paydirekt weder mit der Flexibilität noch der Akzeptanz des amerikanischen Anbieters mithalten – weder bei der Verknüpfung diverser Konten, Kreditkarten oder Guthaben noch bei der Vielzahl der Kooperationspartner. Doch auch PayPal droht eine große Konkurrenz, die den digitalen Bezahlvorgang noch einfacher für den Kunden macht: Apple Pay. Weil Apple bereits alle Daten seiner Kunden besitzt, wird das Zahlen per iPhone noch einfacher und schneller funktionieren. Keine App muss mehr geöffnet, keine Daten eingegeben werden.

Wie arbeiten die Sales- und Serviceteams?
PayPal arbeitet in agilen, selbstbestimmten Teams. Die Umstrukturierung wurde im Jahr 2013 mit einem sogenannten „Big Bang" vorangetrieben. Das Unternehmen entschied sich bewusst für eine schnelle und konsequente Umstrukturierung, um schnell aus der

entstandenen Frustration und Langsamkeit der damaligen Wasserfall-Organisation he-
rauszukommen. Es entstanden über 300 crossfunktionale Teams rund um Produkte, die
innerhalb von zwei Wochen kraftvolle Sprints an der Optimierung der Kundenreise leisteten
(s. Abschn. 10.2.10).

3.6.9   Zalando

Radikale Agilität propagiert der Online-Modehändler aus Berlin. In jedem Fall schafft es
Zalando, der Konkurrenz Otto und Amazon die Stirn zu bieten. Durch konsequente Digitalisierung, gutes Marketing und ungewöhnliche Kulanz schafft Zalando eine stärkere
Kundenbindung und erkämpft sich in Deutschland, Österreich und der Schweiz einen steigenden Marktanteil.

Was ist der besondere Nutzen für den Kunden?
Zalando punktet nicht nur mit seiner frechen und modernen Werbung. Das Unternehmen
hat frühzeitig auf konsequente Digitalisierung gesetzt. Alle Bestellvorgänge sind einfach und bequem von jedem Gerät aus möglich. Ein besonderer Vorteil sind die kulanten
Bedingungen. Zalando bietet meistens 100 Tage Rückgaberecht. Rechnungen müssen
auch erst nach diesem langen Zeitfenster beglichen werden. Damit hat Zalando vor allem junge Kunden an Bord geholt, die sich sonst keine Modekäufe leisten können. Dank
der Zahlweise bestellen sie trotzdem und haben dann drei Monate Zeit, das Geld anzu-
sparen. Zusätzlich bietet der Händler eine Coach-Funktion mit Zalon an. Der Service
dient als kostenlose Stilberatung und versendet nach der Beratung kostenlose Stilpakete
zum Test.

Wie arbeiten die Sales- und Serviceteams?
Zalando hat die radikale Agilität im Unternehmen ausgerufen. Die Matrixorganisation
setzt auf OKRs (Objectives and Key Results) (s. Abschn. 10.2.3) als selbstbestimmte Ziel-
steuerung durch die Teams. Objectives sind dabei die qualitativen Ziele und die Key
Results die messbaren Ziele (s. Abschn. 10.2). Um den internationalen Charakter zu verkörpern, wird im gesamten Unternehmen englisch gesprochen. Offene Türen und flache
Hierarchien gehören dazu. Berichte von Mitarbeitern erwecken dennoch den Eindruck,
dass die Teams weiterhin sehr wenige Entscheidungsspielräume haben und die rein männ-
liche Führungsriege weiterhin top-down führt.

3.7   Neue Strategien zur Kundenbindung

Kundenbindung früher war anders. Der Kunde war treu und traute sich oft nicht, das
Unternehmen zu wechseln. Denken Sie nur an den Versicherungs- oder Bankberater zu
Großmutters Zeiten. Die Beziehung hielt oftmals länger als die meisten Ehen. Davon

profitieren immer noch die Versicherer oder Banker bei ihren Ü50-Kunden. Digital Natives betreten eine Bank nur noch zur Eröffnung des Kontos, zu dem sie in Deutschland verpflichtet sind.

> **Beispiel**
>
> Louis ist stolz, seinen ersten Mietvertrag unterschrieben zu haben. Er will seinen Eltern nach dem Auszug beweisen, dass er gut allein zurechtkommt. Zum ersten Mal geht er persönlich zu seiner Bank, um ein Mietkautionskonto zu eröffnen. Zuerst muss er die lange Schlange der 60- bis 70-jährigen Kunden überstehen. Endlich am Schalter angekommen, empfängt ihn eine genervte Mitarbeiterin. Nachdem sie sein Anliegen verstanden hat, verschwindet sie kopfüber in ihren Schubladen, um – vergeblich – das entsprechende Formular zu suchen. Kopfschüttelnd gibt sie ihm zu verstehen, dass sie keines findet. Louis betrachtet sie fassungslos bei der Suche der Druckvorlage am PC. Nach gefühlten Stunden zerrt sie ein geschreddertes Papier aus dem Drucker: Papierstau. Nach weiteren hektischen Aktionen bringt sie endlich einen sauberen Ausdruck mit. Louis hofft, jetzt endlich erlöst zu werden. Doch weit gefehlt: Ohne seine Steueridentifikationsnummer kann sie das Formular nicht vollständig ausfüllen. Zum krönenden Abschluss weist sie ihn in genervtem Ton darauf hin, dass er erst die Unterschrift des Vermieters einholen muss, bevor sie das Konto für ihn anlegen kann. Was heißt das für Louis? Erstens: Briefumschläge und Briefmarken kaufen. Zweitens: Den Brief mit einem Anschreiben an den Vermieter senden. Drittens: Warten, bis das Formular zurückgesendet wird. Viertens: In der Zwischenzeit die Steueridentifikationsnummer suchen. Fünftens: Dann wieder zur Bank gehen, um endlich das Konto anzulegen. In Louis' Augen ist das unvorstellbar unsinnig und nervig. Was meinen Sie? Wird Louis je wieder freiwillig ein Kautionskonto eröffnen? Wie wird er seinen Freunden den Besuch der Bank beschreiben?

Siggelkow and Terwiesch (2019) vom Mack Institute beschreiben vier Strategien, die für die Kundenbindung der Zukunft relevant sein werden. Ich habe zwei weitere Strategien hinzugefügt, die ich für bindungsrelevant halte (s. Tab. 3.2). Alle beschriebenen Strategien sind unabhängig vom Vertriebskanal wichtig für die Kundenbindung. Manche funktionieren besser online, andere wiederum besser von Angesicht zu Angesicht.

3.7.1 Auf Wünsche reagieren

Der Vertrieb muss Dienstleistungen und Produkte bereitstellen, die den Kundenanforderungen entsprechen. In operativen Bereichen liegt die entscheidende Kompetenz in schneller Lieferung, Flexibilität, Zuverlässigkeit und präziser Ausführung. Kaufprozesse müssen einfach und bequem sein. Der Kunde will sich jederzeit neu entscheiden dürfen, und die Retouren sollten kulant geregelt werden. Leider ist das für viele Ladenanbieter ein großer Wettbewerbsnachteil. Eine vergleichbare Retourenkulanz wie Onlinehändler bieten die

Tab. 3.2 Einsatz neuer Kundenbindungsstrategien

Kundenbindungs-strategie	Was braucht der Vertrieb dazu?	Wie funktioniert die Strategie?	Was bringt das den Kunden?	Für welche Kunden geeignet?
Auf Wünsche reagieren	Bestellungen einfach, schnell, effizient ausführen und Kulanz bei Retouren gewähren	Der Kunde sagt, was er wann will, und der Vertrieb stellt es zur Verfügung	Freiheit in der Entscheidung, ohne viele Daten hergeben zu müssen	Gut informierte Kunden
Angebote kuratieren	Datenauswertungen, um personalisierte Empfehlungen zu geben	Der Vertrieb bietet dem Kunden eine maßgeschneiderte Auswahl an Angeboten	Freie Entscheidung mit dem Gefühl der individuellen Beratung	Kunden, die Daten bereitwillig teilen, aber selbst entscheiden wollen
Coach sein	Kundenbedürfnisse verstehen, große Datenvolumina auswerten und Tipps ableiten	Der Vertrieb hilft dem Kunden, das Ziel zu erreichen, indem er ihn daran erinnert, sich entsprechend zu verhalten	Trägheit überwinden und einen persönlichen Coach an der Seite haben	Kunden, die Daten gern teilen und Tipps bekommen
Umsetzung automatisieren	Kunden beobachten und aus den gewonnenen Daten Handlungen ableiten	Der Vertrieb beobachtet das Verhalten und erfüllt den Bedarf, bevor er dem Kunden bewusst wird	Der Kunde bekommt automatisch und ohne Aufforderung den Bedarf erfüllt	Kunden, denen es nichts ausmacht, wenn Unternehmen ihre persönlichen Daten bekommen und Entscheidungen für sie treffen
Exklusivität vermitteln	Spezielle Angebote für besondere Zielgruppen	Einem ausgewählten Kundenkreis besonders attraktive Angebote offerieren	Kunden fühlen sich als etwas Besonderes und wollen attraktive Angebote erwerben	Für bindungsfreudige Kunden
Wertschätzung bieten	Kunde bekommt Anerkennung und Belohnungen für jede Bestellung oder für jede Erfüllung einer Aufgabe	Der Kunde erhält Symbole der Anerkennung oder bekommt einen besseren Status nach einer entsprechenden Bestellmenge	Symbole der Anerkennung oder Status mit mehr Vorteilen	Für Vielbesteller

wenigsten. Das führt mittlerweile zu absurdem Kundenverhalten: Mehr und mehr Menschen lassen sich im Laden inspirieren und testen oder probieren dort die Ware an, um sie anschließend online zu erwerben. Wenigstens beim gleichen Anbieter nur im Onlineversand? Nein, in den meisten Fällen bei anderen Händlern. Der Filialvertrieb ist also gut beraten, seine Rücknahmen kulant und transparent zu handhaben. Lieber hier ein paar Euro Verlust machen, als den Abschluss ganz zu verlieren.

3.7.2 Kuratierte Angebote

Unter kuratierten Angeboten verstehen die Autoren des Mack Institute individuelle Hilfestellungen noch vor der Kaufentscheidung (Siggelkow und Terwiesch 2019). Dazu braucht der Vertrieb einen personalisierten Empfehlungsprozess. Der Kunde bekommt individuell auf ihn abgestimmte Angebote, die letztendliche Kaufentscheidung trifft er aber weiterhin selbst. Das entspricht dem modernen Kunden: Er ist frei und hat trotzdem das Gefühl von individueller Betreuung im Dschungel der Möglichkeiten und der Anonymität. Dank Algorithmen wird es immer leichter werden, auch online kuratierte Angebote zu generieren. Amazon und Zalando beispielsweise senden mir individuelle Modeangebote, die sie durch Auswertung meines Bestellverhaltens generieren. Im Laden ist und bleibt das ein großer Vorteil. Gute Verkäufer bauen zügig eine positive Beziehung zu ihren Kunden auf und können durch gute Beratung sehr individuelle Angebote bieten.

3.7.3 Coach sein

Die ersten beiden Strategien sind bestens geeignet, wenn Kunden ihre Bedürfnisse bereits erkannt haben. Damit werden Sie als Vertrieb jedoch nur einen kleinen Teil des Kundenbedarfs erfüllen. Für Menschen, die Beratung brauchen oder Begleitung, reichen die ersten Strategien zur Bindung nicht aus. Wenn ein Unternehmen seine Kunden beraten und begleiten will, braucht es ein tiefes Verständnis für die wahren Bedürfnisse und zudem umfangreiche kontextbezogene Daten zur Analyse. Nike bietet Kunden einen virtuellen Laufclub und erinnert an das nächste Training mit den entsprechenden Plänen. Ein Win-Win-Effekt: Sie haben einen gratis Laufcoach, und Nike profitiert von den Schuhen, die Sie folglich vorwiegend dort bestellen.

3.7.4 Automatisierte Umsetzung

Noch weiter geht diese Strategie, weil sie vom Kunden keine Beteiligung mehr erfordert. Der Bedarf des Kunden wird automatisch erfüllt und umgesetzt, noch bevor dieser ihm bewusst wird. Dazu braucht der Vertrieb die Kompetenz, Daten des Kunden zu beobachten und daraus Handlungen abzuleiten. Seit ich meinen neuen HP-Drucker nutze, sagt mir das

System, wann es Zeit für neue Patronen ist, und sendet mir diese automatisch zu. So passiert es mir nie wieder vor einem wichtigen Training, ein Übungsblatt für den nächsten Tag nicht mehr drucken zu können, weil meine Patrone plötzlich leer ist und ich mindestens 24 Stunden auf meine Amazon-Bestellung warten müsste. In Zukunft wird es Kühlschränke geben, die automatisch erkennen, welche Produkte wir wie schnell verbrauchen, um uns diese bedarfsgerecht liefern zu lassen.

3.7.5 Exklusivität vermitteln

Als weitergehenden Schritt zur Kundenbindung zusätzlich zu den Strategien des Mack Institute (Siggelkow und Terwiesch 2019) halte ich die Exklusivität der Angebote für die entsprechenden Zielgruppen für wirksam. BestSecret funktioniert nur mit Einladung über Freunde, die diese Mode-App bereits nutzen. So gehöre ich als Kunde automatisch zu einem – gefühlt – intimeren Kreis von Nutzern mit besonderen Angeboten. Dazu braucht der Vertrieb Produkte oder Services, die er nur bestimmten Kundengruppen zugänglich machen möchte. Die Angebote müssen sich dann auch entsprechend von anderen abheben und für Kunden einen oder mehrere Zusatznutzen bieten. Durch die Exklusivität habe ich als Nutzer automatisch den Eindruck einer Verknappung der Angebote. Verknappung wiederum ist ein beliebtes Marketinginstrument, um schnelle Kaufentscheidungen herbeizuführen. Was knapp ist, das wollen alle haben; je knapper, desto stärker ist das Verlangen.

3.7.6 Wertschätzung bieten

Belohnungssysteme funktionieren hervorragend, weil sie unserem Bedürfnis nach Anerkennung entsprechen. Und sie funktionieren sowohl durch Vergünstigungen wie bei einem Bonusprogramm als auch durch visuelle oder auditive Botschaften. Das können Herzchen sein oder jubelnde Emoticons. Belohnung und Wertschätzung binden uns automatisch. Auch offline, im stationären Shop, ist Anerkennung ein Schlüssel zum Erfolg. Verkäufer, die es verstehen, Kunden ehrlich gemeinte Komplimente zu machen, erschaffen ein bleibendes Kauferlebnis.

Literatur

Bandler R, Grinder J (2015) Patterns, Muster der hypnotischen Techniken. Jungfernmann, Paderborn
Boston Consulting Group (2017) BCG Studie „Boosting performance through organization Design". https://www.bcg.com/publications/2017/people-boosting-performance-through-organization-design.aspx. Zugegriffen am 05.04.2019

Buell R, Shell M (2019) Why anxious customers prefer human customer service. Studie der Harvard Business School. Harv Bus Manag 2019(Juli):30–34

Dixon M (2018) Reinventing customer service. Harv Bus Rev. https://hbr.org/2018/11/reinventing-customer-service. Zugegriffen am 14.06.2019

Reinartz W, Hudez K (2019) Attraktiv auf der Fläche. Institut für Handelsforschung (IFH). Harv Bus Manag 2019(Juli):34–40

Siggelkow N, Terwiesch C (2019) Mack institute for innovation management. Harv Bus Manag 2019(Juli):22–29

Was den Wandel behindert

4

Zusammenfassung

Nicht umsonst ist Wandel ein komplexes Unterfangen. Es gibt dabei jede Menge Hindernisse, die beachtet gehören: von den typischen Denkfehlern bis hin zu klassischen Widerständen und berechtigten Einwänden. Je besser Sie die Hinderungsgründe verstehen, desto passgenauer können Sie Lösungen finden. In diesem Kapitel lernen Sie die typischen Widerstände und Hindernisse sowie den professionellen Umgang damit kennen.

Warum nur sind Veränderungen für uns Menschen so schwierig? Schon das Vorhaben, jeden Tag auf einem Bein die Zähne zu putzen, um die Rückenmuskulatur nachweislich zu stärken, stürzt die meisten von uns in Schwierigkeiten. Voller Optimismus startet man am ersten Tag mit dem „Einbeinputzen", um es spätestens am dritten Tag zu vergessen und nach zwei Wochen keine Lust mehr zu haben, es überhaupt weiter zu versuchen. Die meisten nehmen sich an Silvester schon gar nichts mehr vor, weil sie im Grunde dieselbe Liste wie in den Jahren davor kopieren könnten: fünf Kilo abnehmen, weniger Alkohol trinken, mehr Sport machen, jeden Tag eine Achtsamkeitsübung etc. Und wie sieht es in Unternehmen aus? Wie viel Veränderungswille ist gut und was sind die typischen Stolpersteine?

4.1 Die sechs Denkfehler

Kennen Sie das Sprichwort: „Der Kopf ist rund, damit das Denken die Richtung wechseln kann"? (Vgl. Picabia 1995) Genau damit haben wir in Situationen mit mehreren Variablen große Schwierigkeiten: Die Richtung des Denkens zu ändern, neue Wege zu gehen und

© Springer Fachmedien Wiesbaden GmbH, ein Teil von Springer Nature 2020
C. Thonet, *Der agile Vertrieb*, Edition Sales Excellence,
https://doi.org/10.1007/978-3-658-29093-1_4

unbekannte Entscheidungen zu treffen. Das hat die Natur weise eingefädelt, denn für Alltagsprobleme sind unsere Denkfehler, wie etwa die Reduktion auf machbare und bekannte Lösungsstrategien, oftmals existenziell notwendig und lebenswichtig.

Beim Überqueren einer Straße beispielsweise, um von Standort A zum Standort B zu gelangen, ist die Reduktion auf bekannte Lösungen absolut sinnvoll. Würden wir dabei Unvorhersehbares wie plötzliches Stolpern in unser Handeln beim Hinübergehen integrieren oder gar die möglichen Stimmungen und verborgenen Absichten der Autofahrer betrachten, kämen wir vermutlich niemals am Standort B an.

Bei komplexen Situationen wie der Zukunftsgestaltung stellen uns genau diese lebensrettenden Denkfehler vor so manche Herausforderung. Die Digitalisierung und der damit einhergehende, notwendige agile Kulturwandel entsprechen einer Komplexität, die unserem Denken so manches Schnippchen schlägt. Und was bedeutet das für unsere vorausschauende Vertriebsstrategie? Wie machen wir uns unsere Begrenzungen bewusst und schützen uns vor falschen Schlüssen? Der Schlüssel ist die Bewusstheit durch Reflexion und Verlangsamung unseres Denkens (vgl. Kahneman 2012). Hinterfragen Sie Ihre Handlungsimpulse und Entscheidungen, wenn es um die Zukunftsgestaltung geht. Lernen Sie eine neue Art zu denken durch konsequente Reflexion und Einbindung unterschiedlicher Denktypen, wie die konvergenten und divergenten Denker. Nutzen Sie verschiedene Entscheidungsarten wie beispielsweise das Tetralemma oder den Konsent (s. Abschn. 7.5), bei dem die Entscheidung variabel durch ein Vetorecht bleibt. Doch der erste und wichtigste Schritt ist und bleibt die Bewusstheit der eigenen Begrenzung des Denkens.

4.1.1   Der lineare Irrtum

Vorausplanen im disruptiven Umfeld? Das ist uns ehrlich gesagt nicht in die Wiege gelegt. Ganz im Gegenteil: Wir unterliegen dabei sozusagen dem Denkfehler der Linearität. Bei Variablen, denen eine Eigendynamik innewohnt, etwa bei der Entwicklung des Nutzerverhaltens der Digital Natives, verhindert unser lineares Denken eine treffende Prognosebildung. Wir haben die Illusion, die Zukunft durch Addition bisheriger Entwicklungen vorhersehen zu können und extrapolieren linear statt exponentiell.

„Es gibt keine lineare Firma, es gibt nur lineares Denken in Firmen" (Gatterer 2017). Das ist der Denkfehler des klassischen Planungsdenkens. Sind Sie sich dessen bewusst, dann können Sie Abhilfe schaffen, indem Sie entsprechende Programme bzw. mathematische und statistischen Expertise zu Rate ziehen. Vernetzen Sie sich vor allem mit anderen Bereichen, die ähnliche Thematiken zu lösen haben, und wägen Sie unterschiedliche Prognosen ab.

Beispiel

Kennen Sie die alte Metapher vom Schachbrett? Vor langer Zeit wurde in Indien das Schachspiel von dem Erfinder Zeta entwickelt. Der indische Kaiser Sheram wollte Zeta unbedingt belohnen, da er großen Gefallen an diesem Spiel gefunden hatte. Zeta tat da-

raufhin sehr bescheiden und äußerte seinen Wunsch wie folgt: „Mein Kaiser und Ge-
bieter: Gib mir für das erste Feld des Schachbrettes ein Reiskorn, zwei Körner für das
zweite Feld, vier für das dritte und für jedes weitere Feld doppelt so viele Körner wie für
das vorhergehende." Der Kaiser war erstaunt über diesen bescheidenen Lohn und wil-
ligte sofort ein. Tatsächlich berechnet musste Sheram dem Erfinder Zeta die Reisernte
der ganzen Welt aushändigen, und zwar die nächsten 800 Jahre lang. (Ifrah 1986)

Ich habe mich mit Studenten aus der Forschung über künstliche Intelligenz unterhalten.
Sie versicherten mir, dass wir uns – übertragen auf die Schachbrett-Methapher – etwa auf
dem 16. Feld befinden. Die nächste Verdopplung und die damit einhergehende exponentielle Entwicklung und Veränderung ist für uns nicht mehr vorstellbar. Das größte Problem
daran ist nicht der Fakt des linearen Denkens an sich. Wäre der Kaiser sich seiner Begrenzung bewusst gewesen, hätte er seine Gelehrten ausrechnen lassen, wie viel Reis Zeta
tatsächlich von ihm verlangte. Das Verheerende ist unsere maßlose Überschätzung unseres
Denk- und Vorstellungsvermögens.

Lösungsansätze/Gegenmittel
Wenn wir unsere Begrenzung im Denken akzeptieren, können wir menschliche oder
künstliche Intelligenz zu Rate ziehen, um entsprechende Wahrscheinlichkeiten und Auswirkungen zu berechnen. Überprüfen und validieren Sie Schätzungen und voreilige Mut-
maßungen. Schalten Sie bei weitreichenden Entscheidungen wie in Abschn. 4.1.6 beschrieben um auf das langsame Denken. Misstrauen Sie Ihrer eigenen Vorstellungskraft
und nutzen Sie mathematische Expertise. Algorithmen und künstliche Intelligenz sind bei
exponentiellen und komplexen Prognosen die richtigen Berater. Wenn alle validierten und
korrekten Daten vorliegen, dann kommt unsere menschliche, strategische und emotionale
Intelligenz zum Tragen, und wir können diese zur Entscheidungsfindung nutzen. Doch
auch hier gilt: Nicht mehr ein Entscheider alleine, denn weder ein Sonnenkönig noch ein
Geschäftsführer oder Vorstand ist in der Lage, wie in der alten Monarchie tragfähige komplexe Entscheidungen zu treffen. Reife Teams mit verschiedenen Perspektiven und Denk-
arten wägen ab und nutzen die situativ adäquate Entscheidungsvariante.

4.1.2 Falsche Schwerpunktbildung oder Reparaturdienstverhalten

Ein weiterer Denkfehler ist die falsche Schwerpunktbildung. Wenn wir die Struktur eines
Systems nicht erkennen oder verstehen, dann können wir auch die kritischen Variablen
nicht identifizieren und das Wichtige nicht vom Unwichtigen unterscheiden. Infolge dessen betreiben wir ein typisches Reparaturdienstverhalten. Wie ein zweitklassischer Repa-
raturdienst, den wir für unsere kaputte Waschmaschine beauftragen, flicken wir die offensichtlichen Fehlermeldungen, anstatt den schwachen Wasserdruck im Haus zu beheben.
Wir bessern also die dringlichsten und auffälligsten Probleme aus, anstatt uns um die
wichtigsten zu kümmern.

Der Innendienst des Softwarevertriebs Xera wird seiner Mail-Fluten nicht mehr Herr. Trotz der sonst üblichen Flaute durch die Sommerferien haben die fünf Mitarbeiter plötzlich täglich 800 E-Mails im Posteingang, wovon ca. 500 Nachrichten unbeantwortet bleiben, wenn sie sich abends nach einem durchgehetzten Arbeitstag wieder abmelden. Das schafft nicht nur Frust bei den Mitarbeitern, sondern auch bei Kunden. Der Innendienstleiter lässt alle Kunden mit einer generierten Antwort auf die momentane Verzögerung in der Bearbeitung hinweisen und bittet andere Vertriebsbereiche um personelle Unterstützung. Erst nach sieben frustrierenden Arbeitstagen kommt ein schlauer Kollege aus dem Entwicklungsbereich auf die Lösung: Durch einen Fehler im Onlineshop können die Kunden zwei Produktgruppen nicht mehr online bestellen und entscheiden sich dadurch für Anfragen per Mail oder Telefon. Kaum ist der Fehler behoben, gehen die Mails direkt wieder auf das normale Maß zurück.

Lösungsansätze/Gegenmittel
Wie hätte der Innendienst schneller auf die simple Lösung kommen können? Wenn man es weiß, scheint die Lösung so naheliegend, dass wir uns das Problemverhalten kaum noch erklären können. Meist reicht es, über unseren Tellerrand hinauszuschauen und die richtigen Fragen zu stellen.

In Retrospektiven gibt es beispielsweise die 5-WHY-Fragetechnik. Dabei wird ein Hindernis mit der Floskel „Warum ist das so?" hinterfragt. Die Antwort wird dann jeweils wieder hinterfragt mit „Warum?". Dadurch bohrt man sich sprichwörtlich in die Tiefe und hinterfragt die üblichen oberflächlichen Begründungen. Spätestens nach dem dritten Warum kommt man mit dieser Technik zu völlig neuen Betrachtungsweisen und Begründungen.

Ein ebenfalls sehr effizientes Gegenmittel gegen falsche Schwerpunktbildung sind die 50 Fragen aus dem Design Thinking. Um ein Problem zu verstehen stellt man 50 Fragen zu dem Problem, ohne die Antworten zu geben. Rein durch die Fragen erfasst man das Thema in einer ganz anderen Komplexität.

4.1.3   Nichtbeachtung der Fern- und Nebenwirkung

Pläne oder, noch schlimmer, langfristige Pläne, sind die häufigste Ursache von fatalen Fehlern. Es kommt zu katastrophalen Entwicklungen, wenn wir die Fern- und Nebenwirkungen nicht berücksichtigen. In vernetzten Systemen haben Maßnahmen sehr selten nur eine Wirkung. Bei der Planung der Schritte, die für das Erreichen des gewünschten Ziels erforderlich sind, sollten wir demnach immer versuchen, uns deren Nebenwirkungen und die erst später erkennbaren Fernwirkungen vor Augen zu halten, sonst haben wir eventuell am Ende mehr Schaden angerichtet als Nutzen erbracht (Straub 2014). Ein berühmtes Beispiel ist die Kernenergie. Die Lagerung der Brennstäbe und der gesamten radioaktiv verstrahlten Bauteile eines Atomkraftwerks wurde sträflich missachtet, was immense Folgen für unseren Planeten auf unbestimmte Zeit mit sich bringt. Das betrifft allerdings nicht nur die Kernenergie, sondern umfasst recht umfänglich die Missachtung der Fern- und Nebenwirkungen unseres Handelns auf unsere gesamte Umwelt. Die fatalen Folgen der Ausrottung vieler Tierarten bis zum Klimawandel sind offensichtlich.

Beispiel

Ein Versicherungsunternehmen entschied sich, kleinere und wendigere Teams zu bilden. Aus ehemals 20 Mitarbeitern eines Teams wurden drei separate Teams gebildet, die unterschiedliche Kernaufgaben bekamen. Die Geschäftsführung erhoffte sich eine bessere Absprache innerhalb der Teams und mehr Selbstorganisation, als es in der 20-köpfigen Mannschaft realisierbar schien. Nach sechs Monaten wurde durch gehäufte Kundenreklamationen eine Problematik offensichtlich, mit der die Führung nicht gerechnet hatte: Anfragen der Kunden wurden nur noch teilweise bearbeitet, Beschlüsse der Teilteams wurden selten an die anderen Teams weitervermittelt, und in den Pausen setzten sich die drei Teams an unterschiedliche Tische in der Kantine. Die Nebenwirkung der Kohärenz hatte niemand bedacht – die Teams fühlten sich nur noch ihren Verantwortungsbereichen verpflichtet; es entstand ein Wir-Gefühl in den drei Gruppen. Die Anderen gehörten nicht mehr dazu.

Lösungsansätze/Gegenmittel

Veränderungen in einem System haben mannigfaltige Wirkungen – innerhalb und außerhalb des Systems. Planen Sie Veränderungen immer nach einem kurzzyklischen Ablauf wie dem Demmingkreis: Plan – Do – Check – Act.

- **Plan:** Planen Sie die ersten wichtigen Schritte einer Veränderung mit dem Team gemeinsam. Im oben beschriebenen Fall hätten die 20 Mitarbeiter gemeinsam geplant, wie sie das Team in kleinere wendigere Einheiten unterteilen. Vermutlich hätten sie überlegt, wie sie gleichzeitig die Kommunikation untereinander und die Abstimmung der Teilteams aufrechterhalten können.
- **Do:** Setzen Sie die geplanten Schritte in der ersten Iteration konsequent um. Die Umsetzungsphase dauert üblicherweise zwei bis vier Wochen. Während der Umsetzung tauscht sich das Team täglich kurz und strukturiert aus. Die drei Teams hätten sich in unserem Fall täglich ausgetauscht und dabei die Schnittstellenthematik offengelegt.
- **Check:** Nach zwei bis vier Wochen werden Fortschritte und Ergebnisse betrachtet und bewertet. Dabei wird die Kundensicht integriert. Beim Check wäre dem Versicherungsunternehmen aufgefallen, dass Kundenmails nicht mehr zugeordnet und zeitnah weitergeleitet werden.
- **Act:** Es wird ein Resümee gezogen, um Optimierungen in der Zusammenarbeit zu finden und in der nächsten Iteration umzusetzen. Spätestens hier hätte das Team die Interaktionen untereinander reflektiert und einen besseren Austausch geplant.

4.1.4   Zentralreduktion, Einkapselung

Mit Zentralreduktion meint man die Leugnung der Vernetzung des Realitätsbereichs. Die konstruktive Auseinandersetzung mit einer Vielzahl von Elementen des Realitätsbereichs wird aufgegeben und stattdessen eine zentrale Ursache als Sündenbock für alle Probleme aufgebaut. So entsteht eine subjektive Überzeugung von der Richtigkeit der getroffenen Annahmen (Straub 2014).

Die Einwanderungspolitik von führenden Politikern wird zum Sündenbock für Arbeitslosigkeit, finanzielle Sorgen oder Wohnungsmangel. Die Einwanderer werden sozusagen zum Sündenbock gesellschaftlicher und globaler Zusammenhänge gemacht. So sehen einige Bürger eine Lösung ihrer Probleme durch das Schließen der Grenzen. In Unternehmen machen Teams gern andere Teams zum Sündenbock: Der Innendienst ist oft davon überzeugt, unnötige Aufgaben vom Außendienst übertragen zu bekommen, und der Außendienst sieht den Innendienst als Erfolgsbremse seines Vertriebs. Anstatt konstruktive Kooperation zu pflegen und vor der eigenen Tür zu kehren, beschweren sich die Teams gern über die anderen.

Beispiel

In einem Teamentwicklungsseminar beschwerte sich das Team über einen Langzeitkranken. Dadurch fehlte dem siebenköpfigen Team ein Berater und es konnte seine Ziele nicht mehr erreichen. Während des Workshops wurde offensichtlich, wie viel Energie das Team in die Kompensation der fehlenden Besetzung investierte. Es wurden Azubis eingesetzt, die von den anderen Beratern immer wieder eingearbeitet werden mussten; die Filialleiterin dagegen übernahm mehr Beratungs- statt Führungsaufgaben, was der Teamdynamik mehr schadete als nutzte.

Während des Workshops wurde das relevante Thema immer offensichtlicher: die Problemorientierung des Teams inklusive der Führungskraft auf Rahmenbedingungen, die nicht im Handlungsfeld des Teams lagen. Das gesamte Team hatte sich angewöhnt, Pausen und Meetings mit Beschwerden und Jammerarien über Krankheiten, Personalpolitik und Kunden zu füllen. Das schaffte zwar große Einigkeit untereinander, blockierte aber jeglichen Weitblick und Lösungen. Sobald das erkannt und verstanden wurde, konnte das Team gute Strategien entwickeln, um sich mit der reduzierten Mannschaft neu aufzustellen. Schon einen Monat später erreichte das Team durch die frei gewordene Energie mühelos seine Ziele und freute sich an dem guten Zusammenspiel.

Lösungsansätze/Gegenmittel

Immer wieder beeindruckt mich die Einfachheit und Wirksamkeit der Rahmen/Spielfeldanalyse, insbesondere beim ewigen Lamentieren über die Umstände oder Entscheidungen außerhalb der eigenen Kompetenz. Auch wenn bekanntlich gemeinsame Feindbilder und Beschwerden auf den ersten Blick die Zusammengehörigkeit stärken oder von eigenen Unzulänglichkeiten ablenken und somit einen kurzfristigen Gewinn bringen, belasten sie doch viel stärker, als dass sie nutzen. Um ein Team oder Einzelne wieder in ihrer

Handlungsfähigkeit zu stärken und die Aufmerksamkeit auf Wirkfaktoren zu lenken, nutze ich sehr gerne folgende kleine Übung.

Anleitung:
Verwenden Sie als Metapher einen Rahmen und das innen liegende Spielfeld: „Wir stellen uns vor, dass unser Team Rahmenbedingungen hat, ähnlich einem Spielfeld. Der äußere Rahmen, die Bande um das Spielfeld herum, ist feststehend. Die können wir nicht verändern. Wir können nur innerhalb des Rahmens ein möglichst wirksames und erfolgreiches Zusammenspiel gestalten. Welche feststehenden Rahmenbedingungen haben wir als Team?" Dabei zeichne ich auf Flipchart einen Rahmen und beschrifte die vier Seiten dieses Rahmens gemeinsam mit dem Team. Welche Rahmenbedingungen sind unveränderbar bzw. nicht im Entscheidungsfeld des Teams: Hierarchien, Leistungsziele, Systeme, Prozesse und Personal etc.? Anschließend schlage ich vor, gemeinsam Themen und Lösungen zu besprechen, die im eigenen Spielfeld liegen.

4.1.5   Unkonkrete Ziele, widersprüchliche Ziele

Unkonkrete Ziele sind vor allem bei sogenannten weichen Vorgaben sehr beliebt, verursachen jedoch fehlende oder mangelhafte Ausrichtung unseres Denkens und Handelns. „Wir müssten uns mehr Zeit nehmen, innovativ zu denken und uns Raum für neue Ideen schaffen." Oder: „Wir sollten uns mehr Feedback geben." Wie hoch schätzen Sie die Umsetzung solch unkonkreter Vorhaben ein? Richtig! Die Umsetzungswahrscheinlichkeit liegt nahezu bei null Prozent.

Widersprüchliche Ziele sind im Vertrieb nahezu an der Tagesordnung. Jedes Unternehmen hat widersprüchliche Absichten: Qualität und Quantität, Exploitation und Exploration, Verändern und Bewahren. Die sogenannte Ambidextrie habe ich bereits in Abschn. 2.3 beschrieben. Daraus resultieren steten Fußes auch widersprüchliche Zielvorgaben für die Vertriebsteams. Damit müssen wir lernen umzugehen. Anders ausgedrückt, ist das eine der entscheidenden und wichtigsten Fähigkeiten für die Zukunftsgestaltung. Vermeiden ist keine Option, vielmehr geht es um ein gutes Balancieren und Integrieren der Widersprüche. „Sowohl als auch" statt „entweder oder". Die Lösung ist die Kommunikation, die Brückenbildung zwischen den Anforderungen.

Beispiel
Eine Privatkundenbank möchte die Mitarbeiter in innovative Projekte einbinden. Dazu werden sechs Initiativteams gebildet, die mit Design Thinking neue Ideen zur Verbesserung der Beratung und des Kundenservices entwickeln. 20 Prozent ihrer Arbeitszeit werden sie für diese agilen Projektarbeiten in Teams freigestellt. Der Anklang ist beeindruckend gut, und die Projektteams sind bereits am Tag der Einführung mit Freiwilligen ausgebucht. Trotzdem versandeten die Innovationsprojekte. Die Ursache lag an den widersprüchlichen Zielen: Der Vorstand erhöhte nämlich fast zeitgleich die

Zielvorgaben in den Filialteams. Da 80 Prozent der Projektmitarbeiter aus den Filialen stammen, verkümmern die agilen Projekte bereits nach kurzer Zeit. Kein Filialmitarbeiter traut sich, die Kollegen vor Ort mit den hohen Zielvorgaben im Stich zu lassen, um sich neuen Ideen zu widmen.

Lösungsansätze/Gegenmittel
Natürlich helfen als Gegenmittel die klassischen Zielkriterien wie SMART: S = Spezifisch; M = Messbar; A = Attraktiv; R = Realistisch und T = Terminiert; oder KRAFT: K = Konkret; R = Realisierbar; A = Attraktiv; F = Fähig; T = Terminiert. Statt „wir müssen uns mehr Feedback geben" würde das Ziel beispielsweise lauten: „Wir werden im kommenden Quartal alle vier Wochen am Freitagnachmittag gemeinsam von 15 bis 16 Uhr die vergangene Woche reflektieren und uns stärkenorientiertes Feedback geben. Am letzten Freitag im nächsten Quartal reflektieren wir von 15 bis 16:30 Uhr die Wirksamkeit dieser Maßnahme und besprechen daraus resultierende Handlungen. Die Moderation werden wir abwechselnd übernehmen, die erste Moderation übernimmt der Teamleiter, und jeweils am Ende der Stunde wird der Moderator für das folgende Meeting bestimmt."

In agilen Teams sind OKRs, Objectives und Key Results, sinnstiftend und wirkungsvoll (s. Abschn. 10.2.3). Bei widersprüchlichen Zielvorgaben hilft nur die Rückfrage an die Führung. Im oben beschriebenen Fall handelte der Vorstand sehr zügig. Die innovativen Projekte waren für die Bank so wichtig und relevant, dass alle Filialen, deren Mitarbeiter dort teilnahmen, entsprechende Pluspunkte für ihre Zielerreichung erhielten. Kaum verkündet, konnten sich die Innovationsprojekte vor Zulauf aus den Filialen kaum retten, die Teamgrößen mussten begrenzt werden. In Teams sind verstärkte Kommunikation und stetiges Ausbalancieren der unterschiedlichen Strömungen und Ziele erforderlich. Meetings, in denen die wesentlichen Themen besprochen werden und gemeinsame Ausrichtungen stattfinden, werden immer wichtiger.

4.1.6 Falsche Hypothesen

Wir bilden stets und ständig Hypothesen oder anders ausgedrückt: Wir können nicht nicht interpretieren. Hypothesen können hilfreich sein, jedoch nur, wenn wir sie hinterfragen. Eine Hypothese ist eine vermutete Ursache-Wirkung-Beziehung. Allzu oft führen solche Annahmen zur Filterung unserer Wahrnehmung. Wir bestätigen sozusagen unsere Hypothesen, indem wir die Informationen entsprechend sehen. Angenommene Ursache-Wirkung-Beziehungen müssen konsequent hinterfragt werden, sonst führen sie zu fatalen Fehlinterpretationen.

In Kommunikationsseminaren habe ich früher gern folgende Übung zur Verdeutlichung gemacht: Ich habe einen Freiwilligen von den anderen Teilnehmern beschreiben lassen.

Die Worte oder Sätze habe ich auf dem Flipchart mitgeschrieben. Da standen dann Aussagen wie: sympathisch, freundlich, extrovertiert, mutig, offen, groß etc. Ganz selten wurde eine reine Beobachtung genannt wie: Trägt am rechten Handgelenk eine Uhr. Das Resümee war jedes Mal fast identisch: Zu 99 Prozent waren die Beschreibungen Interpretationen und Hypothesen über die Person. Die Teilnehmer erkannten dadurch sehr plastisch, wie schnell wir interpretieren und Annahmen übereinander treffen.

Beispiel

Herr Alt ist seit 30 Jahren für den Kunden Volkswagen im Außendienst eingesetzt. Er ist letztes Jahr 50 geworden und wird von seinen Kollegen gleichzeitig gefürchtet und geschätzt. Das liegt an seiner direkten Art. Als der Kunde seinen Zulieferer wechselt, hat das Unternehmen keine Aufgaben mehr für Herrn Alt. Lediglich das neue Kernteam, das mit agilen Methoden neue Produkte entwickeln soll, sucht noch Zuwachs aus dem Vertrieb. Seine Kollegen sind sich einig: Da passt Herr Alt niemals rein, er ist viel zu unflexibel, gradlinig und eingefahren, um sich auf neue Arbeits- und Denkweisen einzulassen. Weit gefehlt! Bereits nach kurzer Zeit entpuppt sich Herr Alt als genialer Product Owner für das neue Intranet, er versteht es, mit den internen Kunden die Anforderungen zu definieren und das agile Team sehr gut lateral in die Reviews und Plannings zu führen.

Lösungsansätze/Gegenmittel

Sie kennen bestimmt noch aus dem Deutschunterricht den Ansatz: Stelle zu jeder These eine Antithese auf. Einer ähnlichen Herangehensweise bin ich bei meiner Weiterbildung zum Mediator begegnet. Sobald ich parteiisch wurde und für einen Konfliktpartner mehr Verständnis entwickelte als für den anderen, sollte ich folgende Übung machen: Ich setzte mich räumlich ein Stück zurück, um im wahrsten Sinne mehr Abstand zu den Klienten zu bekommen, und sammelte solange Sympathie und Verständnis für die andere Partei, bis ich selbst wieder allparteiisch war. Kein Mensch kann unparteiisch sein. Wir bilden uns ständig Meinungen, doch wir können uns darin üben, allparteiisch zu sein und eine professionelle Balance anzustreben.

In Tab. 4.1 habe ich einige typische Denkfehler im Zusammenhang mit Komplexität beschrieben. Zu jedem Denkfehler gibt es einen Lösungsansatz. Denn Denkfehler lassen sich nicht prinzipiell vermeiden, ganz im Gegenteil: Wir sind gut darin beraten, sie zu erkennen und unsere Begrenzungen im Denken zu akzeptieren. Dann können wir mit relativ einfachen Lösungen entgegenwirken, indem wir die Fehlerursachen einkalkulieren. Näher betrachtet, funktionieren viele agile Methoden genau nach diesem Prinzip. Sie helfen uns durch Iterationen, Wiederholungen, Reflexionsschleifen und divergente Teams, die typischen Fehler zu reduzieren und unser Handeln in komplexen Kontexten flexibel auszurichten.

Tab. 4.1 Typische Handlungs- und Entscheidungsfehler in komplexem Umfeld

Merkmale des Vertriebs der Zukunft	Resultierende Denkfehler	Lösungsansätze
Vielzahl der Einflussfaktoren: Große Anzahl von Variablen, die gleichsam wichtig und beachtenswert sind. Die Variablen beim Vertrieb der Zukunft sind beispielsweise die Digitalisierung und Entwicklung künstlicher Intelligenz, neue globale Handels- und Vertriebswege, das veränderte Kundenverhalten der digital Natives etc. Je nach Unternehmen befindet sich der Vertrieb in einem innovativen bis hin zu einem disruptiven Markt.	**Falsche Schwerpunktbildung:** Diese Vielzahl der Faktoren führt bei Entscheidungen oftmals zu Fehlern bei der Schwerpunktbildung. Welches Thema gehen wir als erstes an? Typischerweise werden dabei eher die dringlichen als die wichtigen Themen gewählt. So wird ein neues Betriebssystem als Schwerpunkt angesehen, statt die relevanten Entscheidungsprozesse und Kompetenzen im Vertrieb zu verändern. Reparaturdienstverhalten: Durch eine unklare Zielstrategie wird „planlos mal hier, mal dort herumgeflickt". Das führt zu vielen Fehlern.	**Entscheidungsmatrix:** Je nach Komplexität der Entscheidung werden unterschiedliche Arten von Entscheidungsfindung gewählt. Je komplexer, desto mehr wird der Konsens oder konsultative Entscheidungen benötigt, bei Dilemmata auch das Tetralemma. Beim Festbeißen an Themen, die nicht im Handlungsfeld der Betroffenen liegen, ist die Rahmen/Spielfeld-Analyse eine gute und einfache Methode, um den Fokus auf Handlungsfähigkeit zu richten. Entwickeln Sie eine balancierte, kurzzyklische Zielstrategie, die konsequent verfolgt und kontinuierlich adaptiert wird.
Vernetztheit: Die Variablen einer Situation beeinflussen sich wechselseitig, globale Vertriebswege beeinflussen den Kundenbedarf und gleichzeitig die Angebots- und Preiskalkulation.	**Missachtung von Neben- und Fernwirkungen:** Die Veränderung einer Komponente zieht viele unkalkulierte Folgen nach sich. Welche Auswirkungen hat beispielsweise die Einführung einer App auf die Kundenkommunikation?	**PDCA-Zyklus:** Nutzen Sie den PDCA-Zyklus der allen Frameworks zugrunde liegt; Plan-Do-Check-Act, um Entwicklungen inkrementell und iterativ unter Einbindung der Nutzer zu gestalten.
Dynamik: Die Eigendynamik von Systemen führt zu der Notwenigkeit von Prognosebildung. Es werden Hypothesen gebildet und darauf aufbauend Prognosen entwickelt, beispielsweise das Nutzerverhalten der Digital Natives.	**Linearer Irrtum:** Prognosen werden linear statt exponentiell gedacht. Das Nutzerverhalten der Zukunft durch den Generationswechsel wird linear statt exponentiell extrapoliert. Das führt zu falschen Prognosen und demzufolge falscher Weichenstellung im Vertrieb.	**Künstliche Intelligenz/ Mathematische Expertise:** Nutzen Sie entsprechende Programme/künstliche Intelligenz und mathematische Expertise und vernetzen Sie sich, um Ihre Prognosen im Vertrieb zu überprüfen, bevor Sie weitreichende Entscheidungen treffen.

(Fortsetzung)

Tab. 4.1 (Fortsetzung)

Merkmale des Vertriebs der Zukunft	Resultierende Denkfehler	Lösungsansätze
Intransparenz: Die Situation ist nicht durchschaubar. Die Entwicklung der Automobilbranche ist beispielsweise nicht vorhersehbar. Die Auswirkungen auf die deutsche Wirtschaft sind dadurch auch nicht transparent.	**Zentralreduktion:** Für die Situation wird ein Sündenbock, ein zentrales Thema als Ursache definiert: Etwa die Manipulation der Automobilhersteller als Ursache der Gesamtproblematik und als Thema der zukünftigen Mobilität. Einkapselung: Man beißt sich an kleinen überschaubaren Elementen fest, welche man glaubt, lösen zu können, wobei das große Ganze aus den Augen verloren wird. So wie im Nebel: Man bewegt sich in kleinen Schritten vorwärts, statt zu überprüfen, ob die Richtung noch stimmt.	**Reflexion, Fragetechniken:** Fördern Sie Querdenken, gegen den Strom und die üblichen Muster denken und sich Zeit nehmen für langsames Denken, Reflexion der ersten Gedanken, Hinterfragen der Hypothesen … Die „5 WHY"-Fragen, jede Antwort auf die „Warum?"-Frage wird wiederrum insgesamt fünf Mal mit „Warum?" hinterfragt und dadurch immer tiefergehender beleuchtet, eignen sich beispielsweise, um oberflächliche Ursachen zu hinterfragen. Oder überlegen Sie sich zu einer undurchsichtigen Situation 50 Fragen, um die Komplexität zu erfassen, bevor Sie sich mit Antworten beschäftigen.
Offenheit der Zielsituation: Durch die unklare Situation können Ziele nicht konkret definiert werden, was zielgerichtetes Handeln erschwert. Wie definiert der Vertrieb Innovationen? Wie viel Innovationen werden konkret in welchem Zeitraum wie entwickelt und ausprobiert?	**Unkonkrete, widersprüchliche Ziele:** Durch unkonkrete Ziele kann das Handeln nicht ausgerichtet bzw. beurteilt werden. Das führt oftmals zu nachlassender Bemühung und fehlendem Engagement: Der Vertrieb kümmert sich beispielsweise dann zu wenig um Innovation. Wenn Ziele unklar bleiben, werden auch die widersprüchlichen Ziele wie Quantität versus Qualität nicht erkannt.	**OKRs:** Bei innovativen Zielen und sogenannten weichen Faktoren eignen sich sogenannte OKRs, Objectives und Key Results. Dabei werden qualitative Ziele mit quantitativen Messkriterien verknüpft und in kurzen Zyklen überprüft sowie angepasst. Widersprüchliche Ziele müssen balanciert werden: etwa die Quantität reduzieren, um die Qualität zu erhöhen.
Neuartigkeit: Dadurch, dass es die Situation noch nie gab, kann auch auf keine Erfahrung zurückgegriffen werden. Welchen Einfluss wird ein agiles Kernteam auf die bestehenden Teams haben?	**Falsche Hypothesen:** Neue Situationen werden oft mit alten Erfahrungen verglichen, was zu falschen Hypothesen führen kann. Beispiel: Unsere Teams wollen keine Verantwortung übernehmen. Das führt dazu, die Probleme hypothesenbestätigend zu betrachten.	**Retrospektiven:** Führen Sie in einer neuen Situation engmaschig Retrospektiven ein, um gemeinsam mit den Beteiligten und Außenstehenden die Einflussfaktoren und Auswirkungen des neuen Handelns zu reflektieren.

4.2   Die vier Widerstände

Ein paar Worte vorweg: Ähnlich wie der Denkfehler gehört auch der Widerstand zu jedem
Wandel dazu. Oder anders ausgedrückt: Freuen Sie sich über Widerstand! Ohne ihn gibt
es keine echte Veränderung. Seien Sie eher beunruhigt, wenn alles ohne Störungen abläuft.
Wie bereits im Buch *Der agile Kulturwandel* beschrieben, ist Widerstand ist ein wichtiger
Botschafter in Veränderungsprozessen und zeigt Ihnen die Richtung der erforderlichen
Entwicklung an (Hofert und Thonet 2019).

Beispiel

Ich erinnere mich noch sehr gut an eine Zeit, in der ich wegen starker Nackenprobleme
einen persönlichen Fitnesstrainer auf Rezept verschrieben bekam. Ich trainierte mindestens einmal wöchentlich mit ihm. In jedem Training verfluchte ich ihn, zumindest
innerlich, und schwor mir, nie wieder dorthin zu gehen; er forderte mich jedes Mal über
meine Grenzen hinaus. Trotz des massiven Widerstands und der Diskussionen mit ihm
blieb ich dabei und merkte wöchentlich Fortschritte in meiner Halswirbelsäule. Nach
sechs Monaten Training war ich nicht nur schmerzfrei, sondern insgesamt topfit und
durchtrainiert.

Jede echte Entwicklung geht mit Widerständen einher. Der Umgang und die Mischung
aus Fördern und Fordern entscheiden darüber, ob der Widerstand zum Scheitern oder
Wachstum führt. In meiner Praxis als Teamentwicklerin habe ich über die Jahre hinweg
vorwiegend folgende vier Widerstandsarten erlebt und entsprechend unterteilt. Der Umgang damit unterscheidet sich je nach Ursache und Botschaft voneinander. Entschlüsseln
Sie also erst die Ursachen und leiten Sie dann passende Handlungen ab.

4.2.1   Dysfunktionswiderstand

Wenn Störungen in einem Team überhand nehmen und dadurch Performance und Funktionalität beeinträchtigt sind, sprechen wir von Dysfunktionen. Das Team leidet sozusagen
an diversen Krankheiten, die es schwächen. Dysfunktionale Teams sind derart mit ihren
Störungen beschäftigt, dass sie wenig Energie für Veränderungen zur Verfügung haben.
Die Störungen nehmen Vorrang, wie Ruth Cohn so treffend formuliert hat, sie ziehen die
Aufmerksamkeit der Beteiligten magnetisch an (Cohn 2018). Patrick Lencioni (2004) beschreibt fünf typische Dysfunktionen von Teams:

1. kein Vertrauen haben
2. Konflikte vermeiden
3. mangelnder Einsatz/Commitment
4. keine Verantwortung übernehmen
5. Ziele und Ergebnisse nicht beachten

Jedes Team hat die eine oder andere Dysfunktion. Das ist in der Zusammenarbeit ganz natürlich und sogar förderlich, vorausgesetzt, es findet eine konstruktive Auseinandersetzung damit sowie die gemeinsame Weiterentwicklung statt. Wenn die Störungen allerdings missachtet werden und ein gesundes Maß übersteigen, dann leidet die gesamte Team-Performance darunter.

Regelmäßige Retrospektiven schützen Teams vor dysfunktionalen Störungen. Nehmen Sie sich als Team ab und zu die Zeit, um über Störungen zu sprechen und gute Vereinbarungen miteinander zu treffen. Agile Teams leben von Unterschiedlichkeiten und nutzen sie, doch die Heterogenität darf dabei nicht zu groß werden. Die meisten Menschen streben nach Kohärenz und einem gewissen Grad an Homogenität. Wie in Abb. 4.1 verdeutlicht, ist eine gute Mischung entscheidend für die Leistungsfähigkeit und dementsprechend auch für die Veränderungsbereitschaft.

Bei dysfunktionalen Teams ist es wie bei einem kranken Organismus: Erst muss dieser wieder gesund werden, bevor er zu neuen Leistungen und Entwicklungen bereit ist. Analysieren Sie mit dem Team die Dysfunktionen und finden Sie gemeinsam Wege in die Funktionalität.

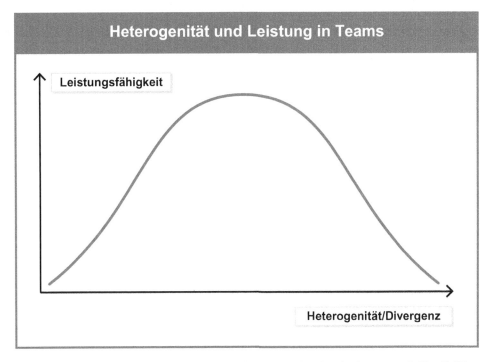

Abb. 4.1 Das richtige Maß an Heterogenität. (Mit freundlicher Genehmigung von © Claudia Thonet 2020. All Rights Reserved)

4.2.2 Interessenswiderstand

Wenn die Interessen und Bedürfnisse Einzelner oder Mehrerer in einer Veränderung nicht mehr erfüllt werden, entsteht Widerstand. Unternehmen sind Zweckgemeinschaften, und Mitarbeiter sind nur so lange motiviert und engagiert, wie ihre grundlegenden Interessen und Bedürfnisse auch innerhalb der Arbeitssituation erfüllbar sind. Wenn sich durch die Veränderungen beispielsweise Aufgaben oder Rahmenbedingungen verschlechtern, ist Widerstand vorprogrammiert.

Klassische Vertriebler sind es gewohnt, ihre eigenen Kundenkontakte zu pflegen. Sie lebten lang und gut von Empfehlungsmanagement und einem treuen Kundenstamm. Wenn der Vertrieb agiler werden will und dadurch teamorientierter arbeitet, wird das vermutlich den Interessen des ein oder anderen Innen- und Außendienstmitarbeiters widersprechen und Widerstand erzeugen.

> **Beispiel**
>
> Um eine bessere Erreichbarkeit für die Kunden zu gewährleisten, wird der Innendienst der Firma Kunzmann umstrukturiert. Die Eins-zu-eins-Kundenbeziehung wird aufgehoben, alle Kunden mit sogenannten Standardprozessen werden auf das ganze Team verteilt. Der Widerstand im Team ist immens. Teilweise pflegten die Mitarbeiter über zehnjährige Kundenbeziehungen, bei denen sehr tragfähige Bindungen zu Kunden entstanden sind. Diese vertrauten Gespräche und Abläufe waren für die meisten der sonst eher schlecht bezahlten Innendienstmitarbeiter ein wichtiger Faktor für die Zufriedenheit. Nach der Umstellung fehlten nicht nur die vertrauten Gespräche, es gab von Seiten der Kunden viele Reklamationen, weil ihnen der feste Ansprechpartner genommen wurde.

Bei Interessenswiderstand hilft nur eins: Thematisieren Sie die Bedürfnisse und suchen Sie gemeinsam nach Lösungen. Im genannten Beispiel wechselte einer der Innendienstmitarbeiter in das Großkundenteam. Dort entschied sich die Firma, weiterhin die Eins-zu-eins-Beziehung zu pflegen, weil Großkunden individuelle, eigene Prozesse und Abläufe erfordern. Andere Mitarbeiter gewöhnten sich nach einem halben Jahr an die Umstellung und fanden sogar Gefallen an den unterschiedlichen Kontakten und damit einhergehenden abwechslungsreichen Gesprächspartnern und Anliegen.

4.2.3 Überforderungswiderstand

Kennen Sie Vertriebsteams, die unterfordert sind oder sich sogar langweilen? Ehrlich gesagt begegnete mir früher dieses Bore-out-Phänomen ab und zu bei meinen Vertriebscoachings oder Teamentwicklungen. Seit vielen Jahren bin ich verstärkt mit dem Gegenteil konfrontiert: Teams, die am Rande ihrer Kapazität arbeiten und das Gefühl haben, niemals fertig zu werden. Sie verlassen den Arbeitsplatz mit 50 unbeantworteten Mails und 20 nicht getätigten Rückrufen, ganz zu schweigen von den aktiven Kundenansprachen, die wöchentlich hinten runterfallen. Hand aufs Herz: Wie begeistert wären Sie, liebe Leser, in so einer Situation Veränderungen mitzugestalten, ihre Arbeitsroutinen zu hinterfragen und Neues zu integrieren? Viel wahrscheinlicher würden Sie doch über den unpassenden Zeitpunkt fluchen und sich fragen, wie Sie das auch noch bewältigen sollen.

> **Beispiel**
>
> Die Firma Kunzmann entschied sich, einige vertriebsstarke und kommunikative Innendienstmitarbeiter zu internen Coaches auszubilden. Deren Aufgabe sollte es sein, einheitliche Qualitätsstandards bezogen auf die Service- und Kundenorientierung einzuführen und die Effizienz der Arbeitsabläufe zu steigern. Außerdem sollten sie den Kollegen bei der Umsetzung von den vielen anstehenden Veränderungen zur Seite stehen. Am dritten Ausbildungsmodul begegnete mir plötzlich eine völlig demotivierte und frustrierte Ausbildungsgruppe. Was war geschehen? Auf meine Nachfrage folgte eine zweistündige Auftragsklärungs- und Abgrenzungsdebatte. Die Führungskraft hatte Aufgaben an die angehenden Coaches delegiert, die sie vollkommen überforderten und zu massiven Rollenkonflikten führten. Der Widerstand war für die erneute Auftragsklärung existenziell wichtig und führte im Nachgang zu einem besseren Verständnis sowie zu größerer Autonomie des Coaching-Teams.

Überforderungswiderstand ist ein Schrei nach Hilfestellung und Unterstützung. Hier helfen nur kleine Schritte mit viel Ermutigung und schnellen Erfolgen. Die Stressoren müssen aufgedeckt, geklärt und beseitigt werden, bevor die Bereitschaft zur nächsten Veränderung oder Entwicklung wieder wächst.

4.2.4 Einwandwiderstand

Wie in Tab. 4.2 beschrieben, stecken hinter Einwänden Fragen. Einwände sind verunglückte Fragen! Jeder Verkäufer hat in diversen Verkaufsschulungen gelernt und bestenfalls verinnerlicht: Einwände sind auch Interessensbekundungen des Kunden. Unser Gegenüber gibt uns die Chance, den Nutzen des Produkts näher zu erläutern. So verhält es sich im Grunde auch mit dem Einwandwiderstand. Hinter dieser Art von Widerstand verbirgt sich die wichtige Frage nach dem Nutzen oder Sinn der Veränderung. Hören Sie bei Einwänden gut zu, erkennen Sie die Frage hinter dem Einwand. Beantworten Sie diese nutzenorientiert oder, noch besser, helfen Sie dem Fragesteller, selbst eine Antwort zu finden: Der Wurm muss dem Fisch schmecken, nicht dem Angler.

Warum soll ein Team seine Arbeitsweise verändern und sich in unsicheres Fahrwasser von Experimenten wagen? Was bringt das dem Unternehmen, dem Vertrieb, dem Kunden und jedem einzelnen Mitarbeiter? Nur wenn Sie für diese berechtigten und wichtigen Fragen adressatengerechte Antworten finden, werden Teams bereit sein, ihre seichten und sicheren Fahrwasser zu verlassen und sich in das unsichere Feld der Lernzone zu begeben.

Tab. 4.2 Die Fragen hinter Einwänden

Typische Einwände in Vertriebsteams	Dahinter liegende Frage
„Das wollen unsere Kunden nicht."	Welche Kundenanforderungen und Bedarfe werden damit erfüllt?
„Dazu haben wir keine Zeit."	Wie sollen wir die anderen Tätigkeiten priorisieren?
„Das bringt uns nichts."	Was bringt uns das? Was sind Sinn und Nutzen fürs Unternehmen, für den Vertrieb, fürs Team und jeden Einzelnen?
„Das funktioniert bei uns nicht."	Wie überprüfen wir die Erfolge und passen die Arbeitsweisen an unsere Erfordernisse an?
„Sowas ist beim letzten Mal gescheitert."	Was ist dieses Mal anders und was wurde im Vergleich zum letzten Mal verbessert?
„Wir sind doch keine Entwickler."	Wie lernen wie die dafür notwendigen Technologien? Wie werden wir befähigt?
„Das passt nicht zu uns."	Wie schaffen wir den Transfer zu unserer Arbeitsweise und unserem Können?
„Das machen wir doch alles schon."	Was genau verändert sich und wozu? Außerdem steckt in diesem Einwand das Bedürfnis nach Anerkennung für das bisher Geleistete.
„Das ist doch nicht neu."	Was ist an den neuen Begriffen und Arbeitsweisen denn tatsächlich anders und wirkungsvoller als bisher?
„Dafür sind wir zu alt und eingefahren."	Was passiert mit unseren Gewohnheiten und unserem Wissen? Wie können wir uns dabei adäquat weiterentwickeln?

4.3 Das Konkurrenzsyndrom

Verkäufer sind auf Konkurrenz und Wettbewerb gepolt. So wurden sie jahrzehntelang ausgewählt, geschult und konditioniert. Beliebte Slogans der Vertriebstrainer und „Tschakka"-Gurus lauteten: „Nein gesagt hat der Kunde schon" oder „Verkaufen ohne Abschluss ist wie ein Tag ohne Sonnenuntergang". Ich kenne viele Vertriebsbereiche, die formal als Team benannt werden, informell aber in ständiger Konkurrenz zueinander stehen und versuchen, sich gegenseitig zu überbieten. Nicht nur wichtige Informationen werden dadurch fatalerweise den anderen vorenthalten, auch Talente und Erfahrungen werden für sich und geheim gehalten, um sich Wettbewerbsvorteile zu verschaffen. Neue Ansätze wie „Working Out Loud" (WOL) oder „echte Teamarbeit" sind für viele Vertriebshaudegen so weit entfernt von ihrer Wirklichkeit wie ein anderes Sonnensystem.

In Außendienstteams oder in den Geschäftsstellen von Banken und Versicherungen sind Abschlusslisten beliebt, bei denen nur die Verkaufsstärksten prämiert und den Teamkollegen als Vorbilder vorgehalten werden. Abschlüsse werden dabei per Stückzahl und Abschlusssumme gezählt. Das führte in der Vergangenheit und führt leider auch noch in der Gegenwart vieler Verkäufer zu absurden Beratungen, bei denen Kunden beispielsweise zwei Rentenversicherungen verkauft bekamen mit entsprechenden Gebühren und Nachteilen, weil damit Stückzahl und Ranking verdoppelt wurden. Kundenzentrierung und faire Beratung sind davon Lichtjahre entfernt. Insofern sollten Key-Performance-Indikatoren (KPIs) und zahlengesteuerte Vertriebseinheiten, in denen das Einzelkämpfertum gefördert wird, Schnee von gestern sein oder zumindest werden. Führen Sie OKRs ein und nutzen Sie KPIs nur noch, um die Team-Performance zu fördern und zu messen. Teamwork auszurufen und Einzelleistung zu messen ist ein fataler Widerspruch, der jede Teamkultur vergiftet und gemeinsame Verantwortungsübernahmen im Sinne des Kunden konterkariert.

4.4   Zweinigung und Kollaboration

Viele Vertriebsbereiche verhalten sich wie Insulaner, die stolz auf ihren Bereich sind und sich teils amüsiert, teils verärgert über die anderen äußern. Das Phänomen ist allerdings nicht auf den Vertrieb beschränkt, sondern lässt sich querbeet durch die Unternehmenslandschaft beobachten. Je mehr sich die Inseln und ihre Bewohner voneinander unterscheiden, desto stärker ist die Abgrenzung. Vera Birkenbihl (2015) hat dazu in einem Vortrag eine wunderbare Metapher erzählt, in der sie jeden Menschen mit einer Insel vergleicht, die ihre eigene Geschichte hat. Sind sich die Inseln sehr ähnlich, finden sie sich merkwürdigerweise besonders sympathisch und interessant. Sie einigen sich sehr einfach und lieben diesen Konsens. Je unterschiedlicher die Inseln erscheinen, desto separierender verhalten sie sich. Dabei gibt es drei typische Verhaltensweisen:

1. Sie gehen sich aus dem Weg und meiden einander.
2. Sie versuchen, sich gegenseitig zu überzeugen, wie viel richtiger die eigene Welt ist.
3. Sie streiten und haben Konflikte.

Vera Birkenbihl plädiert in ihrer Geschichte für eine neue Variante: Die „Zweinigung" lässt jeden so sein, wie er sein möchte, und akzeptiert die Andersartigkeit. Man besucht die andere Insel und nutzt die unterschiedliche Betrachtung als Ergänzung und Erweiterung.

Für den Vertrieb ist diese Art von „Zweinigung" und Kollaboration mit Marketing und Produktion besonders entscheidend. Zu viel Einigung ist kontraproduktiv, denn genau die unterschiedlichen Perspektiven sind wertvoll für eine kundenorientierte Lösung. Idealerweise bilden die drei Bereiche interdisziplinäre Teams, um die angebotenen Produkte (Produktion) mit den Wünschen und Anforderungen der Kunden (Vertrieb) und den Leads aus den Marketingkampagnen kontinuierlich auszutauschen und gemeinsame Learnings und Strategien abzuleiten. Auch aus Kundensicht ist es mehr als ärgerlich, wenn der Vertrieb anruft, um ein Angebot zu machen, und nicht informiert ist, welche Mailkampagnen gerade aus dem Marketing versendet wurden. Was denkt der Kunde darüber? Richtig: Da weiß die eine Hand nicht, was die andere tut. So fördern Sie kein Vertrauen und erst recht keine Kaufbereitschaft.

Bilden Sie wie in Abb. 4.2 dargestellt Teams aus den relevanten Bereichen wie Innen- und Außendienst, Marketing, Online- oder E-Business, Produktion oder Entwicklung.

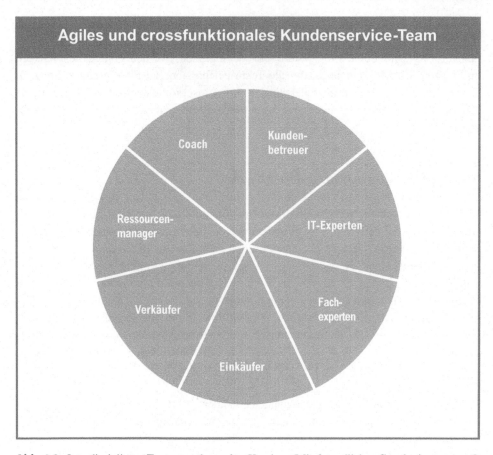

Abb. 4.2 Interdisziplinäre Teams rund um den Kunden. (Mit freundlicher Genehmigung von ©
Claudia Thonet 2020. All Rights Reserved)

Lassen Sie interdisziplinäre Teams gemeinsam die Customer Journey optimieren und
beste Erlebnisse für den Kunden schaffen.

4.5 So räumen Sie die Hindernisse aus dem Weg

Weder unsere Denkfehler noch typische Widerstände lassen sich vermeiden. Sie gehören
zu jeder Veränderung und komplexen Situation dazu, wie ein Gepäckstück oder ein treuer
Begleiter. Sobald wir uns dessen bewusst sind, können wir diese Begleiter für uns nutzbar
machen. Denn die unbewussten Fehler, bei denen wir glauben, im Recht zu handeln, richten den größten Schaden an.

Begrenzungen anzuerkennen fällt vielen Menschen äußerst schwer. Lieber suchen wir
Bestätigungen und Argumente für unser Denken und die daraus resultierende Logik, als
uns beständig zu hinterfragen. Oder wir manipulieren unser Umfeld solange, bis dieses

unsere Annahmen bestätigt. Für die berühmte Aussage „ich weiß, dass ich nichts weiß" braucht man sehr viel Weisheit und Bescheidenheit. Die Auswirkungen von Denkfehlern sind immens, sowohl für unsere Umwelt als auch im Miteinander, ökologisch und ökonomisch. Wir können sie, wie bereits dargestellt, nicht verhindern, doch wir können entscheiden, wie wir mit ihnen umgehen. Wie ständige Begleiter können wir sie betrachten und hinterfragen. Ein höheres Reflexionsniveau, langsames Denken, Austausch mit Netzwerken und beständiges Validieren sind sehr gute Schutzfaktoren. Führen Sie entsprechende Routinen ein, schaffen Sie kontinuierlich Raum für Retrospektiven, hinterfragen und validieren Sie jede Entscheidung und Planung. Passen Sie in kurzen Zyklen jedes Vorhaben an veränderte Bedingungen an und bedenken Sie die Neben- und Fernwirkungen jeder Handlung. Wir können nicht die Welt verändern, doch wir können unser direktes Umfeld beeinflussen und unser Bewusstsein schärfen.

Das Thema Widerstand oder Resistenz-Management ist in meinen Ausbildungen sozusagen ein Bestseller. Die meisten Coaches oder Führungskräfte haben Angst vor Widerständen und würden gern fast alles dafür tun, um diese zu vermeiden. Ich starte meist mit einem Reframing, also einer Umdeutung: „Ohne Widerstand keine nachhaltige Veränderung." Anders ausgedrückt: „Widerstand ist ein ganz natürlicher Bestandteil jeder Veränderung." Denn erst, wenn wir Widerstände unterdrücken oder ignorieren, werden sie zerstörerisch und destruktiv. Die oben beschriebenen Cluster können helfen, schneller die eigentlichen Botschaften zu entschlüsseln, um Widerstände zu nutzen und mit ihnen proaktiv umzugehen. Dann lösen sie sich meiner Erfahrung nach meistens auf oder zeigen ein wichtiges Thema an, das gelöst werden will, bevor die volle Bereitschaft und Kraft für die nächsten Veränderungsschritte zur Verfügung stehen.

Wichtige Schlüssel, um Hindernisse zu beseitigen

- **Validieren Sie Vermutungen und Annahmen:** Wir können nicht komplex denken, doch wir haben die notwendige Unterstützung durch mathematische und künstliche Intelligenz zur Verfügung. Überprüfen Sie Planungen und Schätzungen und nutzen Sie die Expertise anderer. Arbeiten Sie in crossfunktionalen Teams mit unterschiedlichen Denktypen.
- **Planen Sie iterativ:** Planen Sie immer kurzzyklisch und passen Sie beständig an. Arbeiten Sie iterativ mit konsequenter Überprüfung der Teilergebnisse.
- **Entwickeln Sie ein höheres Reflexionsniveau:** Machen Sie eigene Reflexionsfähigkeit zum Ziel Ihrer Selbstentwicklung. Lassen Sie sich Feedback geben und arbeiten Sie an Ihren blinden Flecken. Fördern Sie Reflexion durch Retrospektiven in jedem Arbeitskontext.
- **Verstehen Sie Widerstand als Schlüssel:** Ergründen Sie Widerstand, um die verschlüsselte Botschaft zu verstehen. Gehen Sie *mit* dem Widerstand und nicht *dagegen*. Nutzen Sie wie beim Tai Chi Kraft als Gegenwirkung, um sie für den Wandel umzulenken.

- **Starten Sie mit dem Warum und laden Sie es immer wieder auf:** Das Warum ist der entscheidende intrinsische Motivator. Was bringt die Veränderung dem Vertrieb, dem Team, dem Kunden und jedem einzelnen Mitarbeiter? Was ist der emotionale Nutzen? Wie dringlich ist der Wandel?
- **Visionen als Orientierung:** Wo soll es hingehen? Was für ein Spitzen-Crossläufer-Team wird aus uns Einzelsprintern? Wie sieht die Zukunft aus und wie fühlt sie sich an?

Literatur

Birkenbihl VF (2015) Video „Birkenbiehl Inselkonzept" vom 23.07.2015. https://www.youtube.com/watch?v=UD_APAWafXY. Zugegriffen am 14.07.2019

Cohn R (2018) Von der Psychoanalyse zur themenzentrierten Interaktion. Von der Behandlung einzelner zu einer Pädagogik für alle. Klett Cotta, Stuttgart

Gatterer H (2017) Vortrag auf dem Strategie Austria Symposium 2017 – Keynote 2 Harry Gatterer, 27.10.2017. https://youtu.be/Qt2ZKjH-EWk. Zugegriffen am 14.07.2019

Hofert S, Thonet C (2019) Der agile Kulturwandel. Springer Gabler, Wiesbaden

Ifrah G (1986) Universalgeschichte der Zahlen. Campus, Frankfurt am Main/New York

Kahneman D (2012) Schnelles Denken, langsames Denken. Siedler, München

Lencioni P (2004) The Five Dysfunktions of a Team. Jossey Bass, Hoboken

Picabia F (1995) Unser Kopf ist rund, damit das Denken die Richtung wechseln kann. Edition Nautilus, Hamburg

Straub H (2014) Störungen und Fehler beim Denken und Problemlösen. https://www.psychologie.uni-heidelberg.de/ae/allg/enzykl_denken/Enz_09_Schaub.pdf. Zugegriffen am 14.03.2019

Agiler Kulturwandel im Vertrieb

5

Zusammenfassung

Ohne die Kultur zu wandeln werden Methoden und Strukturen nicht die erwünschte Wirkung zeigen. Sie lernen in diesem Kapitel Ihre Kultur anhand des Leuchtturm-Modells neu auszurichten. Darauf aufbauend können Sie anhand der Canvas eine moderne Vertriebsstrategie entwickeln und die agilen Prinzipien umsetzen. Das Horizonte-Framework und die Flughöhen geben Ihnen dabei die richtige Orientierung.

Kultur ist schwer zu definieren und zu greifen, doch wir erleben die Unterschiede sofort. Kultur ist wie ein Prägestempel. Sie lässt sich nicht einfach umprägen, aber weiterentwickeln. Wenn sich Generationen trotz der tiefen Prägung der Elterngeneration weiterentwickeln können, so ist dies erst recht in der Unternehmenskultur möglich. Doch dazu müssen wir als Führungskräfte oder Berater erst einmal die Kultur erfassen, um den Hebel des Wandels zu verstehen. Wie erkennen und erfassen wir eine Kultur überhaupt? Meist nicht an den formulierten Leitbildern oder Werten, die das Management in Workshops erarbeitet hat und die jetzt Wände oder Webseiten zieren. Woran dann?

Beispiel

Vor kurzem bin ich in Indien gewesen. Ein dramatischer Wandel innerhalb von 16 Stunden. Zwischenstopp habe ich in Oman gemacht. Auch wenn ich vorher keine Ahnung von wirtschaftlicher, historischer oder kultureller Prägung dieser beiden Länder gehabt hätte, wären die Unterschiede sofort sichtbar gewesen. Wir können Kultur nämlich tatsächlich beobachten, denn Werte sind letztendlich Handlungsimpulse.

In Oman gibt es sechsspurige Autobahnen, auf denen, soweit das Auge reicht, kein Auto fährt. In Indien gibt es einspurige Schotterwege, auf denen sich tausende Autos

© Springer Fachmedien Wiesbaden GmbH, ein Teil von Springer Nature 2020
C. Thonet, *Der agile Vertrieb*, Edition Sales Excellence,
https://doi.org/10.1007/978-3-658-29093-1_5

und Tucktucks tummeln, und es scheint einem als Europäer unbegreiflich, wie es gelingen kann, heil von A nach B zu kommen. Das Verhalten der Menschen in Oman und der in Indien unterscheidet sich offensichtlich und zeigt ein anderes gelebtes Wertesystem. Die Regeln, die in Indien vorherrschen, gelten nicht in Oman und umgekehrt. Will ich in beiden Ländern als Fremde gut zurechtkommen, muss ich mein Verhalten anpassen. Ich bin gut beraten, die Interaktionen und Gepflogenheiten erst einmal zu beobachten, um mich darin einzufinden. Das geht schon bei der Begrüßung los. In Oman begegnet man manchmal stundenlang keinem Menschen. In Indien ist das unmöglich. Das prägt die Menschen und ihre Interaktionen.

Wir erkennen die Kultur eines Landes also nicht nur an der Sprache, sondern an den Interaktionen: den Gebäuden, den Straßen, den Fahrzeugen etc. So ist es auch in Unternehmen. Wenn ich als Beraterin in eine Geschäftsstelle komme oder zum ersten Mal durch einen Innendienstbereich gehe, nehme ich vieles wahr, was sich weder in den zuvor geführten Gesprächen mit der Führungsebene noch in den Leitbildern und Werten, die auf der Website beschrieben werden, ableiten ließ. Es sind die Atmosphäre, die vor Ort spürbar ist, das Verhalten und die Haltung der Menschen, denen ich begegne. Werde ich als Fremde angelächelt? Begrüßt mich jemand und fragt, wer ich bin? Wird gelacht und miteinander geredet? Wo sitzen die Führungskräfte – mitten im Team oder in einem abgeschlossenen Büro? Sind die Türen offen oder geschlossen? Sind Workflows transparent und sichtbar in Form eines Kanbans oder Shopfloor-Boards? Gibt es offene Kommunikationsbereiche und Kaffeeküchen?

Selbst die Qualität der Kaffeemaschine sagt manchmal mehr aus über die Team- oder Bereichskultur als das Interview mit dem CEO. Wenn der Schreibtisch des Geschäftsführers mitten im Servicebereich steht und er dort zwischen den 60 Call Agents arbeitet, wenn er vor Ort ist, dann hat das eine größere Wirkung als schön formulierte Sätze über Augenhöhe der Führung, die an den Wänden hängen.

5.1 Die drei Kulturebenen

Das Seerosen-Modell stellt angelehnt an Edgar Schein (2018) drei Ebenen von Kultur dar. Die oberste sichtbare Ebene sind die Artefakte. Sie symbolisieren die nach außen sichtbaren, tatsächlich gelebten Werte (s. Abb. 5.1).

Wie bei der Seerose ist das Sichtbare auch ein Ausdruck dessen, was unter der Oberfläche vor sich geht. Wenn die Rose gute Nährstoffe bekommt und ihr Stiel gesund ist, dann wird die Blüte dementsprechend farbenfroh und groß sein. Im Vertrieb entsprechen die Artefakte den sichtbaren Manifestationen: Wie sind die Räume ausgestattet? Sind die Türen offen oder geschlossen? Lachen die Menschen und unterhalten sie sich miteinander? Gibt es Begegnungsstätten? Sind Workflows transparent und werden Teamthemen visualisiert?

Abb. 5.1 Ebenen von Kultur. (Mit freundlicher Genehmigung von © Claudia Thonet 2020. All Rights Reserved)

Unter der Wasseroberfläche liegen die Interaktionen und Verhaltensweisen. Welche Werte werden tatsächlich gelebt und äußern sich in welchem Verhalten? Werden Ehrlichkeit, Fairness oder Zusammenhalt präferiert? Die unterste Ebene sind die Wurzeln der Seerose. Das entspricht den Grundannahmen über die Firma, den Kunden, die Zusammenarbeit etc. Grundannahmen sind unbewusst und wirken wie ungeschriebene Gebote.

Beobachten Sie aufmerksam die Einrichtung eines Vertriebsbereichs und die sichtbaren Hinweise auf die gelebte Kultur. Das gibt Ihnen mehr Hinweise als das schön formulierte Unternehmensleitbild. Es sind die tatsächlich tagtäglich gelebten Werte und Arbeitsprinzipien, die Menschen in ihrem Arbeitsleben prägen. Die Systemiker haben dazu einen sehr treffenden Spruch: „Das System ist immer stärker als der Einzelne." Das System hat nämlich eine Kultur entwickelt, die das Denken und Handeln der Menschen beeinflusst und steuert. Ich bin immer wieder erstaunt, wie schnell sich neue Mitarbeiter in so einer Kultur im Verhalten anpassen. Wir sind nun mal Herdentiere, wir streben nach Zugehörigkeit und Anerkennung. Wenn Sie den Vertrieb innovativer und wendiger machen wollen, dann starten Sie mit der Reflexion der gelebten Kultur.

5.1.1 Erst die Kultur, dann die Struktur

Es ist durchaus ratsam, zunächst oder zumindest zeitgleich die Kultur in Richtung Transformationsfähigkeit zu entwickeln und dann die Strukturen anzupassen (s. Abb. 5.2). Sonst werden strukturelle Änderungen oder Strategien von den bestehenden Werten und Interaktionsmustern geschluckt. Auf der anderen Seite gibt es keine logische Abfolge oder Vereinheitlichung; Kultur und Struktur sind eng miteinander verzahnt, sie bedingen und beeinflussen sich gegenseitig. Fluide Übergänge und vernetzte Reaktionswellen lassen sich eben nicht planen und logisch strukturieren.

> **Beispiel**
>
> Der alt eingesessene Versicherungsmakler „Mann und Söhne" mit 24 langjährigen Mitarbeitern will frischen Wind ins Team bringen. Der Geschäftsführer entscheidet sich für einen 30-jährigen Außendienstler, der neue Impulse reinbringen soll. Ziel ist es, das Team verkaufsaktiver zu machen. Bei meinem ersten Vertriebscoaching zeigt er sich voller Tatendrang und hat unzählige Ideen, den bestehenden Vertrieb weiterzubringen und die alten Strukturen aufzumischen.
>
> Ein knappes halbes Jahr später ist der Neue vom Team eingenordet. Auf meine Nachfrage erläutert er mir sichtlich resigniert: „Engagement lohnt sich hier nicht, die Kollegen wollen sich nicht verändern. Wenn ich vertriebliche Vorschläge mache, bekomme ich nur Ärger und werde ausgegrenzt. Ich mache meinen Job gut, strenge mich aber nicht mehr an als die anderen. Perspektivisch werde ich mich nach was Neuem umschauen, das hier fordert mich nicht genug und macht auf Dauer keinen Spaß".
>
> Nach weiteren sechs Monaten ist seine Resignation verflogen, er zeigt sich zufriedener und im Team integriert. Neue Vertriebsimpulse hält er für nicht umsetzbar: „Ich mache meinen Job und bin ohne Anstrengung vertrieblich sowieso besser als die anderen im Team". Alles Weitere interessiert mich nicht mehr.

Was ist passiert? Das bestehende System hat ihn sprichwörtlich in seine Grenzen verwiesen. Leistung lohnt sich für ihn nicht, im Gegenteil; sie beschert ihm nur die Ablehnung der Kollegen.

5.1.2 Gegen die Abwärtsspirale

Dörfler (2003) beschreibt dazu sehr treffend die Abwärtsspirale, die ich bei vielen Mitarbeitern beobachte, wenn sie nicht positiv gefordert werden und zu lange in der Komfortzone verweilen:

1. Selbstzufriedenheit
2. nachlassende Bemühungen
3. höhere Remunerationserwartungen (Erwartung von Sonderzahlungen etc.)
4. Trägheit
5. Erstarrung
6. Existenzkrise

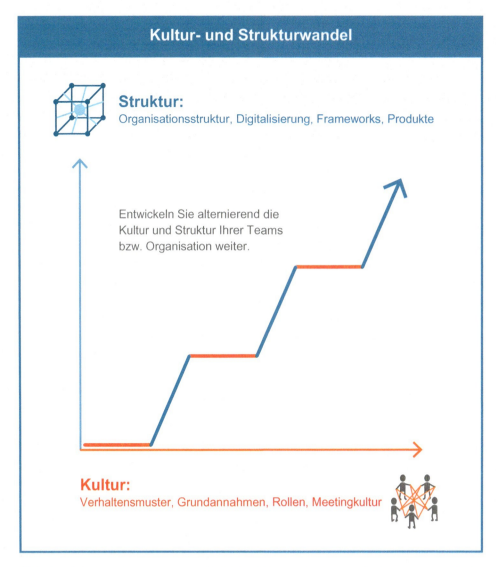

Abb. 5.2 Die zwei Dimensionen des Wandels. (Mit freundlicher Genehmigung von © Claudia Thonet 2020. All Rights Reserved)

Befindet sich ein Team oder einzelne Mitglieder in der Abwärtsspirale, werden gut gemeinte strukturelle Veränderungen wie die Einführung eines Kanban oder Shopfloor-
Boards nicht die beabsichtigte Steigerung der Transparenz und Selbstorganisation mit sich
bringen.

Wenn wir nicht an die Kultur rangehen und diese weg von Einzelgängen und Abwehr
gegenüber Neuem wandeln, nämlich hin zu Vertrauen, Offenheit und Lernfreude, dann
werden auch agile Methoden keine Wirkung zeigen. Doch wie in meinem Blog (Thonet
2018b) beschrieben, ist das Ganze für ein klassisch geführtes Unternehmen einfacher gesagt als getan. Es geht nur durch einen gemeinsamen Lernprozess: „Oben" muss lernen,
abzugeben, Vertrauen aufzubauen und den Rahmen für mehr Selbstorganisation zu gestalten. „Unten" muss lernen, Verantwortung zu übernehmen und sich aus der Komfortzone
herauszubewegen. Veränderungen sind mühsam, wir müssen dazu Schritt für Schritt ver-
trautes und sicheres Verhalten und Denken verlernen und neue, unsicherere Denk- und
Handlungsweisen diszipliniert einüben. Der Nährboden dazu ist die Lern- und Fehlerkultur Ihres Unternehmens.

Den Nutzen und Mehrwert der Veränderung für jeden emotional und rational greifbar
zu machen ist der Treibstoff, mit dem sich Mitarbeiter und auch Vorstände bewegen. Je
klarer und konkreter der Sinn und Nutzen auch emotional greifbar wird, desto mehr parti-
zipieren alle Betroffenen. Versehen Sie den Nutzen noch mit einer gehörigen Portion
Dringlichkeit, und Sie haben einen guten Treibstoff für Selbstverpflichtung und Partizipa-
tion. Der Vorstand und die obersten Führungsebenen sind die wirkungsvollsten Agilitäts-
treiber, wenn sie als Vorbilder im Kulturwandel voranschreiten. Das ist umso entscheidender, weil es um fortwährende kontinuierliche Veränderungen geht.

Organisationen sind nur überlebensfähig, wenn Sie ein Umfeld für stetigen Wandel
schaffen. Und das beginnt mit der Reflexion der Kultur.

5.2   Das Leuchtturm-Modell

Angelehnt an die Logischen Ebenen von Robert Dilts (1984) habe ich ein Leuchtturm-
Modell mit sechs Ebenen als Veränderungsleitfaden zu Agilitätssteigerung entwickelt (s.
Abb. 5.3). Die sechs Ebenen sind im Gegensatz zu Dilts Modell aus dem Jahr 1984 nicht
mehr aufeinander aufgebaut. Es ist nicht zwingend erforderlich, an der Basis zu beginnen
und dann die Ebenen chronologisch zu entwickeln. Im agilen Kontext ist die Veränderung
fluider, eine Ebene beeinflusst automatisch die anderen Ebenen. Trotzdem rate ich Ihnen
bei dieser Mission, zunächst mit der Kundenzentrierung zu beginnen und sich mit den
agilen Werten und Prinzipien zu beschäftigen, bevor Sie sich für Frameworks entscheiden.
Von der Wirksamkeit her betrachte gehe ich von einer 70/30-Wirkung aus. 70 Prozent
Steigerung erzielen Sie durch den Kulturwandel hin zu mehr Transformation, Innovation

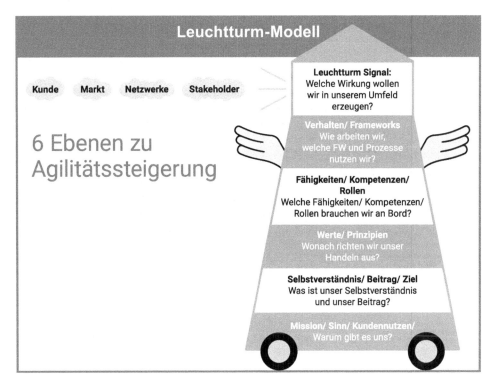

Abb. 5.3 Mit den sechs Ebenen zu mehr Agilität. (Mit freundlicher Genehmigung von © Claudia Thonet 2020. All Rights Reserved)

und Kundenzentrierung. Das entspricht den unteren Ebenen unseres Leuchtturms. 30 Prozent Steigerung erzielen Sie durch Prozesse, Frameworks und neue Zielstrategien.

5.2.1 Die Basis: Warum gibt es uns?

Start with Why! Die Frage nach dem „Warum" ist entscheidend für jedes Team und jeden Bereich. Der Vertrieb ist im ursprünglichen Sinne dazu da, Waren und Dienstleistungen für Kunden zur Verfügung zu stellen und zu vertreiben sowie einen guten Service rund um diese Aufgaben herum anzubieten. Wenn dieser Existenzgrund nicht im Bewusstsein gehalten und gepflegt wird, verliert sich ein Team in den vielen Aufgaben des Alltags. Der Vertrieb ist im Vergleich zu anderen Unternehmensbereichen näher dran am Kunden und verliert diesen meist nicht gänzlich aus dem Fokus. Trotzdem tut jedem Vertriebsteam der gemeinsame Fokus auf den Auftrag und die Mission gut. Die vereinte Ausrichtung schafft ein synchronisiertes Denken, so manche Unstimmigkeit untereinander wird zur Nebensächlichkeit. Die Basis, das Fundament des Leuchtturms, auf dem alles andere aufgebaut wird, ist das

„Warum", also der Sinn und Auftrag des Vertriebs. Die gemeinsame Formulierung wirkt wie ein Verbundstoff untereinander.

Formulieren Sie die Mission immer aus Kundensicht, schaffen Sie dadurch einen kundenzentrierten Sinn. Ich empfehle Teams, sich dazu auf zwei bis drei Sätze zu begrenzen, damit die Mission kraftvoll und kondensiert wirken kann.

Fragen zum WHY/zur Mission
1. Warum gibt es uns?
2. Was macht uns einzigartig im Unternehmen?
3. Was macht uns einzigartig für die Kunden?
4. Wie lautet unser Auftrag? Mit welchem Auftrag identifizieren wir uns?
5. Was ist unsere Mission? Was ist der Sinn unseres Bereichs?

5.2.2 Was ist unser Selbstverständnis/unsere Identifikation?

Vom „Warum" ausgehend wird das Selbstverständnis – oder anders ausgedrückt die Identifikation – mit der Mission reflektiert und formuliert. Das Selbstverständnis ist die innere Identifikation mit dem Unternehmen. Womit identifiziert sich das Team und jedes einzelne Mitglied? Was versteht jeder unter seinem Beitrag oder Zutun, um den Auftrag zu erfüllen? Meist ist uns das Selbstverständnis nicht bewusst, doch es steuert unsere Werte und Handlungen. Folgende Fragen helfen zur Bewusstmachung:

Fragen zum Selbstverständnis
1. Was tun wir, um unsere Mission bestmöglich zu erfüllen?
2. Wodurch schaffen wir für uns selbst und unser Umfeld hohe Motivation?
3. Welches Handeln zeichnet uns aus?
4. Was ist unser Selbstverständnis in der Organisation?
5. Welchen Beitrag leisten wir, damit das Unternehmen am Markt erfolgreich ist und bleibt?
6. Mit welchen Aufgaben identifizieren wir uns?

5.2.3 Wonach richten wir unser Handeln aus?

Von dem Selbstverständnis und Beitrag ausgehend, können Teams meist sehr einfach und treffend Werte und Arbeitsprinzipien formulieren: Was ist uns besonders wichtig und wonach richten wir unser Handeln aus? Am wirksamsten ist es, wenn Teams ihre eigenen Werte und die daraus resultierenden Handlungen formulieren und konsequent reflektieren. Die zwölf agilen Prinzipien (s. Abschn. 5.4) aus dem agilen Manifest nutze ich gern als Ausgangspunkt und Ideengeber. Oftmals erläutere ich die Prinzipien und lasse dann das

Team reflektieren und bewerten, welche es davon bereits umsetzt, welche noch nicht zu ihm passen oder wo es andere Formulierungen braucht und welche notwendig und wichtig wären, bisher jedoch noch nicht gelebt werden.

Jedes Teammitglied bewertet die zwölf Prinzipien und setzt dazu ein Kreuz oder klebt einen Punkt zu den drei Bewertungskategorien. Anschließend sieht das Team die gemeinsame Einschätzung und kann entscheiden, wie es die notwendigen und wichtigen Prinzipien umsetzen will.

Prinzip	Setzen wir bereits erfolgreich um	Passt (noch) nicht zu uns	Notwendig und wichtig
Unsere höchste Priorität ist es, den Kunden durch frühe und kontinuierliche Auslieferung unserer wertvollen Produkte/Dienstleistungen zufriedenzustellen.			
Dringende Anforderungsänderungen sind selbst spät in der Entwicklung willkommen. Agile Prozesse nutzen Veränderungen zum Wettbewerbsvorteil des Kunden.			
Funktionierende Produkte/Dienstleistungen werden regelmäßig innerhalb weniger Wochen oder Monate geliefert.			
Fachleute aus verschiedenen Bereichen müssen während des Projekts täglich zusammenarbeiten.			
Projekte werden rund um motivierte Individuen gestaltet. Das Team bekommt das Umfeld und die Unterstützung, die es benötigt. Das Vertrauen in die Erledigung der Aufgaben muss vorhanden sein.			
Die effizienteste und effektivste Methode, Informationen an das Team und innerhalb eines Teams zu übermitteln, ist das Gespräch von Angesicht zu Angesicht.			
Funktionierende Dienstleistungen/Produkte sind das wichtigste Maß des Fortschritts.			
Agile Prozesse fördern nachhaltige Entwicklung. Die Auftraggeber, das Team und die Nutzer sollten ein gleichmäßiges Tempo auf unbegrenzte Zeit halten können.			
Ständiges Augenmerk auf fachliche Exzellenz und gute Gestaltung der Arbeitsabläufe fördert Agilität.			
Einfachheit – die Kunst, die Menge nicht getaner Arbeit zu maximieren – ist essenziell.			
Die besten Architekturen, Anforderungen und Entwürfe entstehen durch selbstorganisierte Teams.			
Durch Reflexion in regelmäßigen Abständen findet das Team heraus, wie es effektiver werden kann, es passt sein Verhalten entsprechend an.			

5.2.4   Welche Rollen mit welchen Kompetenzen brauchen wir an Bord?

Rollen sind in agilen Kontexten eine effektive Möglichkeit, um die Verantwortungsübernahme auch außerhalb der Hierarchien zu stärken. Es gibt funktionale Rollen, die Verantwortung und laterale Führung für definierte Aufgaben übernehmen und jeweils über einen längeren Zeitraum von einem Teammitglied übernommen werden, und es gibt temporäre Rollen, die für eine spezifische Situation genutzt werden.

Rollen führen zu neuen Dynamiken in Teams (Thonet 2018a). Wenn wir uns mit einer Rolle identifizieren, ist es tatsächlich möglich, andere Perspektiven einzunehmen und neue Verhaltensweisen zu zeigen. Wie durch Metamorphose werden wir innerhalb von Minuten zum Kunden oder zum Vorstand und können eine Entscheidung aus einer anderen Perspektive treffen. Vorausgesetzt, wir schlüpfen in die Rolle, können wir die Welt anders betrachten, eben durch die Augen dieser fiktiven Person.

So können uns Rollen buchstäblich Flügel verleihen und uns über unser konditioniertes Wahrnehmen und Denken hinauswachsen lassen. Die Ursache dieses Phänomens liegt laut den Gründern des Neurolinguistischen Programmierens Richard Bandler und John Grinder (2015) in unseren Wahrnehmungsfiltern begründet; wir filtern stets und ständig Millionen von Informationen, die über unsere Sinne in uns einströmen (Bandler und Grinder 2015). Um uns zu konzentrieren, sieben wir alle Informationen, um ein verarbeitbares Maß zu erhalten. Nehmen wir eine andere Rolle ein, filtern wir die Informationen augenblicklich durch diese neue Brille und verhalten uns in Folge dessen adäquat zur Rolle anders. Diese menschliche Fähigkeit können wir verstärkt in Teams nutzen. Dazu überlegt das Team, welche Rollen und Aufgaben für die Erfüllung der Mission relevant sind. Die Rollen werden anschließend benannt und die konkreten Aufgaben, Kompetenzen, Ziele und Verantwortlichkeiten definiert.

Nutzen Sie dazu das in Abb. 5.4 dargestellte Rollencanvas. Je klarer und transparenter eine laterale Führungsrolle mit dem gesamten Team ausgearbeitet und beschlossen wird, desto wirksamer wird sie akzeptiert und umgesetzt. Rollen funktionieren nach dem Pull- statt dem Push-Prinzip. Die Teammitglieder entscheiden sich für die Rolle, die sie favorisieren. Oder die Kollegen (nicht die Führung!) schlagen denjenigen vor, den sie für besonders geeignet halten.

Wenn ein Team mit den funktionalen Rollen startet, empfehle ich die stärkenorientierte Wahl; bei fortgeschrittenen und reifen Teams eignen sich neue und bisher ungeübte Rollen besonders gut zur eigenen Weiterentwicklung, um eine bisher ungewohnte Verhaltensweise zu trainieren.

5.2.5   Wie bauen wir um für den Wandel?

Aufbauend auf den kulturellen Themen der ersten vier Leuchtturmebenen (Mission, Selbstverständnis, Werte und Rollen) geht es in der fünften Ebene um die Struktur der

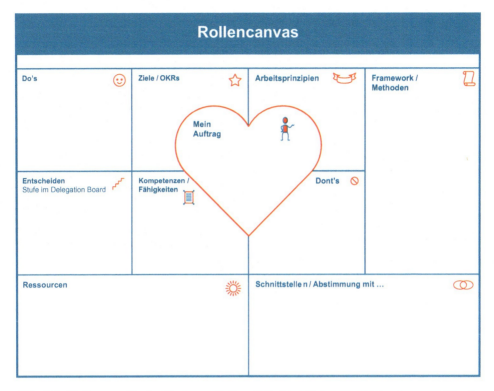

Abb. 5.4 Vorlage zur Beschreibung von Rollen. (Mit freundlicher Genehmigung von © Claudia Thonet 2020. All Rights Reserved)

Veränderung. Der Vertrieb zieht – metaphorisch betrachtet – um in einen modernen Leuchtturm. Er baut dazu das Gebäude, in dem er bisher gearbeitet hat, in Teams für die Zukunft neu auf, mitten im laufenden Betrieb. Wie wird der Leuchtturm aussehen? Wie mobil und flexibel kann er sein? Wodurch bleiben seine Räume und Etagen flexibel und anpassungsfähig? Folgende Fragen gilt es dabei gründlich zu reflektieren und zu entscheiden:

Fragen zur Struktur des Wandels
1. Wie wird unser Vertrieb zum Leuchtturm des Wandels gegenüber den Kunden und dem gesamten Unternehmen und wie bleibt er dabei jederzeit wendig?
2. Wie strukturieren wir unseren Vertrieb/Bereich, um wie ein Crossläufer-Team im unwegsamen Gelände wendig und schnell voran zu kommen?
3. Wodurch gewährleisten wir für alle Mitarbeiter ein hohes Maß an Selbstorganisation und Entscheidungskompetenz?
4. Welche Kommunikationsstrukturen schaffen wir, um alle Schnittstellen im Unternehmen, unsere Kundensicht und relevante Stakeholder einzubinden?

5. Bei hierarchischen Organisationsformen: Wie können wir ein zweites, agiles und flexibles System im Vertrieb schaffen und uns gleichzeitig mit der bestehenden Struktur erfolgreich verbinden?
6. Wie sorgen wir strukturell für eine Optimierung des laufenden Geschäfts und investieren gleichzeitig in die Innovation zukünftiger Geschäftsfelder?

5.2.6 Welche Wirkung erzeugen wir in unserem Umfeld? Welchen Beitrag leisten wir zur Vision?

Das Leuchtturm-Signal, respektive die Vision des Vertriebs, soll wie ein Leuchtstern wirken und den Weg weisen. Dabei richtet sich die Version des Vertriebs nach der Vision des Unternehmens aus. Entweder formuliert der Vertrieb dazu eine eigene Vision, die anschlussfähig an die Unternehmensvision ist, oder er formuliert sozusagen eine Teilvision, die seinen Beitrag zur Vision der Organisation darstellt. Wichtig ist die Kopplung der Vision an die ausgearbeitete Mission und die Freiwilligkeit und Beteiligung der Teams.

Ein weiterer Grund, warum der mit Visionen einhergehende Wandel nicht von oben aufgesetzt werden kann, ist, dass Menschen zwar nicht grundsätzlich gegen Veränderungen sind, es aber laut Senger (2011) nicht mögen, wenn sie verändert werden. Nach Senger ist eine Vision ein klares und plastisches Bild von der Zukunft, die man erschaffen möchte. Sie ist ein Ziel, das man sich mit seinem Vorstellungsvermögen so anschaulich ausgemalt hat, dass es einem deutlich vor Augen steht. Ziele sind dabei die Erfüllungshilfen auf dem Weg zur Verwirklichung. Die von Senger beschriebenen Voraussetzungen für die Wirksamkeit von Visionen decken sich mit meinen praktischen Erfahrungen.

Die acht Eigenschaften wirkungsvoller Visionen
1. **Für die Zielgruppe definiert:** Diejenigen, die die Vision umsetzen und sich von ihr leiten lassen sollen, müssen sich darin emotional wiederfinden oder sie bestenfalls selbst entwickeln. Das ist ein wichtiges Argument dafür, dass der Vertrieb eine eigene Vision entwickelt, die auf die Mitarbeiter und deren Kunden spezifisch ausgerichtet ist.
2. **Festgelegter Zeithorizont:** Wann soll die Vision Wirklichkeit geworden sein? Früher hat man Visionen viel langfristiger entwickelt (15 bis 30 Jahre), um die Menschen auch zu langfristigen Vorhaben zu motivieren. Heute macht das wenig Sinn, die Entwicklung verläuft zu exponentiell.

3. **Institutionelle Verankerung:** Die Vision muss transparent sein und Verantwortlichkeiten aufzeigen. Wichtig sind in jedem Fall die Freiwilligkeit und Beteiligung der Zielgruppe.

4. **Anschauliche Darstellung:** Die Darstellung ist entscheidend. Die Visualisierung in Wort und Bild, in Geschichten und Metaphern soll die Komplexität vereinfachen und sehr anschaulich sein.

5. **Positive Formulierung:** Visionen sollen Zuversicht ausstrahlen und Anreiz schaffen, sich persönlich dafür einzusetzen. Sie geben Orientierung.

6. **Persönliche Herausforderung:** Eine gute Vision stellt für jeden eine persönliche Herausforderung dar. Sie darf nicht leicht erreichbar sein, sondern dient dazu, über sich hinauszuwachsen und sich zu entwickeln. Der persönliche Anreiz und Bezug zur Vision sind dabei entscheidend.

7. **Gemeinsamkeit:** Idealerweise ist die Vision wie ein Mosaik, welches bei näherer Betrachtung aus lauter Einzelvisionen zusammengesetzt ist.

8. **Anpassungsfähig:** Gerade im disruptiven Wandel ist die Anpassungsfähigkeit von Visionen wichtiger denn je. Sie dürfen nicht in Stein gemeißelt sein, sondern sollen an neue Situationen angepasst werden.

Ich mache mit Teams und Bereichen gern folgende Übung, um eine gemeinsame Vision zu formulieren:

Trance ins Jahr 20xx

Im ersten Schritt erkläre ich kurz die Technik des kreativen Schreibens: Man schreibt möglichst ohne Unterbrechung unzensiert alles auf, was einem in den Sinn kommt. Alles ist richtig. Wenn Schreibpausen entstehen, notiert man einfach die aktuellen Gedanken, die gerade im Kopf herumspuken. Dadurch entsteht oftmals ein Flow, der kreatives Potenzial freilegen kann. Danach lade ich alle Mitarbeiter ein, sich einen bequemen Platz im Raum zu suchen. Ich stimme sie darauf ein, für einige Minuten ihre Assoziationen zu einer kleinen Fantasiereise in die Zukunft aufzuschreiben. Dann lese ich langsam folgende Trance vor:

„Setzen Sie sich bequem hin und atmen Sie für einige Atemzüge vielleicht etwas tiefer und entspannter als gewöhnlich. Es könnte sein, dass Sie dadurch wahrnehmen können, wie Sie Ihr Gewicht an den Stuhl abgeben und wie sich Ihre Bauchdecke leicht bei jedem Einatmen hebt und beim Ausatmen wieder senkt. Wenn Sie möchten, können Sie sich nun mit mir auf eine kleine Zeitreise begeben.

Wie in einer Zeitmaschine rasen wir in unserer Vorstellung in die Zukunft und begeben uns ein Jahr weiter. Also wären wir dann im Jahr 20xx zur gleichen Jahreszeit wie jetzt. Vielleicht gehen wir von da aus weitere zwölf Monate voraus ins Jahr 20xx und dann wieder ein Jahr weiter, so lange, bis wir unserer Zeit drei, vier Jahre voraus

aus der Zeitmaschine aussteigen und uns ein wenig umschauen. Wenn Sie mögen, könnten Sie sich vorstellen, wie das Unternehmen und Ihr Bereich in drei bis fünf Jahren aussehen werden. Wenn Sie für einen Moment nur in Ihrer Vorstellung an einem Morgen in der Zukunft zur Arbeit gehen würden: Woran würden Sie als erstes merken, dass Sie in Ihrem Bereich in der Zukunft gelandet sind?

Woran noch? Was würden Sie an Ihren Kollegen wahrnehmen? Was wäre anders? Was noch? Wie würden die Räume aussehen? Wie die Arbeitsplätze? Und wenn Sie sich vorstellen, wie es jedem geht, welche Empfindungen wären vorhanden? Wie geht es den Teams? Wie geht es den Kunden und Partnern? Wie wären die Besprechungen? Wie könnte die Kommunikation untereinander aussehen? Was würden andere Bereiche über uns denken? Wie wäre unsere Reputation in Ihrer Vorstellung? Im Unternehmen und über das Unternehmen hinaus?"

Nachdem alle mit ihren Notizen fertig sind, lasse ich Teams mit vier bis fünf Teilnehmern bilden. Die Kleingruppen tauschen sich über ihre Zukunftsvisionen aus. Anschließend notieren sie auf großen Post-its die gefundenen Gemeinsamkeiten bzw. die Vorstellungen, die alle im Team attraktiv und vorstellbar finden. Aus diesen Gemeinsamkeiten sollen die Teams anschließend eine kleine Inszenierung gestalten. Sie können entweder eine Sequenz aus der Zukunft wie ein Schauspiel vorspielen, ein Interview aus der Zukunft mit dem Bereich darstellen oder ihre Vorstellung der Zukunft basteln und diesen Prototypen den anderen vorstellen.

Nach den Inszenierungen der Teams haben alle Teilnehmer eine verankerte und plastische Vorstellung einer möglichen Zukunft. Jetzt erst bitte ich die Teams, daraus eine knappe und kondensierte Formulierung zu entwickeln. Die Formulierungen werden dann als Vorschläge gesammelt, bewertet und gemeinsam optimiert. Die Vision wird vom Team anschaulich mit Bildern, Metaphern und Symbolen gestaltet. Für jeden sichtbar wird sie im Arbeitsbereich präsentiert und stetig bewusst gehalten.

Um das Modell konkret und greifbar zu machen, fasse ich im folgenden Beispiel alle Ebenen zusammen.

Beispiel

Der Finanzdienstleister ComFin hat sich für agile Arbeitsweise entscheiden. Der Bereichsleiter möchte mit seinen drei Teams (Team Aktive Kundenansprachen, Team Digital und Team Service) wie ein Leuchtturm im Unternehmen für agile Teamstrukturen und Methoden wirken und andere Bereiche anstecken. Im Kick-off erarbeiten die Teams gemeinsam die Ebenen des Leuchtturm-Modells:

- **Warum gibt es uns? Was ist unsere Mission?**
  Unser Auftrag ist es, unsere Kollegen und Kunden für unsere Produkte und Dienstleistungen zu begeistern. Wir sorgen für eine hohe Kundenbindung und -gewinnung. Durch mutige, innovative und effektive Vorgehensweise unterstützen wir das Unternehmen, nachhaltigen Geschäftserfolg zu generieren.

- **Was ist unser Selbstverständnis/unser Beitrag?**
  - *Team Aktive Kundenansprachen:* Unser Beitrag zur Zielerreichung sind geplante, effiziente und kundenoptimierte Ansprachen zum richtigen Zeitpunkt und über den für den Kunden idealen Kommunikationskanal unter regelmäßiger Kontrolle der KPIs.
  - *Team Digital:* Wir sind neugierige Pioniere in der Einführung neuer Prozesse und der Weiterentwicklung digitaler Produkte und Technologien.
  - *Team Service:* Mit höchster Einsatzbereitschaft vertreten wir die Interessen unserer Kunden und sorgen für vorausschauenden Service in allen Belangen, der unsere Kunden und Partner begeistert.
- **Werte/Prinzipien: Wonach richten wir unser Handeln aus?**
  Die Teams entschieden sich für die acht agilen Werte (s. Abschn. 1.2) und formulierten zu jedem Wert konkrete Handlungen, an denen sie sich ausrichten:
  - *Commitment:* Wir verpflichten uns den agilen Werten und Arbeitsweisen, um wendiger und zukunftsfähig zu agieren. Dazu nutzen wir eigenverantwortliche Rollen im Team und ziehen unsere Arbeitspakete nach dem Pull-Prinzip.
  - *Einfachheit:* Wir setzen uns dafür ein, die einfachsten Lösungen für unsere Nutzer zu finden.
  - *Fokus:* Wir planen unsere Aufgaben mit dem Ziel, sie schnell und fokussiert abzuarbeiten, bevor wir uns neuen Aufgaben stellen. Wir nutzen das Kanban-Board mit WIP-Limits.
  - *Mut:* Wir probieren stets Neues aus und handeln nach dem Motto: „Fail fast and often." Nur so können wir mutig Neues adaptieren.
  - *Offenheit:* Wir machen alle Aufgaben und Workflows am Kanban-Board transparent.
  - *Respekt:* Wir respektieren uns und unsere Unterschiede. Über unser Team hinaus respektieren wir Kollegen, Kunden und Partner und engagieren uns für Kollaboration.
  - *Feedback:* Wir nehmen uns in jedem Team zwei Stunden pro Monat Zeit für moderierte Retrospektiven, um unsere Zusammenarbeit stetig zu reflektieren und zu optimieren. Alle drei Monate treffen sich alle Teams zu einer Gesamt-Retrospektive, um die gemeinsamen Themen zu beleuchten.
  - *Kommunikation:* Wir binden Kunden und Personas konsequent in unsere Entscheidungen mit ein und betreiben an allen Schnittstellen aktive Kommunikation im gesamten Unternehmen.
- **Fähigkeiten/Kompetenzen/Rollen: Welche Fähigkeiten und Kompetenzen brauchen wir an Bord? Welche Rollen verteilen wir im Team?**
  In allen drei Teams waren die erforderlichen Kompetenzen für die drei Bereiche (Digital, Aktive Kundenansprachen und Service) vertreten. Die Rolle des Bereichsleiters wurde neu definiert und die Entscheidungskompetenzen zwischen Leitung und Teams anhand des Delegation Boards verhandelt.

– *Bereichsleiter: Hält die Teams informiert über alle relevanten Themen des Fi-nanzdienstleisters und seinen Partnern. Leitet die wöchentlichen Info-Meetings, vertritt das Team nach außen und entscheidet die im Delegation Board definier-ten Managementthemen. Er ist disziplinarischer Vorgesetzter mit der Zielsetzung, immer mehr Entscheidungen dem Team zu überlassen.*

– *Zur Stärkung der Selbstorganisation wählten die drei Teams die gleichen latera-len Führungsrollen:*

– *Produkt Owner: Ist zuständig für die Anforderungen aus Kundensicht und be-schreibt die User Stories im Backlog. Er ist in stetigem Austausch mit den Nut-zern und leitet die Reviews.*

– *Agiler Coach: Zuständig für die Umsetzung und Einhaltung der Werte und Prin-zipien. Führt mit dem Team das Kanban-Board, moderiert die Dailies und Retro-spektiven.*

– *Umsetzungsteam:* Setzt die Themen um und priorisiert das Backlog. Tauscht sich täglich über die Bearbeitungsstände aus.

- **Frameworks/Prozesse: Welche Strukturen und Methoden nutzen wir?**
  Die Teams nutzen ein Kanban-Board, um alle Aufgaben im Wertschöpfungsprozess transparent zu machen. Dazu wird der Wertschöpfungsprozess analysiert und als Workflow auf dem Board abgebildet, die Teams bekommen unterschiedliche Farben zugeordnet. WIP-Limits (Begrenzung der gleichzeitigen Aufgaben) werden zur Fo-kussierung beschlossen.

– Folgende Meeting-Architektur wurde entwickelt:

– *Daily:* täglich 15 Minuten Austausch über die Bearbeitungsstände am Kan-ban-Board.

– *Infomeeting:* wöchentlich 20 Minuten Informationsaustausch des Bereichsleiters mit allen drei Teams.

– *Review:* monatlich eine Stunde Review pro Team, bei dem die Teilergebnisse präsentiert und aus Kundensicht bewertet werden.

– *Team-Retrospektive:* monatlich zwei Stunden Retrospektive pro Team, bei dem die Kooperation reflektiert und optimiert wird.

– *Gesamt-Retrospektive:* einmal pro Quartal drei Stunden Gesamtretrospektive mit allen drei Teams.

- **Signal: Welche Wirkung erzeugen wir in unserem Umfeld?**
  Der Bereich entscheidet, anhand von OKR (s. Abschn. 5.3.2) die Außenwirkung und Ansteckung innerhalb von ComFin zu steuern und zu messen. Nach einem Jahr wollen sie 15 Prozent der Belegschaft von ComFin für agile Arbeitsweisen begeis-tert haben und dieses Ziel an der wachsenden Teilnehmerzahl bei agilen Initiativen messen. Außerdem wollen sie fünf Projektteams gründen, die Innovationen mit De-sign Thinking entwickeln. Die Kundenzufriedenheit wird durch regelmäßige Inter-views gemessen und die Kundensichtweisen in Form von Personas in alle Entschei-dungen integriert.

5.3 Wie sieht eine moderne Vertriebsstrategie aus?

Wenn Sie die Mission und Vision anhand des Leuchtturm-Modells ermittelt und mit den Teams gemeinsam erarbeitet haben, brauchen Sie eine Strategie, also einen Weg, um die Ziele auf eine andere Art als bisher umzusetzen. Eindimensionale Zielvorgaben wie KPI (Key-Performance Indikatoren) sind im komplexen Umfeld der VUKA-Welt nicht mehr zeitgemäß. Ich favorisiere im Vertrieb immer noch die vier Perspektiven der Balanced Scorecard und kombiniere diese mit OKR als modernes Framework zur Zielfokussierung, wie es beispielsweise Google und Zalando nutzen.

5.3.1 Balanced Scorecard

Das Konzept der Balanced Scorecard stammt aus den 90er-Jahren. Es resultierte aus einer Forschungsstudie des Harvard-Professors R. S. Kaplan in Zusammenarbeit mit der US-Unternehmensberatung Nolan Norton (Kaplan und Norton 1992). Ziel der Forschung war es, existierende Kennzahlensysteme der steigenden Komplexität in der Unternehmenswelt anzupassen. Demnach ergänzt die Balanced Scorecard die traditionellen finanziellen Kennzahlen durch drei weitere Perspektiven. Eine Kunden-, eine interne Prozess- und eine Lern- und Entwicklungsperspektive. Diese Erweiterung bewirkt eine strategisch ausgewogenere und differenzierte Betrachtung und Fokussierung als nur abstrakte finanzielle Kennzahlen. Ich habe die vier Perspektiven auf den Vertrieb und die neue Wir-Kultur angepasst:

1. **Unternehmensperspektive:** Bei der Unternehmensperspektive geht es um die Wirtschaftlichkeit der Vision und den Gewinn der Organisation. Auch wenn im Bereich der Exploration und Entwicklung neuer Ideen nicht gleich ein Return-on-Investment (betriebswirtschaftliche Kennzahl zur Messung der Rendite) erwartet werden kann, ist die Wirtschaftlichkeit jeder Entscheidung eine relevante Perspektive. Welche Ziele leiten sich aus der Unternehmenssicht ab?
2. **Kunden-/Marktperspektive:** Welche Anforderungen bringen der Kunde und der Markt mit sich? Eine zentrale Perspektive jeder zukunftsfähigen Organisation ist es, den Kunden ins Zentrum der Aufmerksamkeit zu stellen. Dabei gilt es nicht nur, seine aktuellen Bedürfnisse zu erfüllen, sondern auch zukünftige Anforderungen zu erspüren. Behalten Sie bei dieser Perspektive alle drei Horizonte (s. Abschn. 5.5) im Blick. Überlegen Sie, welche Ziele sich aus der Marktperspektive ableiten.
3. **Prozessperspektive:** Um die Vision und die Ziele zu erreichen, ist die Prozessperspektive sowohl in Bezug auf die Arbeitsprozesse und Methoden als auch auf die neuen Technologien und die Digitalisierung entscheidend. Welche Automatisierungen sind hilfreich und wie können Sie Ihre Online-Performance optimieren? Welche Frameworks

und Methoden passen zu der Vision und nützen der strategischen Ausrichtung? Welche
Ziele leiten sich aus diesen Fragen ab?

4. **Teamperspektive:** Wie können die Teams kollaborieren, um die Mission zu erfüllen
   und die Vision zu erreichen? Welche Netzwerke und crossfunktionalen Teams werden
   dabei wie zusammenarbeiten? Welche Qualifikationen brauchen wir, und wie fördern
   wir eine gute Lernkultur? Welche Rollen werden im Team übernommen und wie gestalten wir die Struktur und Selbstorganisation? Welche Ziele leiten sich aus diesen
   Fragen ab?

5.3.2   Objectives and Key Results (OKR) und Balanced Scorecard

Beide Frameworks ergänzen sich optimal im Sinne der Strategie. Sie kombinieren die sogenannten Lag Measures und Lean Measures. Ein plastisches und einfaches Beispiel, um
die beiden Messkriterien zu erläutern, ist das Abnehmen. Lag Measure ist die Anzeige auf
der Waage, Lead Measure hingegen die Diät bzw. das Tracken der Sportaktivitäten auf
dem Weg zum Gewichtsverlust. OKRs setzen dabei an, wie Ziele erreicht werden und sind
damit auf der Ebene der Lead Measures angesiedelt.

OKRs definieren eine Zielsetzung durch ambitionierte, qualitative Objectives, die
durch Key Results messbar gemacht werden. Hingegen beschäftigt sich die Balanced
Scorecard damit, welche Ziele erreicht und gemessen werden und auf die Vision einzahlen. Sie ist auf der Ebene der Lag Measures angesiedelt. Damit greifen die beiden Ansätze
strategisch perfekt ineinander. Denn der Weg zum Erfolg in allen vier Bereichen der Balanced Scorecard wird durch OKRs strukturiert und heruntergebrochen. Umgekehrt geben
die in der Balanced Scorecard enthaltenen KPI eine Orientierung bei der Wahl guter und
ambitionierter Objectives. Ich nutze die beiden Modelle vorwiegend im Rahmen eines
Visions- und Strategieprozesses mit Führung und Teams. Als Visualisierung können Sie
die Strategie-Canvas (s. Abb. 5.5) nutzen. Mitarbeiter und Führungskräfte bekommen dadurch eine differenzierte und gleichzeitig praktikable Herangehensweise der Zielsetzung –
mit dem Mindset der Sinnstiftung und Freiwilligkeit. Zudem betonen Sie auf diese Weise
die Wichtigkeit der Mitarbeiterentwicklung und -einbindung.

Die Bereiche Team- und Marktperspektive zahlen direkt auf den persönlichen Nutzen
jedes Mitarbeiters ein. Durch den selbst definierten und selbst gewählten Beitrag zu der
Vision in Form der OKR werden die Dimensionen konkret, strukturiert und umsetzbar.

Beispiel

- **Vision:** Wir bieten unseren Kunden die besten medialen Lösungen (on- und offline)
  für ihre Bedürfnisse an. Dabei denken wir konsequent aus Kundensicht und arbeiten
  vernetzt mit anderen Bereichen und Partnern. Wir denken und handeln selbstorganisiert und nutzen agile Frameworks.
- **Unternehmensperspektive:** Wir sind Vorreiter und teilen unser Wissen und unsere
  Erfahrungen mit den anderen Bereichen des Unternehmens. Wir sehen uns als
  Leuchtturm und wollen andere einbinden und anstecken.

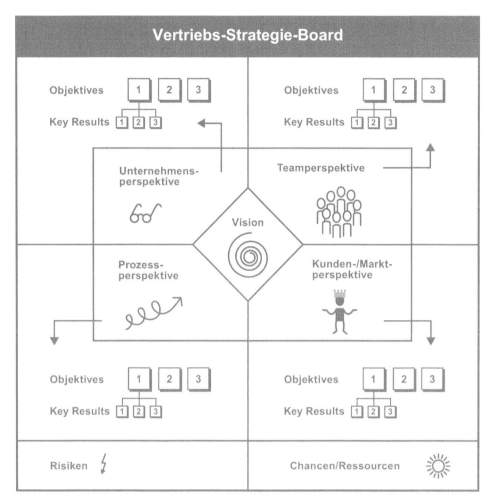

Abb. 5.5 Vorlage für eine Strategie. (Mit freundlicher Genehmigung von © Claudia Thonet 2020. All Rights Reserved)

- **Kunden-/Marktperspektive:** Wir entwickeln eine vorbildliche Kundenreise und bieten den Kunden Omnichannel-Lösungen.
- **Teamperspektive**: Wir können von überall effizient arbeiten. Dies tun wir in zeitgemäßem Ambiente und flexiblen Teams. Dabei setzen wir modernste Technik ein. Wir bilden uns ständig persönlich und als Team weiter und haben Spaß bei der Arbeit.
- **Prozessperspektive:** Wir testen kontinuierlich neue Prozesse und Technologien und entwickeln diese für uns weiter. Wir arbeiten mit Design Thinking und Kanban als agile Frameworks, um Innovationen voranzutreiben und Arbeitsprozesse sichtbar zu machen.

5.3.3 Vertriebsstrategie-Canvas

Die Strategie-Canvas (s. Abb. 5.5) habe ich inspiriert von A. Holtz (2018) als Verknüpfung der Balanced Scorecard, OKR und der SWOT-Analyse entwickelt. Die Strategie-Canvas nutzt Teilbereiche der Frameworks und mündet in messbaren Zielen für die vier Dimensionen einer Vision.

Anleitung zur Entwicklung einer Strategie-Canvas
1. Entwickeln Sie eine kraftvolle Vision (s. Abschn. 5.2).
2. Integrieren Sie Mitdenkende aus allen wichtigen Unternehmensbereichen.
3. Betrachten Sie die Risiken und Gefahren von außen (Wettbewerb, Markt, Digitalisierung etc.), die auf Ihre Vision Einfluss haben könnten, und notieren Sie diese unter „Risiken".
4. Betrachten Sie im Vergleich dazu die Ressourcen und Chancen, die Sie haben, und notieren Sie diese unter „Chancen/Ressourcen".
5. Überlegen Sie, wie die Vision aus den vier Perspektiven aussieht. Welche Wirkungen hat sie auf Unternehmen, Kunden, Team und Prozesse? Wie lauten die Teilvisionen dieser Dimensionen?
6. Welche qualitativen Ziele (Objectives) nehmen Sie sich pro Ebene vor? Was wollen Sie dieses Jahr erreichen, um die Vision zu verwirklichen?
7. Anhand welcher messbaren Ziele (Key Results) bewerten Sie die Objectives?
8. Die OKRs werden für alle vier Ebenen der Vision gewählt und geplant. Die Teams bzw. Mitarbeiter entscheiden, welchen Beitrag sie dazu leisten wollen.
9. Anschließend betrachten Sie das gesamte Bild und gleichen die Risiken und Ressourcen mit Ihren Zielen ab. Haben Sie alles Wichtige bedacht? Passen die Prioritäten?
10. Die Strategie-Canvas wird nach jedem OKR-Turnus (vier bis sechs Monate) abgeglichen. Damit stellen Sie sicher, dass Ihre Ziele mit der Vision verbunden bleiben und die Vision mit Leben gefüllt ist.

5.4 Was bedeuten die zwölf agilen Prinzipien für den Vertrieb?

Aus dem agilen Manifest wurden 2001 agile Arbeitsprinzipien abgeleitet (Beck et al. 2001). Ich empfehle jedem Vertriebsbereich, wie beim Leuchtturm-Modell beschrieben, die Prinzipien als Ideengeber zu nutzen und sie dafür gründlich nach den Kriterien Machbarkeit und Wirksamkeit unter die Lupe zu nehmen. Alle Prinzipien, für die sich ein Team entscheidet, sollten idealerweise in eigenen Worten formuliert und mit konkreten Handlungsbeispielen unterfüttert werden. Lassen Sie lieber das eine oder andere Prinzip weg, bevor Sie etwas vereinbaren, was eventuell nicht eingehalten wird und allein schon deswegen eher schadet als nutzen kann. Feiern Sie die Prinzipien, die Sie sowieso schon umsetzen und leben. Davon wird es einige geben, sonst wäre ihr Innen- und Außendienst nicht mehr erfolgreich am Markt vertreten.

Prinzip 1: Unser höchstes Ziel ist es, den Kunden durch frühe und kontinuierliche Auslieferung mit unseren wertvollen Produkte bzw. Dienstleistung zufriedenzustellen

Im klassischen Projektmanagement bekommt der Kunde das fertige Produkt erst am Ende des Projekts präsentiert. Agile Methoden folgen dem iterativen Entwicklungsprinzip: Funktionsfähige Teilprodukte – sogenannte Inkremente – werden aus Kundensicht beurteilt und optimiert. Bereits in der Entwicklungsphase werden so Rückmeldungen des Auftraggebers oder der Zielgruppe gewonnen, die wiederum in die Entwicklung einfließen. Dadurch können Missverständnisse minimiert sowie neue Entwicklungen und veränderte Rahmenbedingungen bereits im Prozess adaptiert werden. Der Entwicklungsprozess beginnt sozusagen ergebnisoffen.

> **Beispiel**
>
> Der Baufinanzierer Kogawohn will seinen Kunden ein Omnichannel-Angebot ermöglichen. Als erstes möchte er die Baufinanzierungsberatung per Videochannel anbieten. Er entscheidet sich dazu, das Projekt agil anzugehen und bildet ein crossfunktionales Team aus Bankberatern, Marketingspezialisten, Kreditanalysten, IT-Spezialisten und Controllern.
>
> Nach umfassenden Kundenbefragungen und Marktsondierungen wird die zukünftige Beratung dem Vertrieb und den Kunden als Prototyp nach einem Design-Thinking-Prozess vorgestellt, um das Feedback der Nutzer einzubinden. Dann wird in monatlichen Iterationen jeweils ein Teilberatungsprozess entwickelt, der über den Vertrieb wieder am Kunden getestet wird, um das Feedback des Marktes in den nächsten Entwicklungszyklus einzubinden.

Prinzip 2: Heiße Anforderungsänderungen sind selbst spät in der Entwicklung willkommen. Agile Prozesse nutzen Veränderungen zum Wettbewerbsvorteil des Kunden

Zu jedem Zeitpunkt der Entwicklung sind Anforderungsänderungen willkommen – im Gegensatz zum üblichen Arbeitsverhalten, bei dem man kurz vor der Fertigstellung am liebsten kein Feedback mehr bekommen möchte, um sein Produkt endlich abschließen zu können. Agile Herangehensweise bedeutet vielmehr: Ich will den besten machbaren Nutzen für den Kunden erreichen, und dazu ist jede Änderung während der Entwicklung eine gute Chance – nach dem Motto: Scheitere früh, scheitere schnell. Je früher wir erkennen, dass etwas nicht zielführend ist, desto schneller können wir korrigieren.

> **Beispiel**
>
> Kogawohn war mit seinem agilen Videoberatungsprozess nach neun Monaten Entwicklungsphase kurz vor der Fertigstellung. Es fehlten nur noch die letzten Programmieränderungen, um die Menüführung während der Beratung zu optimieren. Doch die neue Datenschutzgrundverordnung verhagelte dem Team die Freude auf das geplante „Go live".

Aus Unternehmenssicht hätte es gereicht, ein paar Formulare einzufügen, die der Kunde bestätigen musste. Doch der Vertrieb schlug berechtigterweise aus Kundensicht Alarm: Formulare ausfüllen und unterschreiben, ohne bisher eine Leistung bekommen zu haben, ist für den Kunden lästig. Viele würden vermutlich den Prozess beenden. Was tun?

Das agile Team entschied sich stattdessen für eine animierte, leicht verständliche Variante der Datenschutzerklärung, und zwar nach dem ersten Kennenlernen durch den Berater. Der gesamte Prozess musste umgebaut werden, das „Go Live" verschob sich um drei Monate.

Prinzip 3: Liefere funktionierende Produkte und Dienstleistungen regelmäßig innerhalb weniger Wochen oder Monate und bevorzuge dabei die kürzere Zeitspanne

Wie in dem Beispiel des Baufinanzierers wird nach jeder Iteration ein vorführbares Teilprodukt geliefert und aus Kundensicht bewertet. Die Zeiträume liegen bei Scrum pro Iteration, sprich Sprint, zwischen zwei und vier Wochen. Je kürzer, desto besser. Für die folgenden Schritte wird abgeleitet, ob und inwieweit Anpassungsbedarf besteht, um am Ende das beste Ergebnis zu erzielen. Das Risiko, ein unzureichendes oder nicht mehr zeitgemäßes Produkt zu entwickeln, wird dadurch drastisch minimiert.

Prinzip 4: Fachleute aus verschiedenen Bereichen müssen während des Projekts täglich zusammenarbeiten

Agile Teams sind interdisziplinäre bzw. crossfunktionale Teams. Bewusst werden alle erforderlichen Kompetenzen, die für die Entwicklung gebraucht werden, in einem Team gebündelt. Damit die Abstimmung in der Gruppe funktioniert und auch die Interaktionen untereinander konstruktiv gestaltet werden, treffen sich die Teammitglieder täglich zu einem kurzen Stand-up Meeting (Daily). Bei einem Daily wird der Bearbeitungsstand jedes Teammitglieds kurz besprochen, außerdem lassen sich aufgetretene Hindernisse und Anforderungen besprechen.

Prinzip 5: Errichte Projekte rund um motivierte Individuen. Gib ihnen das Umfeld und die Unterstützung, die sie benötigen, und vertraue darauf, dass sie die Aufgabe erledigen

So, wie Management-Guru Reinhard K. Sprenger das in seinem Buch „Mythos Motivation" so treffend auf den Punkt bringt, müssen Mitarbeiter nicht motiviert werden, denn das sind sie aus sich selbst heraus (Sprenger 2014). Vielmehr geht es darum, Demotivatoren zu vermeiden oder weitestgehend zu reduzieren, dann bleiben Teams motiviert und voll und ganz engagiert. Typische Demotivatoren sind unklare Aufträge, fehlende Vision und Sinnvermittlung, mangelnde Anerkennung, Arbeitsdruck, Intransparenz, Überforderung, Konflikte und unpassende Rahmenbedingungen. Das fünfte Prinzip geht davon aus, dass jeder von sich aus motiviert ist und seine Fähigkeiten nach bestem Wissen in das Team einbringen wird. Dazu braucht es neben der Vision und dem klaren Auftrag die passenden Rahmenbedingungen, um selbstorganisiert entscheiden und handeln zu können. Agile Teams nehmen sich selbst an die Hand.

Beispiel

Der Vorstand von Kogawohn wollte sein oben beschriebenes Omnichannel-Projekt mit einem agilen, selbstorganisierten Team angehen. Nun war die Frage, wer Teil des Teams werden und wie der Prozess des Team Buildings gestaltet werden sollte. Zunächst stand die Überlegung im Raum, dass die Führungskräfte (wie sonst auch) ihre Experten aus den jeweiligen Fachbereichen benennen. Doch wäre es im Sinne des Erfinders, wieder die üblichen Verdächtigen top-down zu benennen?

Der Vorstand entschied sich für eine neue Vorgehensweise. Aus allen Fachbereichen konnten sich die interessierten Mitarbeiter bewerben und wurden dann in einem Assessment-Center mit externen Beratern aus dem agilen Umfeld ausgewählt. Auswahlkriterien waren neben der Fachexpertise vor allem Selbstverpflichtung und Reflexionsvermögen.

Prinzip 6: Die effizienteste und effektivste Methode, Informationen an ein Team und innerhalb des Teams zu übermitteln, ist das Gespräch von Angesicht zu Angesicht

Wie im ersten Grundsatz des agilen Manifests – „Individuen und Interaktionen haben Vorrang vor Prozessen und Werkzeugen" – geht es in erster Linie um einen konstruktiven und gleichzeitig kontroversen Austausch. Effektiver als die Kommunikation von Angesicht zu Angesicht geht es nicht. Die nonverbalen Botschaften sind in der Kommunikation oft aussagefähiger als Worte. In agilen Teams wird deswegen auf ein Meeting des gesamten Teams am gleichen Ort und zur gleichen Zeit großen Wert gelegt. Der Face-to-Face-Austausch dauert nicht länger als 15 Minuten, sorgt aber für eine Synchronisation und erhöhte Selbstorganisation des Teams. Wenn die räumliche Distanz es erforderlich macht, sind Besprechungen mit Videoübertragung, wie beispielsweise Skype- oder Zoom-Sessions, die zweite Wahl.

Aber nicht nur die Dailies werden vis-à-vis durchgeführt, auch Meetings mit den Auftraggebern, Product Ownern oder sogenannte Al-hands-Meetings mit der gesamten Führungsebene finden face-to-face statt. Durch die enge Kommunikation mit allen Betroffenen und Beteiligten werden das gemeinsame Verständnis und die Transparenz untereinander sichergestellt.

Beispiel

Unser beschriebenes agiles Team traf sich täglich von 9 bis 9:15 Uhr zum Stand-up Meeting vor dem Kanban-Board. Nach einem kurzen Einchecken (wie geht es mir heute?) hatte jedes Teammitglied ein bis zwei Minuten Zeit, die folgenden Fragen zu beantworten:

1. Was habe ich gestern erreicht, abgeschlossen oder umgesetzt?
2. Welche Hindernisse sind aufgetreten?
3. Was werde ich heute angehen, umsetzen oder abschließen?
4. Was brauche ich dazu?

Der agile Coach des Teams sammelte die Hindernisse und Bedarfe, um sie im Anschluss an das Meeting zu beseitigen bzw. zu klären.

Prinzip 7: Funktionierende Dienstleistungen und Produkte sind das wichtigste Fortschrittsmaß

Im Fokus stehen immer das Ergebnis und der Kundennutzen. Dokumentationen, was, wie und wann zustande kam – wie beispielsweise Messberichte und Protokolle, die keinem Kunden dienen –,, werden auf das Nötigste beschränkt. Natürlich sind einige Erfassungen weiterhin wichtig und relevant, doch auch hierbei gilt es, zumindest Dopplungen und Verschwendung zu reduzieren. Stellen Sie sich ein Vertriebsteam vor, das 50 Prozent weniger Zeit für Dokumentationen und Mailbearbeitung braucht. Wie viel gewonnene Zeit das für den Kunden bedeuten würde!

Prinzip 8: Agile Prozesse fördern nachhaltige Entwicklung. Die Auftraggeber, das Team und die Nutzer sollten ein gleichmäßiges Tempo auf unbegrenzte Zeit halten können

Dieses Prinzip kann man nicht oft genug betonen. Leider wird meiner Erfahrung nach gerade das Agil-Label dazu genutzt, die Menschen auszubrennen und über ein gesundes Maß hinaus zu überfordern. Dabei besagt das achte Prinzip etwas ganz anderes: Die Arbeit soll viel mehr Spaß machen und alle Beteiligten in einem gesunden, fitten und motivierten Zustand halten. Ein kontinuierlicher und gleichbleibender Rhythmus im Workflow ist gesünder und effektiver als ermüdende Hauruck-Aktionen. Unnötigen Druck und Stress gilt es zu vermeiden. Das Arbeitsvolumen soll tagglich bearbeitbar sein; Erfolge werden dadurch ständig sichtbar gemacht und Hürden beseitigt. Insbesondere bei Innendienstteams erlebt man jedoch häufig, dass die Mitarbeiter einem nie enden wollenden Strom unbearbeiteter Mails ausgeliefert sind. Das ist ermüdend, frustrierend und nervenaufreibend. Trotz Überstunden ist das Pensum einfach nicht zu schaffen.

Prinzip 9: Ständiges Augenmerk auf fachliche Exzellenz und gute Gestaltung der Arbeitsabläufe fördern Agilität

Sowohl die fachliche Kompetenz des Teams als auch die Selbstorganisationsfähigkeit sind entscheidend, um die Arbeitsabläufe kontinuierlich zu optimieren und beste Ergebnisse zu liefern. Der Leistungsanspruch in einem agilen Team ist hoch zu halten. Es soll stolz auf seine Leistung und seine Expertise sein. Dazu werden sowohl Fortbildungen benötigt, die das Team selbst auswählt, als auch das technische und räumliche Equipment. Das Management des Teams ist lateral, also auf Augenhöhe. Es gibt beispielsweise bei Scrum drei unterschiedliche Managementrollen im Team: Der Product Owner ist für die Anforderungen aus Kundensicht zuständig, der Scrum Master für die Einhaltung der vereinbarten Prinzipien und das Entwicklungs- oder Umsetzungsteam für die Abwicklung der Arbeitspakete. Durch diese Rollen wird mit unterschiedlichen Brillen auf die gute Gestaltung der Abläufe geachtet.

Beispiel

Nach dem Assessment-Center war klar, wer Teil der siebenköpfigen agilen Mannschaft werden würde. Im folgenden Team Building wurden die Stärken und Bedürfnisse jedes einzelnen Experten mit der Teamcanvas (s. Abschn. 10.3.1) transparent gemacht. Die erforderlichen Rollen wurden gemeinsam definiert und benannt. Nach einigen Diskussionen entschied sich das Team für ein fünfköpfiges Umsetzungsteam, einen Produkt Owner und einen agilen Coach. Nach der genauen Definition der Aufgaben der jeweiligen Rolle wählte das Team eigenständig die Mitglieder aus, die die besten Kompetenzen und Fähigkeiten zur Erfüllung der Rolle mitbrachten.

Prinzip 10: Einfachheit – die Kunst, die Menge nicht getaner Arbeit zu maximieren – ist essenziell

Ehrlich gesagt habe ich das zehnte Prinzip erst nach mehrmaligem Hinterfragen verstanden: Bei der nicht getanen Arbeit geht es um jene Aufgaben, die unnötig und ineffektiv sind. Verschwendung wird vermieden, oder anders ausgedrückt: Je weniger Unnötiges getan wird, desto besser. Das klingt einfach – was es aber nicht ist. Hinterfragen Sie beispielsweise Ihre eigenen überflüssigen tagtäglichen Handlungen? Die Herausforderung beginnt ja bereits damit, überhaupt zu merken und zu analysieren, was genau an den eigenen Routinen und Abläufen unnötig ist. Das ist unbequem und erfordert kontinuierliche Reflexion und gegenseitiges Feedback.

Beispiel

Nach zwei Monaten Projektphase stellte das Video-Team fest, dass die monatlichen Schnittstellenmeetings mit Vertretern aus anderen Unternehmensbereichen ineffektiv waren. Einige Teilnehmer verbachten die meiste Zeit des einstündigen Meetings damit, die Mails zum Thema zu lesen oder Fragen zu stellen, die bereits im letzten Meeting besprochen worden waren. Im ersten Schritt wurde folgende Optimierung vereinbart: Die ersten zehn Minuten des Meetings wurden dazu genutzt, sich gegenseitig auf den aktuellen Stand zu bringen. Die Teilnehmer lasen entweder den letzten Bericht oder wichtige Mails oder sprachen sich im Raum mit anderen zu den anstehenden Themen ab. Der Effekt war erstaunlich: Die folgenden 50 Minuten waren alle Teilnehmer fokussierter, und niemand las mehr seine Mails. Nach weiteren zwei Monaten beschloss das Team, die Meeting-Zeit auf 45 Minuten zu verkürzen. Und es funktionierte tatsächlich, alle Themen in dem kürzeren Zeitfenster zu bearbeiten. Der Schlüssel lag im Timeboxing (Zeittaktung) der einzelnen Meeting-Themen.

Prinzip 11: Die besten Architekturen, Anforderungen und Entwürfe entstehen durch selbstorganisierte Teams

Es gibt unterschiedliche Stufen der Selbstorganisation von agilen Teams: Die erste Stufe beinhaltet die fachliche und inhaltliche Autonomie. Das Team kann hierbei alle inhaltlichen Fragestellungen selbst entscheiden und hat fachlich den Hut auf. Weil es sich täglich mit den Themen beschäftigt und alle nötigen Kompetenzen innehat, kann es auch fachlich die besten Entscheidungen treffen. Die zweite Stufe bedeutet neben der fachlichen auch die Zielautonomie des Teams bezogen auf den Auftrag. Die Ziele, die sich das Team setzt, sind selbstbestimmt und werden auch selbstständig validiert (s. Abschn. 10.2.3). Die dritte Stufe bedeutet zusätzlich zu den ersten beiden Stufen die betriebswirtschaftliche Verantwortung des Teams. Dazu braucht es allerdings entsprechende Kompetenzen und Beteiligungen.

Prinzip 12: In regelmäßigen Abständen reflektiert das Team, wie es effektiver werden kann, und passt sein Verhalten entsprechend an
Teamentwicklung ist ein Prozess. Ein top performendes Team ist kein Zufall, sondern Ergebnis harter Arbeit. Das Team braucht einen hohen Reifegrad, um sich ständig zu hinterfragen, gegenseitig Feedback zu geben bzw. zu nehmen sowie seine Unterschiedlichkeiten optimal ergänzend zum Tragen zu bringen. Dazu braucht das Team regelmäßig Zeit und eine förderliche Struktur. Das Mittel der Wahl sind Retrospektiven: turnusmäßige Meetings, bei denen sich das Team die Zeit nimmt, auf die Hindernisse und Bedarfe zu schauen mit dem Ziel, die Interaktionen untereinander ständig zu verbessern. Retrospektiven haben eine klare Struktur (fünf Phasen) und brauchen eine gute Moderation durch den agilen Coach oder Master.

5.5   Das Drei-Horizonte-Framework

Der Vertrieb ist der Ort im Unternehmen, wo der laufende Umsatz generiert wird. Er sorgt für die Existenzsicherung, füllt die Lohnkonten der Belegschaft, zahlt die Rechnungen und hält den Betrieb am Leben. Das steht immer im Vordergrund und hat Vorrang vor noch so großartigen neuen Ideen und Experimenten. Nachvollziehbar – doch zu kurzfristig gedacht. Denn wer beständig damit beschäftigt ist, dasselbe Feld zu bearbeiten, identische Samen zu säen und eine kontinuierlich gute Ernte einzufahren, der wird auf Dauer verlieren. Alles hat eine Halbwertszeit. Wenn Sie nicht parallel neue Felder erschließen und Gewächshäuser bauen oder in Maschinen und zukünftig auch in Roboter investieren, die Ihre Effektivität verfünffachen, dann wird Ihr Grund und Boden Sie nicht mehr lange versorgen.

Beispiel

Letzte Woche saß ich im Taxi zum Flughafen. Wie in Berlin üblich, kam ich mit dem Fahrer ins Gespräch. Auf meine erstaunte Frage, warum er als alter Hase bei so einer Standardstrecke Google Maps zur Navigation nutze, erläuterte er mir den viel größeren Nutzen der App als die ursprüngliche Wegbeschreibung. Die Fahrer profitieren von der genauen Stauvorhersage und von der minutengenauen Berechnung der Ankunftszeit dank Algorithmen. Taxifahrer nutzen Google Maps also weniger zur Navigation als zur Steuerung der Strecken und Fahrtzeiten. Nach der Meinung des Taxifahrers ist Google Maps darin jedem anderen Navigationsanbieter weit überlegen. Das nenne ich einen gelungenen Zusatznutzen.

5.5.1 Horizont 1: Optimiere und stärke den laufenden Vertrieb

Jedes Jahr ein neues Smartphone mit attraktiven Features und Anwendungen entspricht Innovationen aus dem Horizont 1. Erst vor kurzem habe ich mir aufgrund der beeindruckenden Fotoqualität doch wieder ein neues Modell gekauft, obwohl ich mir diesmal geschworen hatte, mein altes Handy weiter zu nutzen. Doch der Mehrwert verbesserter Bildqualität bei meinen vielen Fotoprotokollen war überzeugend genug. Selbst dieser Markt sättigt sich jedoch zunehmend. In den ersten Jahren wartete jeder bekennende Apple-Fan begierig auf das neue iPhone. Doch seit einiger Zeit nimmt die Quote drastisch ab. Selbst dieser Erneuerungsmarkt wird langsam gesättigt, sodass Apple dringend neue Ideen und Produktlinien aus Horizont 2 oder 3 in das laufende Geschäftsmodell überführen muss.

Das laufende Geschäft ist ungeeignet, um mit agilen Methoden aus komplexen Kontexten zu punkten. Sie würden ja auch kein Navigationssystem starten, um gegenüber beim Bäcker ihre Brötchen einzukaufen oder eine aufwändige Planung aufzeichnen und berechnen, um ihre Schublade aufzuräumen. In diesem Horizont eignen sich vor allem Lean-Ansätze und -Prinzipien, die auf den kontinuierlichen Verbesserungsprozess einzahlen.

Die fünf Lean-Prinzipien

1. **Wert aus Kundensicht definieren:** Was will der Kunde? Wofür ist er bereit zu zahlen? Was sind seine vorder- und hintergründigen Bedürfnisse? Was bietet ihm den meisten Nutzen?
2. **Wertstrom identifizieren:** Welche Aktivitäten sind zur Herstellung und Lieferung des Produkts oder der Dienstleistung erforderlich?
3. **Fluss-Prinzip umsetzen:** Optimierung der Prozesse über alle Abteilungen hinweg und Vermeidung von Engpässen.
4. **Pull-Prinzip einführen:** Nur so viel produzieren und lagern, wie der Kunde bestellt hat oder wenn der Mindestbestand unterschritten wurde.
5. **Perfektion anstreben:** Ständige Verbesserung durchführen, kontinuierlicher Verbesserungsprozess (KVP).

Alles, was in diesem Horizont optimiert wird, zahlt sich im laufenden Geschäft aus. Es erfolgt ein unmittelbarer Return on Investment. Das ist vorausschaubar und transparent. Horizont 1 ist das Grundgerüst und stellt die stabilen, tragenden Wände Ihrer Firma dar. Diese müssen Sie tapezieren und neu streichen oder Löcher ausbessern, doch versetzen dürfen Sie diese nicht.

- **Fragen zur Optimierung im Horizont 1:**
  - Wie können wir unser Produkt für den Kunden verbessern?
  - Welche Bedürfnisse hat der Kunde bezogen auf den Service rund um unsere Angebote?

- Welchen Zusatznutzen kann unser Angebot bieten?
- Wie gelingen uns die Vernetzung und ein Cross Selling aller bestehenden Produkte?
- Welche technologischen Erneuerungen sind umsetzbar?
- Wie können wir den Vertrieb digitalisieren, um neue Kunden zu gewinnen und alternative Absatzkanäle aufzubauen?
- Wie können wir die Kunden binden?
- Wie vernetzen und kollaborieren wir mehr mit anderen Bereichen des Unternehmens?
- Wie schaffen wir direkten Austausch, verzahnte Planung und Umsetzung mit der Produktion und dem Marketing?

5.5.2 Horizont 2: Innoviere und verändere den Vertrieb

Im Horizont 2 geht es um Maßnahmen, die sich aus der aktuellen Wertschöpfung ergeben und diese innovieren. Hier werden neuen Angebote entwickelt, die anschließend in Horizont 1, also in das laufende Geschäft, überführt werden. Die Angebote können das bestehende Geschäft erweitern oder ersetzen.

Als das iPhone fertig entwickelt war, wurde es in Horizont 1 überführt und löste dadurch den bis dato sehr gut laufenden iPod ab. Es kann also passieren, dass Sie damit Ihre alten Produkte ersetzbar machen, doch es ist besser, Sie reißen selbst Ihre Wände ein und ersetzen Sie durch neue Stützpfeiler, bevor andere das tun. Horizont 2 stellt alle Weiterentwicklungen, Zusatzservices, Cross- und Upsellings dar.

- **Fragen zur Innovation im Horizont 2:**
  - Wie können wir vorhandene Stärken erweitern?
  - Welche neuen Produkte und Dienstleistungen bieten wir an?
  - Wie kann entlang der Kundenreise der weitere Bedarf des Kunden gedeckt werden?
  - Welche seiner „Schmerzen" können behoben, welche Gewinne verstärkt werden?
  - Welche neuen Märkte können wir erschließen?
  - Wie schaffen wir crossfunktionale Innovationsteams, um alle Innovationen vernetzt zu entwickeln?

Innovation im Horizont 2 benötigt Investition. Die Erfolge sind erst nach zwölf bis 36 Monaten sichtbar. Für Innovationen braucht es Freiraum! Bei hundertprozentiger Auslastung aller Beteiligten kann keine Innovation entstehen. Unternehmen brauchen hierfür gute Modelle, die dafür Freiraum schaffen. In Service und Verkauf kenne ich immer mehr Teams, die sich an innovativen Projekten beteiligen und fernab der täglichen Routinen sowohl sich selbst als auch ihre Angebote weiterentwickeln.

Gestalten Sie Innovationskreise aus Innen- und Außendienst, Einkauf, Entwicklung und Produktion. Denken Sie vernetzt und mit unterschiedlichen Perspektiven über Ihre

Kunden und deren Anforderungen nach. Interviewen Sie Ihre Kunden und lassen Sie sich von anderen Organisationen inspirieren.

Mögliche Modelle, um Freiraum für Innovation zu schaffen, sind:

- **Slack Time:** Jeder bekommt einen gewissen Anteil seiner Arbeitszeit zur freien Verfügung gestellt, um an eigenen Projekten zu arbeiten.
- **Fedex- oder Innovation Days**: Freiwillige aus unterschiedlichen Bereichen kommen an ein bis fünf Tagen zusammen, um neue Dinge auszuprobieren und Ideen weiterzuentwickeln.

5.5.3 Horizont 3: Erneuere und exploriere

Horizont 3 umfasst disruptive, neue Ansätze, die sogar das bestehende Geschäftsmodell in Frage stellen können. Wir nutzen zum Beispiel weiterhin Kerzen, doch Beleuchtung hat seit dem elektrischen Licht komplett andere Dimensionen und Möglichkeiten eröffnet. In diesem Horizont geht es um Exploration, neue Ideen und Visionen und kreatives Denken. Auf der grünen Wiese wird ohne Einschränkung neu gedacht. Der Return on Investment ist dabei unklar und darf in der Kreativphase kein lenkendes Kriterium darstellen. Wie Walt Disney es schon vor langer Zeit in seiner Kreativstrategie vormachte, ist die explorative Träumer-Phase nur fruchtbar ohne kritisch begrenzende Stimmen (s. Abschn. 10.2.6).

Im Horizont 3 sichert sich der Vertrieb Optionen für die Zukunft. Das können neben innovativen Ideen und Prototypen auch Zukäufe von Unternehmen, Produkten oder Rechten sein. Um bei dem oben genannten Beispiel zu bleiben, entwickeln Hersteller von Smartphones im Horizont 3 Ideen zu neuen Kommunikationsformen per Sprache – wie die Weiterentwicklung von Siri und Alexa – oder per Augenbewegung und Gehirnströme via Brillen. Nur wenige Ideen werden sich durchsetzen, doch wer sich diese Optionen gesichert hat und Prototypen entwickelt, der wird sich auf dem Markt der Zukunft etablieren.

Exploration gelingt am besten mit agilen, crossfunktionalen und selbstorganisierten Teams, denen Sie den entsprechenden Schutzraum zur Innovation bieten müssen. Die Kunst besteht darin, diese agilen Keimzellen vor den Begrenzungen des „Daily Business" und den kritischen Stimmen der Bewahrer zu schützen und gleichzeitig eine nährende Vernetzung mit den Teams aus Horizont 1 zu fördern.

Der Schutzraum muss durchlässig und transparent sein, um von den anderen Bereichen nicht als Bedrohung oder isolierte Raumstation wahrgenommen zu werden. Umgekehrt braucht das agile Innovationsteam die Vernetzung und die Erdung der Kollegen, um anschlussfähig zu bleiben. Die besten Erfahrungen habe ich in Vertriebsorganisationen mit agilen Teams gemacht, die sich wöchentlich für mehrere Stunden an einem kreativen Ort treffen und innerhalb ihrer Arbeitszeit auf der grünen Wiese aus Kundensicht Ideen entwickeln und Prototypen bauen. Aus der Vielzahl von Prototypen wählen die Stakeholder dann die besten zur Umsetzung aus.

Im Horizont 3 können Sie den agilen Kreislauf und alle Frameworks und Methoden aus Kap. 10 nutzen. Horizont 3 braucht Kreativtechniken fernab der reinen Ratio. Nutzen Sie deshalb Frameworks wie Design Thinking oder Service Design Thinking (s. Abschn. 10.2.4).

- **Fragen zur Exploration im Horizont 3:**
  - Was wollen Kunden in der Zukunft?
  - Wie könnte der Vertrieb in zehn oder 20 Jahren aussehen?
  - Was können wir von anderen Erfolgsriesen lernen und auf unser Spielfeld übertragen?
  - Worauf ist in unserer Branche noch keiner jemals gekommen?
  - Was sind innovative Vorreiter und wie können wir deren Innovationsrezepte kombinieren und für uns umwandeln?

5.6 Die vier Flughöhen von Agilität

Den Begriff Flight Levels oder Flughöhen von Agilität stammt vom Kanban-Experten Dr. Klaus Leopold (2018).Er unterscheidet drei Flight Levels, auf der eine Organisation hinsichtlich Agilität unterwegs sein kann. Level oder Flughöhe 1 entspricht der operativen Ebene, Level 2 der übergreifenden Koordination und Kommunikation unterschiedlicher operativer Teams und Level 3 der gesamten Organisation. Leopold beschreibt die Flughöhen aus Sicht der Businessagilität und erläutert anschaulich die Voraussetzungen zur optimalen Koordination und Kommunikation im gesamten Unternehmen. Der alte Spruch „Es ist mühsam, die Treppe von unten nach oben zu fegen" trifft auch bei der Transformation hin zu Netzwerken und Schwarmintelligenz voll zu. Klar können einzelne Teams agiler arbeiten und trotz Hierarchien und klassischen Silodenkens wendiger und innovativer denken und handeln. Doch damit fegt man metaphorisch gesprochen nur die unteren Stufen der Treppe und bekommt den Schmutz der oberen beständig ins eigene Handlungsfeld gestreut. Das ist mühsam, aufwändig und schlichtweg ineffektiv.

Wenn die oberste Strategie und Managementebene den agilen Schraubendreher hingegen an sich selbst ansetzt und den Dreh vorlebt, dann lassen sich alle Stufen der Organisation viel leichter vom Staub der Macht und Egokultur reinigen. Svenja Hofert und ich haben eine weitere Flughöhe hinzugefügt, die wir als entscheidend erachten (Hofert und Thonet 2019). Groß denken und nachhaltig anders handeln werden wir erst, wenn wir uns über die Organisationsgrenze hinaus mit anderen Unternehmen national und global vernetzen. Viele Vertriebe kranken an der Konkurrenzsicht. Jeder entwickelt eine eigene App oder sonstige Absatzkanäle, statt sich mit anderen sinnvoll zu vernetzen und zu kollaborieren. Dieses große, vernetzte Denken erfordert ein neues Selbstverständnis von Wirtschaftlichkeit und Kundenorientierung. Welche Ebenen der Organisation bieten welche Hebel für den Wandel in die gewünschte Richtung?

5.6.1 Flughöhe 1: Operative Teamebene

Auf dieser Ebene sind einzelne operative Teams bereits agil, spricht selbstorganisiert und wendig unterwegs. Um Vertriebsteams auf Flughöhe 1 zu entwickeln brauchen Sie zunächst einmal gute Teamstrukturen und Team-Building-Maßnahmen, damit alle vom Einzelkämpfer zum Teamplayer mutieren.

Der nächste Schritt wäre die Analyse, welche Arbeitsmethoden und Frameworks den Zielen am besten dienen. Agile Methoden wie beispielsweise Scrumban oder Shopfloor helfen, den Arbeitsprozess eines Teams zu visualisieren, zu fokussieren und die Selbstorganisation zu steigern. Dadurch erfahren Vertriebsbereiche neue Formen der Zusammenarbeit. Der Kulturwandel hinzu agilen Werten und Prinzipien wird durch regelmäßige Reflexion geschaffen und vertieft.

> **Beispiel**
>
> Spotify als Online-Musikplattform hat ein eigenes Modell entwickelt, mit dem es Scrum Teams skaliert. Dabei werden mehrere Scrum Teams zu sogenannten Tribes zusammengefasst. Die einzelnen Scrum Teams sind wiederrum mit anderen Teammitgliedern in sogenannten Chartern quervernetzt.
>
> Das Online-Vertriebsteam des Finanzinstituts Unitform nennt sich selbst agil und hat sich, angelehnt an das Spotify-Modell, neu aufgestellt. Der ehemalige Bereichsleiter ist jetzt „Tribe Lead" und die Teams sind ähnlich wie Scrum Teams mit unterschiedlichen Rollen unterwegs. Die anderen Bereiche empfanden das Team zwar anfangs als exotisch, aber sehr wohl attraktiv. Jedem fiel auf, wie gut die „agilen Spinner" drauf sind und welche Entscheidungskompetenzen sie haben. Zu Beginn waren die Führungskräfte irritiert, wenn in den Meetings „normale" Mitarbeiter aus besagtem Team gleichrangig mit ihnen zu Themen debattierten. Doch nach kurzer Zeit fingen andere Teams im Vertrieb ebenso an, mit agilen Methoden zu experimentieren. Durch den Sog entstanden und entstehen mehr und mehr Initiativen, die mit Design Thinking und Kanban arbeiten.

5.6.2 Flughöhe 2: Koordinations- und Schnittstellenebene

Auf Flight Level 2 wird die Interaktion der Teams untereinander und mit anderen Bereichen verbessert. Dabei soll der Arbeitsfluss über die Teamgrenzen hinaus gewährt sein. Meiner Einschätzung nach ist die Flughöhe 2 entscheidend für die Agilisierung des Vertriebs.

Schon die Kooperation mit der Produktion und dem Marketing hätte einen enormen Effekt zur Verbesserung der Vertriebsleistung für den Kunden. So wird über kurz oder lang gewährleistet, dass die internen Grenzen aufgelöst werden und eine bessere übergreifende Zusammenarbeit stattfinden kann. Dazu gehört oft ein ganz neues Selbstverständnis.

Wenn Innovationen mit der Produktion und dem Marketing von Beginn an abgestimmt und gegenseitig befeuert werden, profitieren alle davon. Auf der praktischen Ebene helfen Koordinationsboards. Meetings mit Vertretern aus den anderen Teams sorgen für Abstimmung. Chapter aus dem Spotify Modell (s. Abschn. 6.4) sind auf Flughöhe 2 angesiedelt, hier können sich Teammitglieder übergreifend fachlich austauschen und weiterentwickeln.

Beispiel

Das oben beschriebene Onlineteam entscheidet sich für das Spotify-Modell und vernetzt sich mit anderen Bereichen in sogenannten Chaptern. Durch die regelmäßigen Chapter-Meetings der Produkt Owner der agilen Teams mit Führungskräften aus den alten Strukturen entstehen Kooperation und Vernetzung, die als Nebenprodukt ein perfektes Marketing für die agile Arbeitsweise bewirken.

5.6.3   Flughöhe 3: Organisationsebene

Flughöhe 3 stellt die Strategie und das Management der Organisation dar. Dort werden zentrale Entscheidungen getroffen und die Gesamtheit betrachtet. Auf dieser Flughöhe macht das Management seine Strategie transparent. Alle drei Horizonte werden offen thematisiert und verknüpft. Je stärker die oberste Führungsebene die agilen Prinzipien umsetzt und dementsprechend transparent, offen, kooperativ und flexibel handelt, desto schneller transformieren alle anderen Bereiche und die gesamte Firma. Keine Frage, die Treppe wird hier von oben nach unten gefegt.

Die unteren Stufen aus der Pyramide werden erst dann vom Alten befreit, wenn von oben kein Dreck mehr nachkommt, der das Neue wieder zudeckt. Das bedeutet einen Kulturwandel und die persönliche Entwicklung jedes Einzelnen. Es ist nötig, Macht und Kontrolle einzutauschen gegen Offenheit und Beteiligung. Das klingt schön und eingängig, ist aber in der tatsächlichen Umsetzung auf Verhaltensebene umso sperriger und herausfordernder. Das Bild des Besserwissers und Alles-Entscheiders als Geschäftsführer hat zwar ausgedient, ist aber gleichzeitig fest verankert in den Köpfen. Da hilft nur harte Arbeit an sich selbst und Reflexion auf allen Ebenen.

Wenn ich Führungskräfte frage, wie sie ihre Teams zu mehr Selbstmanagement führen, kommt meistens der Einwand: „Unsere Mitarbeiter wollen doch gar nicht mehr Verantwortung übernehmen." Was denken Sie, was die Mitarbeiter dazu sagen würden? Genau: „Die da oben lassen das doch letztlich gar nicht zu."

5.6.4   Flughöhe 4: Organisationsübergreifende Ebene

Die höchste Flugebene stellt das konsequent vernetzte Arbeiten und Innovieren auf dem organisationsübergreifenden Level dar. Immer mehr Unternehmen arbeiten an technologischen Themen inzwischen übergreifend zusammen, z. B. Google, Movel und IBM.

Checkliste Flughöhen von Agilität

Flughöhe 4:

☐ Wir sind mit anderen Organisationen global vernetzt und kollaborieren miteinander.

☐ Unser Unternehmen ist für alle Besucher offen. Wir dienen als Beispiel funktionierender agiler Arbeitsweise.

☐ Wir haben neben dem Geschäftserfolg jederzeit unsere Verantwortung gegenüber Kunden und der Umwelt im Blick und richten unser Handeln danach aus.

Flughöhe 3:

☐ Unsere Geschäftsführung/Vorstand macht sein Handeln transparent und stimmt Entscheidungen mit anderen Bereichen ab bzw. delegiert Entscheidungen an crossfunktionale Teams.

☐ Exloitation und Exploration ist bei uns vernetzt. Wir verbessern unser heutiges Geschäft ständig und investieren in zukünftige Märkte und Produkte.

☐ Wir haben holokratische Strukturen und unsere Hierarchien sind teilweise abgebaut.

☐ Flexible und verteilte Führung sorgt für eine gute Mischung aus Aktion und Reflexion.

Flughöhe 2:

☐ Unser agiles Kernteam funktioniert wie ein zweites Betriebssystem und bildet agile Initiativen aus, in denen crossfunktional Neues entwickelt und Bestehendes verbessert wird.

☐ In den komplexen Bereichen wie Entwicklung, Marketing und Vertrieb arbeiten die Teams übergreifend zusammen und entwickeln neue Ideen, die agil umgesetzt werden.

☐ Wir haben teamübergreifende und anlassbezogen Meetings.

☐ Unsere Teams bilden sich eigeninitiativ weiter und lernen voneinander.

Flughöhe 1:

☐ Wir haben vereinzelt agile Teams, die mit Frameworks arbeiten und sich selbst organisieren.

☐ Wir haben ein agiles Kernteam, das Initiativen und Innovationen im Unternehmen plant.

☐ Wir haben Schulungen zu agilem Projektmanagement und agiler Führung durchgeführt.

☐ Einzelne Bereiche transformieren sich und arbeiten kundenzentriert und innovativ.

Abb. 5.6 Auf welcher Flughöhe sind wir unterwegs? (Mit freundlicher Genehmigung von © Claudia Thonet 2020. All Rights Reserved)

Warum entwickelt jede Bank oder Versicherung eine eigene App, wenn die größten Chancen doch in der Zusammenarbeit über die Unternehmensgrenzen hinaus liegen? Der alte Wettbewerbsgedanke hat ausgedient, eine neue Form der Kollaboration muss her. Wenn die alten Konkurrenten Daimler und BMW es schaffen, Mobility gemeinsam zu denken und zu entwickeln, schaffen andere das auch.

Nutzen Sie die Checkliste in Abb. 5.6, um herauszufinden, welche Flughöhe Sie bereits erreicht haben und wo Sie ansetzen können, um im gesamten Business agiler zu werden. Je höher die Flughöhe, desto wirksamer ist jede Veränderung. Je höher Sie den Veränderungshebel ansetzen, desto schneller und tiefgreifender wird sich Ihr Vertrieb wandeln.

Literatur

Bandler R, Grinder J (2015) Patterns. Muster der hypnotischen Techniken. Jungfernmann, Paderborn

Beck et al (2001) Manifesto for Agile Software Development. http://agilemanifesto.org/. Zugegriffen 07.04.2019

Dilts R (1984) Die Veränderung von Glaubenssystemen. Jungfernmann, Paderborn

Dörfler A (2003) Schrittweises Erstarren – rechtzeitiges Erneuern. In: Risak J (Hrsg) Der Impact Manager. Springer, Wien, S 55–64

Hofert S, Thonet C (2019) Der agile Kulturwandel. Springer Gabler, Wiesbaden

Holtz A (2018) Management Canvas: Einfach. Richtig. Managen. Anthony Holtz, Berlin

Kaplan RS, Norton DP (1992) The balanced scorecard – measures that drive performance (PDF). Harv Bus Rev (Januar/Februar). https://steinbeis-bi.de/images/artikel/hbr_1992.pdf. Zugegriffen am 05.07.2019

Leopold K (2018) Agilität neu denken. LEANability, Wien

Schein E (2018) Organisationskultur und Leadership. Vahlen, München

Senger P, Smith B, Kruschwitz N, Lauf J, Schley S (2011) Die notwendige Revolution. Wie Individuen und Organisationen zusammenarbeiten, um eine nachhaltige Welt zu schaffen. Carl Auer, Heidelberg

Sprenger R (2014) Mythos Motivation: Wege aus einer Sackgasse. Campus, Frankfurt am Main

Thonet C (2018a) Pull Rollen für Meetings. https://www.claudiathonet.de/agile-moderation-pull-rollen-fuer-mehr-selbstverantwortung/. Zugegriffen am 10.07.2019

Thonet C (2018b) Die zwei Dimensionen des Wandels. https://www.claudiathonet.de/agile-fuehrungskompetenzen-wandel/. Zugegriffen am 05.07.2019

So bauen Sie um und nutzen Schwarmintelligenz

Zusammenfassung

Sie meinen es ernst mit der Transformation und wollen erfolgreich umbauen? Dann profitieren Sie in diesem Kapitel nicht nur von den erfolgreichen Transformationsgeschichten anderer Vertriebsorganisationen, Sie bekommen auch eine Schritt-für-Schritt-Anleitung für den Start agiler Keimzellen und Anregungen für eine ganzheitliche Transformation.

Eingesperrt in die alte Organisationsstruktur, ist der Vertrieb wie jeder andere Bereich mit einer klassischen Pyramidenstruktur, schlichtweg viel zu langsam und unbeweglich für die Anforderungen der Digitalisierung. Allein schon die Entscheidungswege sind lähmend oder die vielen Erläuterungen über das, was alles nicht geht und warum das so sei.

Man mag von Geldmacher-Guru Bodo Schäfer halten, was man will, doch seine Enten- und Adler-Metapher ist für viele Teamdynamiken zutreffend. Enten suchen in seiner Geschichte quakend nach Ausreden und fokussieren ihre Wahrnehmung auf das, was alles nicht möglich ist. Sie machen sich gern zum Opfer der Umstände, geben anderen die Schuld und damit auch automatisch die Macht. Adler suchen Lösungen. Sie fokussieren sich auf Ideen und Umsetzungsmöglichkeiten, sehen sich selbst in der Verantwortung für ihr Handeln und setzen Entwicklung immer bei sich selbst an. Schäfer erzählt dazu plastische Beispiele, die aufrütteln und Opferdenkweisen entlarven sollen. „Sei keine Ente" ist das eine Motto, das andere „Stell keine Enten ein".

Ich vermute, Ihnen selbst fallen genügend Erlebnisse ein, bei denen Sie als Kunden statt einer Lösung nervige Erklärungen dafür erhielten, was alles warum nicht geht. Schlimmer noch: Oft wird der Kunde zum Buhmann gemacht, und Mitarbeiter haben die

Aufgabe nachzuweisen, was Nutzer falsch gemacht und wie sie sich sozusagen ihre Schmerzen selbst zugefügt haben.

> **Beispiel**
>
> Bei Teamentwicklungen oder Teamtagen buchen Organisationen gern eine besondere Location mit der Möglichkeit, Events begleitend zu dem Workshop stattfinden zu lassen. So war ich neulich bei einem Team zum Thema Agilität im Erlebnispark Tripsdrill gebucht. Nach meiner Anreise mit Flug und Bahn stand ich um 20 Uhr mitten auf dem Land vor der verschlossenen Tür des gebuchten und bereits bezahlten Hotels mit dem Hinweis, die Rezeption sei ab 18 Uhr geschlossen. Ich war genervt, aber nicht beunruhigt: Meine Booking App wird mir bestimmt weiterhelfen. Doch weit gefehlt: Alle Hotels im Umfeld waren wegen eines großen Konzerts ausgebucht! Erst nach unzähligen Telefonaten war ich überglücklich, in einem kleinen Gasthof überhaupt ein Bett zu bekommen. Am nächsten Tag hörte ich von der Rezeptionistin statt einer Entschuldigung allerdings nur unfreundliche Zurechtweisungen mit Hinweis auf das Kleingedruckte.

Ich sehe hier noch einen Aspekt, der für das Verständnis von Hierarchien und Führung entscheidend ist: Die Pyramide und das klassische Organigramm fördern auf der Mitarbeiter- und unteren Führungsebene vor allem Entendenken. Wenn ich meine kurze Phase als Angestellte Revue passieren lasse, kann ich es noch spitzer formulieren: Adler-Sein ist in vielen Organisationen verboten. Die Hierarchie mit ihrer positionsgebundenen Macht und Entscheidungsstruktur erzeugt eine Entenkultur bei den Mitarbeitern. Ich habe diverse Teams erlebt, die wirklich gewillt waren, sich selbst zu organisieren. Doch ohne jede Kompetenz und Entscheidungsspielräume bleiben bloß blutleere Phrasen und Pseudobekundungen der Führung übrig. Nur wenn die Teams selbst in einem gesteckten Rahmen entscheiden und handeln können, werden sie sich schneller und wendiger bewegen. Die alten Hierarchien der Pyramidenstruktur stammen noch aus dem letzten Jahrhundert und dienen einer längst veralteten Tradition und Kultur von Oben und Unten, von Macht und Ohnmacht, von Führen und Folgen.

Für wendige, komplexe Entwicklungen hat das alte Hierarchiesystem ausgedient. Hier bedarf es einer ganz andere Führung und Entscheidungsfindung. Selbstorganisation ist der neue Treibstoff für Teams, neue Entscheidungsarten aus dem holistischen Denken sind das dazugehörige Werkzeug, und die Kollaboration ist das erforderliche Bindemittel. Für klassische Vertriebe wird es sogenannte Hybride geben: Die Pyramide wird zumindest teilweise bestehen bleiben, und vernetzte Netzwerke, sogenannte Schwärme, werden sich verknüpfen. Dafür gibt es unterschiedliche Modelle und Strukturen, mit denen experimentiert werden kann. Es gibt keine Schablone oder Anleitung, die für jeden Vertrieb passt.

In den folgenden Abschnitten (s. Abschn. 6.1, 6.2, 6.3, 6.4 und 6.5) finden Sie Erfahrungen und Beispiele und erhalten hilfreiche Modelle für Ihre eigenen Experimente. Was Sie dabei in jedem Fall tun müssen: mutig neue Wege gehen, dabei frühzeitig möglichst viele Fehler machen, die Sie gemeinsam mit den Teams reflektieren, Widerstände akzeptieren, Hindernisse beseitigen und alles immer wieder neu hinterfragen. Fangen Sie einfach an – und zwar jetzt! Das ist der wichtigste Schritt.

6.1   Vom Einzelkämpfer zum Mannschaftsspieler

Die meisten Vertriebsteams sind in Wahrheit Ansammlungen von Einzelkämpfern oder maximal Arbeitsgruppen, aber keine echten Teams. Die Unterschiede der Dynamiken von Gruppen und Teams sind sehr deutlich (s. Abb. 6.1). Die Zukunft des Vertriebs wird ganz entscheidend von einem Paradigmenwechsel weg vom „Ich" und hin zum „Wir" bestimmt werden. Radikale Kundenorientierung wird nur in interdisziplinären Teams umsetzbar sein, die einen silofreien Adler-Weitblick haben und gemeinsam die besten Lösungen finden.

- **Gruppen** zeichnen sich durch ein gut organisiertes Nebeneinander der Gruppenmitglieder aus. Jeder hat klare Einzelziele und Verantwortungsbereiche, die von der Führungskraft entsprechend delegiert und kontrolliert werden. Gruppen sind von der Dynamik vergleichbar mit einer Reisegesellschaft, die unter einem Dach in die gleiche Richtung unterwegs ist, wobei es nicht erforderlich ist, miteinander zu kooperieren, um ans Ziel zu kommen. Streng genommen brauchen sie noch nicht einmal miteinander zu reden oder Informationen auszutauschen, um ihre Reise erfolgreich zu schaffen.
- **Teams** hingegen haben ein Ziel, dessen Wertigkeit höher ist als die Einzelleistung. Sie arbeiten kooperativ wie ein Organismus zusammen. Jeder kennt seine Aufgaben und vernetzt sie effizient mit den anderen. Im Idealfall besteht ein Team aus Mitarbeitern, die unterschiedliche Rollen einnehmen und die sich ergänzen. Die oben beschriebene Reisegesellschaft könnte beispielsweise zu einem Team werden, wenn der Bus eine Panne hätte und alle Insassen zusammen überlegen und handeln müssten, um ans Ziel zu kommen. Wer kann den Bus reparieren? Wodurch sichern wir die Straße? Was machen wir mit den gelangweilten Kindern? Wie besorgen wir wichtige Ersatzteile im

Abb. 6.1 Vom Ich zum Wir. (Mit freundlicher Genehmigung von © Claudia Thonet 2020. All Rights Reserved)

nächsten Ort? Was könnte Plan B sein, wenn die Reparatur nicht funktioniert? Und
schon steht das gemeinsame Ziel über den Einzelzielen und Menschen beginnen, ganz
anders miteinander zu agieren. Das bringt Dynamik und Leben in die Bude, führt aber
auch zu mehr Konflikten und macht Kommunikation notwendig.

- **Agile Teams** arbeiten selbstorganisiert, haben höhere Entscheidungskompetenzen als
  übliche Teams und bestehen aus interdisziplinären Teammitgliedern. Bei unserem Rei-
  sebeispiel hätte ein agiles Team von Beginn an die gesamte Reise gemeinsam geplant
  und Rollen verteilt. Bei einer Panne ist das Team dementsprechend schnell bei der
  Lösungsfindung und der Anpassung an die neuen Umstände. Jeder fühlt sich von vornherein mitverantwortlich für das Gelingen, als ob es sich um das eigene Reiseunterneh-
  men handele.

Beispiel

Der Versicherungsmakler Susewin möchte seine Einzelkämpfer im Vertrieb zu mehr
Selbstorganisation führen. Nach monatelanger Planung und Entscheidungsfindung
werden drei Teams zu unterschiedlichen Produkten gebildet. Die Teams sollen mehr
Selbstorganisation übernehmen und den Teamgeist stärken. Einzelziele werden zu
Teamzielen umgewandelt. Um die Potenziale besser zu nutzen, wollen alle Teams ihre
Routineaufgaben stärkenorientierter verteilen.

Das verkaufsstärkste Team erklärt sich bereit, die aktiven Telefonansprachen und
Direktabschlüsse zu übernehmen. Dafür bekommt es von den anderen beiden Gruppen
den Rücken freigehalten, indem diese die Erstellung der Angebote verstärkt übernehmen. Kaum bekommt der Geschäftsführer Wind davon, geht noch am gleichen Abend
per Mail ein Beschluss an jedes einzelnen Teammitglied raus: „Hiermit möchte ich Sie
davon in Kenntnis setzen, dass jeder Mitarbeiter im Vertrieb aktive Ansprachen und
Direktabschlüsse zu leisten hat und keine eigenständige Umverteilung der Aufgaben in
den Teams gestattet ist."

Ein Satz per Mail – und die monatelange Vorbereitung und Planung der Transformation war dahin. Keine wollte sich weiter Gedanken machen, wie die Zusammenarbeit
im Team besser werden kann.

Stellen Sie sich vor, Sie sollen Verantwortung für etwas übernehmen, dürfen aber keine
Entscheidungen treffen. Da werden Sie schnell zur flügellahmen Ente. So hat die klassische Wasserfallorganisation jede Menge Ententeiche hervorgebracht, in denen die Energie
der Mitarbeiter mehr in den Widerstand geht als in die gemeinsame Lösungsfindung und
Zukunftsgestaltung. Falls sich doch einmal ein Adler in so einen Teich verirrt, wird er
entweder nach kürzester Zeit das Weite suchen – oder man stutzt ihm die Flügel und bringt
ihm den typischen Watschelgang bei, mit dem sich Enten fortbewegen.

Enten zu Adlern zu entwickeln ist ein langwieriger Prozess, der nur mit Umverteilung
von Macht und Verantwortung gelingen kann. Doch um in der Metapher zu bleiben: Auch
Adler müssen dazulernen. Es ist in vielen Betrieben Teil der Unternehmenskultur, von

Führungskräften Weitblick und Entscheidungskompetenz zu erwarten – mit allen Konsequenzen. Genau dieser Weitblick ist im komplexen Wandel der Digitalisierung nicht mehr möglich. Auch Adler müssen auf Sicht fliegen und ihre Lösungen im Nebel der unklaren Wechselwirkungen ständig anpassen.

6.2 Storytelling: Transformationsgeschichten, aus denen Sie lernen können

Womit fangen wir an? Wer hat welche Rollen? Worauf fokussieren wir als erstes? Wie nehmen wir alle mit? Welche Erfahrungswerte können wir nutzen? Wie skalieren wir? Diese Fragen stellen sich in der Transformation und wollen beantwortet werden. Doch ein gewachsener Vertrieb eines Unternehmens kann sich nicht mit einem kleinen Start-up vergleichen und sofort mit radikalen Veränderungen loslegen. Die Kultur schluckt jede Strategie zur Veränderung. Wir müssen also bei der bestehenden Kultur starten und diese verändern. Jahrzehntelange starre Struktur und Bürokratie haben die Menschen geprägt und Veränderungen oftmals ausgebremst. Immer noch sind wirklich bewegliche, unbürokratische Organisationen eine Seltenheit, obwohl alle unter der Schwerfälligkeit und der Kundenferne leiden. Der Service und der Vertrieb können ein Klagelied davon singen, wie viele Ideen zur Steigerung der Kundenzufriedenheit umgesetzt werden, wenn zwischen dem direkten Kundenbetreuer und dem letztendlichen Entscheider sage und schreibe acht Führungsebenen liegen. Da bleibt von der propagierten Kundenorientierung nichts mehr übrig.

Doch nicht nur die Hierarchien bremsen Flexibilität und Kundenorientierung, auch das Silodenken führt zu verheerenden Folgen. Viele Male konnte ich beobachten, wie Service oder Verkauf als direkte Ansprechpartner für den Kunden dessen Anforderungen und Wünsche an die Produktion oder den Einkauf weitergegeben haben. Statt diese umzusetzen oder nach Lösungen für den gemeinsamen Kunden zu suchen, werden die Anforderungen erst einmal blockiert und abgelehnt. Kundenferne Bereiche pochen gern auf ihre Vorgaben und Prozesse und sind von den Marktbereichen sichtlich genervt. Oft agieren die internen Bereiche eher wie Feinde statt als Kooperationspartner, die die Gunst der Kunden gewinnen wollen.

> **Beispiel**
>
> Der Finanzdienstleister Fincon betreut viele Unternehmen rund um das Thema Finanzierung, Anlage und Versicherungen. Fincon ist freier Makler und kann je nach Kundenbedarf den passenden Anbieter finden. Die Sachbearbeitung handelt die Verträge und Konditionen mit den Gesellschaften aus. Einige Großkunden wünschen sich von ihren Kundenbetreuern vermehrt flexiblere Kreditkonditionen. In diversen Meetings diskutiert der Vertrieb darüber und gibt die Anforderungen über den Abteilungsleiter an die Sachbearbeitung weiter. Der Vertriebsleiter gibt die Wünsche des Vertriebs an den Kreditleiter weiter. Im nächsten Meeting kommuniziert der Kreditleiter mit entsprechendem Unterton die Sonderwünsche, die schon wieder vom Marktbereich kommen.

Das Kreditteam gibt sich daraufhin viel Mühe, alle Argumente zusammenzutragen, die gegen flexiblere Konditionen für Großkunden sprechen.

Ergebnis der Geschichte ist ein Lose-Lose-Ergebnis: Der Großkunde schaut sich frustriert nach einem neuen Finanzdienstleister um, Fincon verliert wichtige Kunden und die Kluft zwischen Vertrieb und Kredit wird immer größer.

Warum präferieren Organisationen trotzdem immer noch behäbige Strukturen aus dem letzten Jahrhundert? Nun, die Antwort ist recht simpel. Zum einen, weil sie vertraut sind und zum anderen, weil sie funktionieren. Zumindest im laufenden Geschäft, das die Gehälter bezahlt.

Veränderungen lösen immer Unsicherheiten aus und zeitigen nicht direkt Erfolge. Sie kosten Zeit, Kraft, Ressourcen und verlangen einen Prozess des Experimentierens und Anpassens. Das scheuen viele Organisationen und versuchen, mit kleinen Schritten flexibler zu werden. Für uns als Berater entsteht dabei leider nicht selten der Eindruck, die Transformation solle nach dem Motto laufen: „Wasch' mir den Pelz, aber mach mich nicht nass."

Hoffnung machen die mutigen Vorreiter und Visionäre für ein neues Verständnis von Zusammenarbeit, Sinnhaftigkeit und ökologischem Bewusstsein, von denen wir einige genauer betrachten wollen.

6.2.1 Haier: weltgrößter Haushaltsgerätehersteller

Zhang Ruimin, der CEO von Haier, arbeitet seit mehr als zehn Jahren konsequent an seiner Vision eines offenen Ökosystems aus Nutzern, Erfindern und Partnern. Jeder soll möglichst keine Distanz zum Kunden haben und sich für diesen voll verantwortlich fühlen. Hamel und Zanini (2019) vom Management Lab attestieren Haier eine erfolgreiche Transformation seiner 75.000 Mitarbeiter in über 4000 agile Mikrounternehmen.

Dabei sieht sich der CEO als Rahmengestalter, innerhalb dessen die Mitarbeiter aus Nutzersicht selbst den Umbau geplant und durchgeführt haben. Vorbild für die Architektur ist für ihn das Internet. Es besteht aus kleinen Stücken, die lose zusammenhängen und dennoch kohärent sind. Alle verfolgen dasselbe Ziel: einen einzigartigen Mehrwert für den Kunden zu schaffen. Der Vertrieb kann besonders gut von marktorientierten Nutzer-Mikrounternehmen (MU) des ehemaligen Konzerns lernen.

Jede Einheit fasst zehn bis 15 Mitarbeiter, die aus dem alten Haushaltsgerätegeschäft eine kundenzentrierte, webbasierte neue Welt erfinden: von Haushaltsgeräten für junge, urbane Nutzer bis zu intelligenten Kühlschränken, die ein Signal an einen Dienstleister auslösen, der innerhalb von 30 Minuten Lebensmittel nachliefert. Jede Unit hat ehrgeizige Wachstums- und Transformationsziele und nutzt andere MUs als Dienstleister. Jede MU bildet sich rund um ein Produkt, das wiederum Mehrwert für den Kunden schafft. Mitarbeiter und Führungskräfte bewerben sich für eine neue MU. Das Team entscheidet wie ein eigenständiges Unternehmen über alles: Führung, Budget, Ziele. Die Bindemittel aller Einheiten sind die Wertschöpfung und die gemeinsame Verantwortung den Kunden gegenüber.

6.2.2 Vodafone Kundenservice

Vodafone Deutschland hat mit der Beratung Fuhrmann-Leadership das Konzept der agilen Netzwerke entwickelt (Fuhrmann 2016). Dabei ist ein Kernteam für die Umsetzung von Verbesserungen für Kunden zuständig. Und wer kennt die Schmerzpunkte der Kunden besser als der Service? Im Gegensatz zu vielen anderen halbherzigen Konzepten zur Verbesserung der Kundenzufriedenheit hat Vodafone hierbei konsequent gedacht. Serviceliner kippen nicht, wie sonst üblich, Optimierungsideen irgendwo rein und verlieren irgendwann die Lust daran, weil nichts realisiert wird. Laut Aussagen der Unternehmensberatung werden sogar mehrere Ideen monatlich umgesetzt.

Den Unterschied macht ein Kernteam, das wie ein Dienstleister alle Ideen aus dem Serviceteam umsetzt. Entscheider ist der Kundenbetreuer selbst. Er hat sozusagen den Hut auf und gibt dem Kernteam den Auftrag. Die Experten vereinen alle Kompetenzen, die zur Umsetzung gebraucht werden, inklusive eines Budgets. Der Erfolg übertraf jede Erwartungshaltung. Heute noch werden monatlich durchschnittlich sechs Initiativen von Mitarbeitern aktiv umgesetzt und im Unternehmen implementiert. Nicht nur die Kunden-, auch die Mitarbeiterzufriedenheit stieg exorbitant.

Das Konzept basiert auf dem dualen Betriebssystem von John P. Kotter (2015). Der Managementberater und Autor plädiert für den Verbleib der traditionellen Hierarchien und Managementprozesse, um den täglichen Anforderungen der Unternehmenssteuerung des laufenden Geschäftes gerecht zu werden. Gleichzeitig sieht er ein zweites Betriebssystem, das agil arbeitet, als Lösung, um Gefahren und Chancen zu identifizieren und daraus kreative Strategien in hohem Tempo umzusetzen. Dieses zweite Betriebssystem arbeitet mit agilen Netzwerkstrukturen und gänzlich anderen Methoden.

6.2.3 T-Mobile US

T-Mobile US Inc. ist eine Tochter der deutschen Telekom und der drittgrößte Mobilfunkanbieter der USA. Wie Dixon (2018) es beschreibt, beschloss das Führungsteam im Jahr 2015 einen radikalen Wandel des Callcenter-Betriebs mit einem einfachen Ziel: glückliche Kunden. Im ersten Schritt ging es dem Projektteam darum, alles aufzuspüren und zu beheben, was die Kunden stört. Statt eine digitale Festung zwischen den Kunden und den Servicemitarbeitern zu errichten, wie es viele Anbieter verstärkt tun, wollte das T-Mobile-Serviceteam andere Wege gehen. Im Fokus war ein Service „von Mensch zu Mensch" anstelle von Bots und Irrgärten als Menüwahl. Fragen wie

- Wie können wir unsere Kunden zufriedener machen?
- Was hält sie länger bei uns?
- Wie vertiefen wir die Beziehung zu ihnen?
- Wie vereinfachen wir unseren Service für sie?

leiteten das Team und die Führung des Servicecenters. Je mehr die einfachen Themen wie Adressänderungen, Rechnungsübersichten etc. von den Kunden online selbst erledigt werden, desto komplexer sind die Anfragen der Kunden an den Servicemitarbeiter. Genau hier setzen die Expertenteams an.

Ein crossfunktionales Team arbeitet für eine bestimmte Anzahl von Kunden eines spezifischen Marktsegments. Alle Spezialisten aus den erforderlichen Fachbereichen arbeiten an einem runden Tisch gemeinsam für die aus Kundensicht beste Lösung.

Besonderheiten von TEX-Teams

- Die TEX-Teams bestehen aus Technik- und IT-Spezialisten, Servicemitarbeitern, Kundenspezialisten, Lösungsmanagern und Coaches.
- Die Teams arbeiten wie eigenständige Unternehmen für ihre zugeordneten Kunden.
- Die Leistung wird auf Grundlage der Teamfaktoren ermittelt und vergütet.
- Der Kunde erreicht immer jemanden per App, Chat, E-Mail oder Telefon aus dem für ihn insgesamt zuständigen Team.
- Jeder Ansprechpartner im ist Team ein Generalist, der sowohl Rechnungsfragen wie technischen Support leisten kann.
- Der Kunde wird zu über 90 Prozent fallabschließend bei jedem Kontakt betreut.
- Die Teams stellen selbst ihre Gewinn-und-Verlust-Rechnungen auf und entscheiden über die Organisation ihrer Arbeit.
- Die Teams sind ähnlich wie beim Spotify-Modell strukturiert: Jedes Teams ist interdisziplinär zusammengesetzt. Acht Mitarbeiter aus den verschiedenen Bereichen (Service, IT) bekommen einen Coach, einen Lösungsmanager und einen Teamleiter zugeordnet. Der Teamleiter und der Lösungsmanager betreuen mehrere Teams.

Das Modell zahlt sich immens aus: In drei Jahren seit der Einführung sind die Kosten des Customer Contact Centers um 13 Prozent gesunken, der Net Promoter Score als Maß der Kundenbindung ist um mehr als 50 Prozent gestiegen und die Kundenabwanderung befindet sich auf einem Allzeittief. Auch die Mitarbeiter sind glücklicher, was sich unter anderem in sinkenden Fehlzeiten und geringer Fluktuation äußert.

6.2.4   Swarovski

Swarovski Gemstones bildet auf andere Art und Weise als Vodafone eine Kombination aus Linienorganisation und agilen Zirkeln. Im Vertrieb macht sich deutlich bemerkbar, dass die Billigprodukte aus China die Marktpreise für Schmuck drücken und die Anforderungen der Kunden sich ändern. Mehr und mehr individuelle Wünsche sollen erfüllt werden, um im Wettbewerb bestehen und im B2B-Edelsteingeschäft weiter Gewinn machen zu können. Die Herstellung war jedoch ursprünglich auf effiziente Massenproduktion ausgerichtet, nicht auf Flexibilität und Anpassung.

Sascha Reimann (2018) beschreibt, wie nach einer Vielzahl wirkungsloser Projekte ein Management Workshop die entscheidende Wende zur Veränderung brachte. Seitdem haben sich die vier Senior-Manager aus dem Tagesgeschäft zurückgezogen und agile, nicht hierarchische Circles initiiert, denen sie als Coaches dienen. Durch die vielen standardisierten Prozesse, die hierarchisch gut funktionieren, entschieden sich die Tiroler gegen eine komplette Umstellung auf agile Teams.

Die gebildeten, agilen Kreise entscheiden kollektiv im Konsens: eine Entscheidungsfindung aus der Holokratie, bei der das beste Argument oder die beste sachliche Lösung umgesetzt wird, bis jemand von seinem Vetorecht Gebrauch macht und einen wichtigen Einwand vorbringt. Dann wird eine bessere Lösung diskutiert und angegangen.

Die Circles arbeiten auf Flughöhe 2 (s. Abschn. 5.6.2) und sorgen für Kooperation statt Silokonkurrenz. Jeder Kreis ist dabei direkt einem der vier Senior-Manager aus der Linie zugeteilt und bespricht mit diesem alle zwei bis drei Wochen Ziele und Ausrichtungen. Dadurch mixt der Schmuckhersteller ganz bewusst die alte mit einer neuen Struktur. Laut Swarovski selbst funktioniert die pragmatische Lösung bisher sehr erfolgreich.

6.2.5 Bosch

Bosch startete mit Hybriden, also einer dualen Organisation, in der die traditionellen Funktionen weiter auf die herkömmlichen Strukturen setzen und die innovativen Bereiche agile Teams initiieren. Doch diese Kombination führt zu keiner ganzheitlichen Transformation. Daraufhin führte der CEO mit der Unterstützung eines Beraters agile Arbeitsweisen in der Führung ein. Diese unterteilte sich in kleine Kreise mit Product Owner und Master, um schwierige Themen lösen und Hindernisse aus dem Weg räumen zu können, die der Agilität im Weg standen. Bosch verfolgt bei alldem eine ehrgeizige Vision.

Bei jedem Produkt für den Kunden wird zunächst mit einem ersten Setup an agilen Teams gestartet, um diese bei Bedarf nach und nach aufzustocken. Dabei verfolgt Bosch eine Systematik der Teams: Es werden Teams für das Kundenerlebnis, Teams für Geschäftsprozesse und Teams für Technologien gebildet und miteinander verknüpft. Um die Anzahl der Teams zu ermitteln, werden in der Customer Journey alle Erlebnisse gesammelt, die sich maßgeblich auf Entscheidungen und Zufriedenheit der Kunden auswirken. Dann wird der Zusammenhang zu den Geschäftsprozessen und Technologien untersucht. Alle Teams arbeiten vernetzt an der Optimierung für den externen und internen Kunden. Bei einem Riesen wie Bosch können nach so einer Clusterung mehr als 300 Teams entstehen, die an den einzelnen Kunden-Touchpoints arbeiten. Schon die Vorstellung schreckt viele Manager ab; die Kontrollierbarkeit eines solchen Systems entzieht sich dem Management ganz offensichtlich. Solche Schwärme folgen anderen Dynamiken und lassen sich nicht mehr steuern, sondern nur noch navigieren.

Unzählige Beispiele solch hervorragend abgestimmter und doch eigenständiger Netzwerke bietet uns die Natur: Betrachten Sie nur mal unseren Körper – unzählige Zellen, die eigenständig und dennoch gemeinsam für die Erhaltung unserer Vitalität kooperieren.

6.2.6   PayPal

Vor vielen Jahren wuchs PayPal exponentiell, war sehr profitabel und galt als das erfolgreichste Online-Zahlungsunternehmen der Welt. Das hätte aus Sicht des Unternehmens gerne so weitergehen können. Man war satt und zufrieden. Genau dieser satte Zustand ist heutzutage sehr gefährlich.

Wo so viele große Player wie Amazon und Google die gleichen Dienste anbieten und über die attraktivsten Kundendaten verfügen, da gelangte auch PayPal plötzlich an Grenzen. Die Konstruktions- und IT-Teams des Unternehmens waren nicht innovativ genug, die Führung hatte die Organisation nämlich in Silos aufgeteilt, um Fachwissen zu konzentrieren. 2013 entschied sich daraufhin der Dienstleister zu seiner sogenannten „Big Bang"-, sprich Urknall-Transformation (PayPal 2015).

Gegen den Rat vieler Consultants beschloss die Führung, keine kleinen Schritte in Richtung Kundenfokus und Innovation zu gehen, sondern einen radikalen Umbau zu starten. Heute arbeiten über 400 agile Teams an der Vision, eine unabhängige Organisation zu sein, die die Art und Weise zu transformieren sucht, wie die Welt Geld betrachtet und nutzt.

> **Transformations-Dashboard**
> 1. **Schmerzpunkte und Bremsklötze:** Zunächst wurden die Bremsklötze und Schmerzpunkte der internen und externen Kunden entlarvt, analysiert und zusammengefasst.
>   - Detaillierte Anforderungsdokumente zur Planung: Es gab jede Menge Vorgaben und Dokumente, die für Budget oder sonstige Planungen erstellt werden mussten. Berichte und Analysen kosteten enorm viele Ressourcen.
>   - Silos mit hoher Fachexpertise: Jeder der Bereiche hatte Fachexperten und spezielles Wissen. Silodenken verhinderte den Austausch untereinander. Wissen war nicht transparent und somit auch nicht verfügbar für alle.
>   - Engpässe und liegengebliebene Arbeiten in allen Bereichen: Die meisten Teams hatten Engpässe, die zu unerledigten Aufgaben führten. Zusagen wurden nicht eingehalten, Anforderungen gingen unter.
>   - Entscheidungswege und Zeiten: Die Wege bis zu einer Entscheidung waren kompliziert und dauerten viel zu lange. Zu wenige und auch teilweise die falschen Menschen entschieden über zu viele Themen.

- Geblockte und unproduktive Zeiten der Entscheider und wichtigen Entwickler durch Abstimmungen und Meetings: Viele Manager verbrachten mehr als 70 Prozent ihrer Arbeitszeit in Meetings und Abstimmungen. Die Meetings wurden oftmals als langatmig und unproduktiv wahrgenommen.
- Wasserfallpraktiken und alte Projektmanagement-Methoden machten die Entwicklung langsam: Jeder Bereich wartete auf die Zuarbeit oder Abnahme anderer Bereiche oder Entscheider. Das blockierte vielfach die Fertigstellung und Auslieferung.

2. **Transformationsteams bilden:** Mehr als 150 Mitarbeiter bildeten gemeinsam multidisziplinäre Teams, um die Herausforderungen des Unternehmens hinsichtlich Planung, Architektur, Steuerung, Teambildung, Produktion, Mitarbeiterentwicklung, Innovation etc. anzugehen.

3. **Agile Produktteams bilden:** 300 crossfunktionale Teams wurden weltweit ins Leben gerufen, die an 17 Produktlinien arbeiteten. Sie wurden konsequent in agilen Frameworks wie Scrum und kundenzentrierter Innovation geschult und arbeiteten mit Product Ownern, Scrum Mastern und Entwicklerteams. Unterstützt werden sie durch agile Coaches.

4. **Unternehmens-Sprint-Rhythmus:** Alle Steuerungs- und Produktionsteams nutzen ab dem Urknall sozusagen ad hoc agile Praktiken und Strukturen. Es gab jede Menge Varianten, um zu testen und zu lernen, wie eine Wasserfall-Organisation beweglichere Steuerung, Planung und Vermarktung umsetzen kann. Die vielen unterschiedlichen Sprint-Teams und -Techniken erschwerten aber das gegenseitige Lernen und die Transparenz. Daraufhin wurden zweiwöchentliche Sprints mit den entsprechenden Meetings und Zeremonien zum Beginn und zum Ende über alle Teams hinweg synchronisiert, was den Austausch und die Planung der Meetings global wesentlich einfacher und transparenter machte.

5. **Transformations- und Management-Board:** Die agilen Teams wählten zunächst eine Vielzahl von Ansätzen, um ihre Arbeit zu verfolgen. Die meisten arbeiteten mit Task Boards, um ihren Arbeitsfluss plan- und sichtbar zu machen. Um die Herausforderung des Austauschs und der Transparenz über die Bereiche hinweg zu gewährleisten, entschieden sich die Teams für ein einheitliches Tool zur Verwaltung und Koordination aller Schwärme. Die Transformation war eine der bedeutendsten Veränderungen in der Geschichte von PayPal. Nicht nur die Teams wurden grundlegend reorganisiert und ihre tägliche Praxis verändert, auch eine neue Unternehmenskultur entstand.

Ein Transformations-Dashboard machte alle Praktiken, Innovationen, Prototypen, Kapazitäten und Strategien für die gesamte Organisation sicht- und messbar.

6.2.7   Zalando

Als Zalando 2008 als kleiner Flip-Flop-Onlineshop startete, ahnte niemand, zu welchem Modeimperium sich die Internet-Plattform entwickeln würde. Laut Eisenkrämer (2017) strebte das Unternehmen an, zur ersten Anlaufstelle rund um Mode zu avancieren. Zalando betreibt seine eigene Technologie, der Bereich hat das Motto „radikale Agilität" ausgerufen. Folgende fünf Erkenntnisse leiten die Transformation:

1. Wer in der digitalen Ära linear wächst, verliert exponentiell.
2. Jedes Tech-Projekt, das nach sechs Monaten noch kein greifbares Resultat hervorbringt, hat ein hohes Potenzial zu scheitern.
3. Es geht nicht darum, ob „IT das Business treibt" oder „Business die IT treibt" – es geht darum, am selben Tisch zu sitzen.
4. Der Wettbewerb ist groß – neue und gute Services, die Kunden tatsächlich brauchen, werden nicht länger im Büro erfunden.
5. Digitalisierung verändert alles – Technologie, die schnelles Iterieren und Sammeln von Erfahrungen ermöglicht, ist aktuell ein Wettbewerbsvorteil.

Zalando Technology hat seine Unternehmenskultur umgestellt und betreibt, statt Drittanbieter zu nutzen, fast alle Kernsysteme mittlerweile selbst. Vernetzte soziale Strukturen und selbstorganisierte Teams werden mit technologischen Strukturen und einer serviceorientierten Architektur verknüpft.

Um die Geschwindigkeit und die Innovationskraft zur Umsetzung zu haben, setzt das Berliner Unternehmen bei seinen sieben Technologiestandorten auf agile Kultur. Diese baut auf den Prinzipien Zielsetzung, Autonomie, coachendes Management und vor allem auf Vertrauen statt Kontrolle auf. Es gibt drei Teams, die bei Zalando Technology gemeinsam sogenannte Micro Services (neue Serviceangebote) entwickeln und umsetzen. Die Produktteams planen neue Anwendungen und Dienstleistungen für die Kunden, die Entwicklungsteams setzten diese Prototypen um und interdisziplinäre Teams unterstützen in verschiedenen Bereichen (s. Abb. 6.2).

Was bringt die agile Transformation im Vertrieb? Was können Sie von Vorreitern auf dem Gebiet lernen? Welche Fehler müssen Sie selbst nicht wiederholen? In Tab. 6.1 sehen Sie die Aufbaustrukturen nach der agilen Transformation von sechs Unternehmen mit den Schmerzpunkten (Pains) und den Gewinnen (Gains).

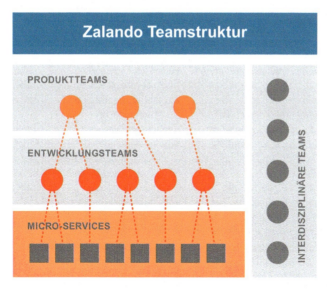

Abb. 6.2 Teams entwickeln neue Serviceangebote und setzen sie um. (Mit freundlicher Genehmigung von © Claudia Thonet 2020. All Rights Reserved)

Tab. 6.1 Agile Strukturen von Unternehmen inkl. Vertrieb

Beispiel Organisation	Aufbau Struktur	Pains	Gains
Vodafone	Zweites Betriebssystem: Kernteam setzt Verbesserungen „bottom-up" konsequent für Kunden um Agile Netzwerke zur Ideengeneralisierung im Customer Service „Customer Operations Enterprise" optimiert wichtige Touchpoints, um für den Kunden innovativer und flexibler zu werden	Die agilen Teams wurden bisher nicht auf weitere Bereiche ausgerollt Kunden erleben immer noch viele Pains beim Service	Verbesserung des Kunden-services Aufwertung der Kunden-betreuung
Swarovski	Zirkel: fünf Kreise dem Senior-Management zugeordnet Hybrid aus Hierarchie sind anstelle von Silos an die Zirkel angefügt Schnellere und individuellere Umsetzung in den interdisziplinären Teams	Top-down getriebene Transformation Führung im oberen Management ist positionsgebunden	Zirkel sind entscheidungsfähig durch die direkte Anbindung an den CEO Pragmatisches Modell eines Hybrids

(Fortsetzung)

Tab. 6.1 (Fortsetzung)

Beispiel Organisation	Aufbau Struktur	Pains	Gains
Zalando	OKR werden im gesamten Unternehmen umgesetzt Jeder Bereich und jedes Teams wählt seinen Beitrag in Form von Zielen selbst und schätzt turnusmäßig seinen Erfolg auf einer Skala selbstständig ein Radical Agility ist die Unternehmenskultur bei Zalando Technology – hier wird mit agilen innovativen Teams eine eigene Technology entwickelt Die anderen Bereiche des Unternehmens haben eine klassische Matrixorganisations-Struktur	Trotz vieler sozialer Netzwerke sind Kultur und Struktur hierarchisch und die Mitarbeiter im Kundenservice haben wenige Gestaltungsmöglichkeiten Insgesamt haben Teams immer noch wenige Entscheidungskompetenzen	Zalando-Technology entwickelt in agilen Teams seine eigene cloudbasierte Technologie OKR und soziale Netzwerke sorgen für hohe Beteiligung aller Mitarbeiter
Haier	Aus dem Konzern wurden mehr als 4000 agile Mikrounternehmen, die als Netzwerke zusammenarbeiten	Umsatzsteigerung Innovation Gelungene ganzheitliche Transformation	10.000 MA sind gegangen Die Transformation dauerte zehn Jahre
Bosch	Hybride aus agilen und klassischen Teams und Arbeitsweisen	Von top-down getrieben	Die ganze Organisation inkl. der Führung macht mit
PayPal	Radikale Umstrukturierung Durch „Big Bang" hin zu agilen Teams Steuerungsteams und agile Netzwerke über die gesamte Organisation	Größe und globale Verteilung des Unternehmens machen die Koordination komplex	Ganze Organisation wurde konsequent und vergleichsweise schnell transformiert

6.3 Hybrid-Modell: sechs Schritte zum agilen Kernteam

Für klassische Vertriebe wird es zumindest in der ersten Phase oft sogenannte Hybride geben. Die Pyramide wird in ihren exploitativen Bereichen, die den heutigen Umsatz generieren, bestehen bleiben und agile Netzwerke, sogenannte Schwärme, werden sich verknüpfen.

Dafür gibt es unterschiedliche Modelle und Strukturen, mit denen experimentiert wird. Die folgende Abfolge zur Bildung eines agilen Kernteams hat sich bei meinen Kunden bewährt.

6.3.1 Let's Start

Beginnen Sie mit der Reflexion des vorhandenen Agilitätslevels. Dazu gibt es verschiedene Methoden und Anbieter. Ich steige mit Führungskräften und Vertriebsteams am liebsten mit den bereits vorhandenen Ressourcen und Stärken ein. Jeder bestehende Vertrieb ist zu einem gewissen Grad agil, sonst wäre er längst nicht mehr auf dem Markt. Das Vorhandene zu stärken ist eine wichtige Basis.

Mit der Botschaft „bisher alles falsch gemacht" locken Sie keinen hinter dem Ofen hervor oder aus der Komfortzone heraus. Auch die „Ab morgen wird alles anders"-Eröffnung sorgt vielmehr für Widerstand oder Panik. Warum? Weil damit bisher Geleistetes abgewertet und die Sorge vor Überforderung befeuert wird. Mitarbeiter sind durch die Digitalisierung, die veränderten Marktbedingungen und den Generationswechsel ohnehin schon genug verunsichert. (Hofert und Thonet 2019)

Ermutigen Sie die Betroffenen lieber und vermitteln Sie Zuversicht. Menschen erfüllen fast automatisch und unbewusst Erwartungen – und zwar in beide Richtungen. Wenn Sie als Führungskraft oder Berater negative Erwartungen hegen und nicht an die Teams glauben, dann werden diese ihre Erwartungen wahrscheinlich erfüllen. Glauben Sie allerdings fest an die Mitwirkenden und vermitteln Sie Zuversicht, dann werden diese viel mehr umsetzen. Ranken Sie den bereits vorhandenen Agilitätsgrad und die Erfolgsfaktoren gemeinsam mit den Beteiligten der Vertriebs- und Servicebereiche. Das ist wirksamer, als bei den Entwicklungsfeldern anzufangen. Es entlastet die Mitarbeiter, wenn sie vor Augen geführt bekommen, wie viel sie bereits kennen und können. Dann sind alle schneller mit an Bord und haben Lust auf agileres Arbeiten – so springt der Funke der Begeisterung über! Erarbeiten Sie beispielsweise eine Hands-on Vision und Strategie (s. Abschn. 5.3.3) oder führen Sie die gesamte Belegschaft durch den OpenSpace Agility Prozess Abschn. 10.2.1. So wird auf freiwilliger, einladungsbasierter Prozessebene Agilität eingeführt und damit strukturiert experimentiert. Viele Unternehmen, die ich in den letzten Jahren beim Kulturwandel begleitet habe, unterliegen immer noch einem großen Denkfehler. Sie glauben, der Wandel müsse von den Führungskräften ausgehen oder gar von ihnen getrieben werden. Das ist ein fataler Irrtum.

Zum einen sind dann einige wenige Menschen im Unternehmen involviert (Führungskräfte machen in der Regel nur zehn bis 20 Prozent der Mitarbeiterschaft aus). Zum anderen sind die gleichen Menschen, die die alte Kultur maßgeblich geprägt haben, vielleicht nicht die besten Leuchttürme für den Wandel. In fluiden Veränderungen wie der agilen Evolution sind Sie besser damit beraten, alle Mitarbeiter zu involvieren und möglichst viele Menschen anzustecken bzw. zu beteiligen, um frischen Wind und neue Perspektiven einzubringen. In den alten Strukturen und im bisherigen Mindset wird nicht viel Neues entstehen.

6.3.2   Set-up: agile Keimzellen bilden

Mitarbeiter aus interdisziplinären Bereichen, die Lust und Laune am Experiment der agilen Keimzelle haben, sollten sich dafür bewerben. Erst letztes Jahr habe ich mich darauf eingelassen, ein agiles Kernteam von der Geschäftsführung und den Abteilungsleitern auswählen zu lassen. Das Experiment ging schief. Sobald den Beteiligten klar wurde, wie viel Zusatzarbeit und Engagement damit verbunden sind, kühlte die Begeisterung auf den Nullpunkt ab und das Team fror im wahrsten Sinne ein. Effektiver im Sinne eines anderes Rollen- und Führungsverständnisses ist es, Mitarbeiter auf freiwilliger Basis für das Kernteam oder andere agile Keimzellen zu gewinnen. Dazu bietet sich eine entsprechende Kick-off Veranstaltung an, bei der klar kommuniziert wird, wer die Zukunft des Unternehmens gestaltet: die Mitarbeiter.

Unter dem Kernteam verstehe ich ein agiles Team, das den Auftrag erhält, entscheidende Themen zur Transformation des Bereichs oder Unternehmens zu gestalten. Agile Keimzellen sind interdisziplinäre Teams, die einzelne Themen agil angehen und umsetzen, aber nicht die Steuerung einer Transformation als Auftrag haben. Der Begriff Keimzelle passt sehr gut, weil diese Teams zwar keinen ganzheitlichen Wandel initiieren, aber für agile Arbeitsweise werben und andere Teams damit im Idealfall anstecken und neugierig machen.

> **Beispiel**
>
> Der mittelständige Vertrieb mit 1000 Mitarbeitern hat sich für agile Keimzellen entschieden. Seit Jahren können sich die Mitarbeiter aus dem Vertrieb für diverse agile Teams bewerben. Die Teams entwickeln mit Hilfe des Frameworks Design Thinking (s. Abschn. 10.2.9) attraktive und neue Angebote für die Kunden. Die Prototypen werden dem Vorstand in einem Pitch vorgestellt.
>
> Zielsetzung ist es, den besten Prototypen die Mittel und Wege zur Produktion zur Verfügung zu stellen. Die Anzahl der Bewerber für die Projekte, die teilweise außerhalb der regulären Arbeitszeit stattfinden, steigt beständig an. Kaum ein Vertriebler will außen vor sein beim neuen Spirit der Organisation. Selbst die Marktbereiche, deren Führungskräfte bisher das Thema Agilität belächelt oder abgetan haben, bekommen jetzt Druck von ihren Mitarbeitern. Sie spüren den Teamspirit und die Begeisterung der anderen und wollen teilhaben.

Echter Wandel basiert auf der Lern- und Veränderungsbereitschaft jedes Einzelnen. Menschen gehen so etwas aber nur freiwillig und aus Überzeugung an. Machen Sie lieber die Attraktivität der Mitgestaltung dieser zukünftigen Arbeitsweise deutlich! Und stellen Sie von vornherein klar: Es geht um strukturiertes und diszipliniertes Experimentieren, um eine neue Art der effektiven Zusammenarbeit. Nur diejenigen, die für sich selbst einen rationalen und emotionalen Nutzen erkennen, werden dranbleiben und auch andere anstecken. Wichtig ist die crossfunktionale Besetzung des Teams. Jeder Bereich, der für die Entwicklung und Implementierung gebraucht wird, sollte sich beteiligen. Dann hat das

Team auch die erforderlichen Kompetenzen, um Entscheidungen zu treffen, und kann die Umsetzung selbst organisieren. Überlegen Sie gemeinsam, welche Aufgaben und Kompetenzen erforderlich sind, um die Transformation anzustoßen. Bilden Sie eine interdisziplinäre Keimzelle aus internen und externen Kräften, aus Visionären und Realisten, nehmen Sie in jedem Fall Bereiche wie Produktion, Einkauf, Logistik, Marketing mit an Bord. In heterogenen Teams, in denen unterschiedliche Verhaltenstypen kooperieren müssen, gibt es zwar mehr Reibung und Auseinandersetzung als in einem homogenen Team, doch die Ergebnisse hinsichtlich Innovation und Perspektivenwechsel sind einfach besser.

Nicht die Position ist entscheidend, sondern die Denk- und Handlungsweise der Mitwirkenden. Sorgen Sie im Kernteam für Augenhöhe, keiner hat mehr Macht und Einfluss als andere. In Abb. 6.4 Sie alle sechs Schritte, um ein agilen Kernteam zu bilden und zu befähigen.

6.3.3   Komplexe Aufgabenstellungen

Geben Sie dem agilen Team (Sie können auch parallel mehrere agile Teams bilden) komplexe Aufgabenstellungen. Zum Beispiel die Optimierung der internen Kommunikation, die Entwicklung eines kundenorientierten Multichannel-Angebots oder den Wandel von Einzelkämpfern zu echten Nutzer-Teams. Je komplexer und explorativer die Herausforderung ist, desto weniger fällt das Team in alte Bearbeitungsmuster aus dem klassischen Projektmanagement zurück.

Wenn die alten Methoden nicht mehr greifen, lassen sich Menschen aus der Notwendigkeit heraus schneller auf neue Wege ein. Erstellen Sie durch Tools wie Stakeholder Mapping und Persona-Interviews passende Anforderungs- und Akzeptanzkriterien für die Ergebnisse. Formulieren Sie die Aufgabenstellung dadurch bereits aus Sicht der Nutzer oder lassen Sie das Team mit den Stakeholdern Interviews gestalten und durchführen, damit der Kunde von Anfang an im Fokus ist. Mir ist es wichtig, nochmals zu betonen, dass die Teams nicht top-down gebildet werden. Führungskräfte können sich beteiligen und Aufgaben übernehmen, doch sie haben in den agilen Teams keine Führungsrolle per Position inne. Um die alten Muster erfolgreich zu durchbrechen, rate ich davon dringend ab! Die Basis der Arbeitsweise der Keimzellen stellt das agile Manifest mit seinen vier Paradigmen dar (s. Abschn. 1.2). Konsequent wäre es, wenn Sie ein Kernteam zur Gestaltung und iterativen Umsetzung der Transformation hin zu einem agilen Vertrieb beauftragen mit dem Ziel, die gesamte Organisation zu integrieren. Das ist natürlich die komplexeste und mutigste Aufgabe, die Sie einem agilen Team stellen können.

6.3.4   Freiräume und Kompetenzen

Das Team braucht Freiräume und genügend Kompetenzen, um selbstbestimmt agieren zu können. Es gibt unterschiedliche Stufen der Selbstorganisation. Nach Hofert (2018) ist die

erste und niedrigste Stufe der Selbstorganisation die fachliche und inhaltliche: Das Team
organisiert sich selbstständig fachlich und inhaltlich und trifft Entscheidungen in diesem
Zusammenhang autonom. In der zweiten Stufe der Selbstorganisation entscheidet und
plant das Team eigenverantwortlich seine Ziele und die Art und Weise, wie es diese Ziele
erreichen möchte. Die höchste Stufe ist die betriebswirtschaftliche Selbstbestimmung.
Hier plant und managt das Team selbstorganisiert das Budget und trägt die wirtschaftliche
Verantwortung. Ein Beispiel für Teams der Stufe drei sind die Mikrounternehmen bei
Haier (s. Abschn. 6.2.1). Die Teams entscheiden autonom und wie eigene Unternehmen
sowohl über Personal als auch sonstige Ein- und Ausgaben. Welche Stufe der Selbstorganisation Sie zulassen möchten, hängt von vielen individuellen Faktoren ab. Meiner Erfahrung nach sollte ein Kernteam mindestens Stufe zwei der Selbstorganisation innehaben
und sowohl alle relevanten fachlichen Themen wie auch die großen und kleinen Ziele
selbstbestimmt steuern können.

In keinem Fall ist Selbstorganisation zu verwechseln mit Anarchie oder Chaos. Ganz
im Gegenteil: Durch die klare Transparenz und die Rahmengestaltung sind die Entscheidungen und Kompetenzen in agilen Teams viel eindeutiger und konkreter definiert. Die
Stufe der Verantwortungsübernahme und Entscheidung wird über Frameworks wie das
Delegation Board Abschn. 10.3.2 oder die Teamcanvas Abschn. 10.3.1 sehr konkret
aufgezeigt.

Überlegen Sie mit den Teams von Beginn an, wie Sie Schutzräume schaffen, in denen
neue Arbeitsweisen und Innovationen ausgestaltet werden können. Wie eine zarte Pflanze
brauchen neue Denkweisen und Experimente Schutz vor den Routinen und Skeptikern.

Mit Raum ist dabei sowohl ein örtlicher wie auch ein ideeller Raum gemeint. Wie in
einem Gewächshaus sollten die neuen Teams zwar geschützt experimentieren können,
aber gleichzeitig transparenten Zugang für alle anderen Teams ermöglichen. Fatal wäre es,
wenn das Neue als fremd und feindlich erlebt und entsprechend von den anderen abgelehnt oder sogar bekämpft würde. Von Anfang an sind gutes Netzwerken und das Einbinden aller Mitarbeiter von ganz entscheidender Bedeutung.

6.3.5   Rollen- und Team Building

Auch in modernen Zeiten gelten zwischenmenschlich die gleichen Interaktionsmuster wie
vor Jahrzehnten oder im Grunde genommen sogar wie vor Jahrhunderten. Zumindest die
Konfliktfähigkeit hat sich offensichtlich noch nicht wesentlich weiterentwickelt. Wenn ich
mir die politische Lage verdeutliche, finde ich kaum intelligentere Umgangsweisen mit
unterschiedlichen Interessen, als das im Mittelalter der Fall war. Der gravierende Unterschied zur heutigen Zeit mag in der subtileren Art der Kriegsführung oder Machtausübung
liegen. Zum Glück sind die meisten Teams reifer als die politischen Köpfe vieler Natio-
nen. Zumindest schlagen sie sich in der Regel nicht die Köpfe ein. Trotzdem bleibt der
Umgang mit Unterschiedlichkeit eine Herausforderung. Und genau das wollen wir in agilen
Teams fördern. Anders ausgedrückt: Die Divergenz ist ein Erfolgsfaktor für Perspektiven-

vielfalt und Ideengenerierung. Statt homogener Harmonie wollen wir kontroverse Diskussionen, um bessere Lösungen zu entwickeln. Was sind die besten Voraussetzungen, damit dies gelingt?

Ich habe dazu die Kompetenzfelder und Störfelder von Teams gegenüber gestellt (s. Kap. 7). Jedes Team Building verläuft nach Phasen. Bereits in den 1960er-Jahren hat Tuckmann die Forming-, Storming-, Norming- und Performing-Phasen (s. Abb. 6.3) mit ihren typischen Dynamiken und Herausforderungen beschrieben (Tuckman 1965).

Auch heutzutage braucht ein Team mindestens ein Jahr, bis es in eine Hochleistungsphase kommen kann. Je früher die Mitglieder dabei selbstorganisiert handeln, desto schneller durchlaufen sie diese Phasen. Ein entscheidender Nährboden für eine schnelle und gesunde Teamentwicklung ist die psychologische Sicherheit.

Wie die amerikanische Psychologin Amy Edmondson (2012) erforscht hat, ist Sicherheit der wichtigste Faktor für Teamintelligenz. Denn nur wenn Menschen sich trauen, auch brenzlige Dinge auszusprechen, werden Teams in der Lage sein, sich zu korrigieren, Fehler zu analysieren und zu beheben. Die besten Teams machen die meisten Fehler, provoziert Edmondson in ihrer Publikation. Denken Sie auch im ersten Moment, das sei ein

Abb. 6.3 Phasen der Teamentwicklung. (Mit freundlicher Genehmigung von © Claudia Thonet 2020. All Rights Reserved)

Widerspruch? Im zweiten Moment erscheint es jedem logisch und nachvollziehbar: Gute Teams machen mehr Fehler, weil sie zum einen die Fehler nicht vertuschen und zum anderen den Mut haben, Neues zu lernen und auszuprobieren. Nur mit einer offenen Fehlerkultur, die auf dem Vertrauen und der gefühlten Sicherheit jedes Einzelnen basiert, ist Weiterentwicklung möglich. Wir können heutzutage Menschen nicht mehr dieselbe Sicherheit im Beruf bieten, die unsere Eltern erlebt haben. 30 Jahre und mehr Betriebszugehörigkeit sind in Zukunft kaum noch vorstellbar. Sicherheit muss sich heute anders definieren als über einen gesicherten Arbeitsplatz für die nächsten Jahrzehnte.

Was können wir stattdessen an Sicherheiten bieten? Meiner Beobachtung nach ist die wirkungsvollste Sicherheit, die wir Menschen anbieten können, die Gewissheit, als Mensch einen wichtigen Beitrag zu leisten und dazuzugehören. Ist mein Beitrag relevant, wird er gehört? Kann ich mich geben, so, wie ich bin? Sind meine Talente und Stärken gefragt? Darf ich Fehler machen und mich dabei weiterentwickeln? Werde ich unterstützt und von anderen gesehen? Wenn Sie diese Fragen für Ihr Team mit „Ja" beantworten können, haben Sie ein sicheres Fundament für alle geschaffen.

6.3.6 Agile Expertise

Sorgen Sie für Wissen und Know-how. Starten Sie mit agilen Werten und Prinzipien. Ohne entsprechendes Mindset und das Vorleben agiler Prinzipien werden keine Frameworks funktionieren. Holen Sie sich externe Expertise in den Methoden und Frameworks.

Lassen Sie das Team agiles Arbeiten erleben. Bilden Sie agile Botschafter kompetent aus (Coaches oder Moderatoren). Und vor allem: Entwickeln Sie Ihre Führungskräfte zu agil denkenden und handelnden Leuchttürmen in ihren Bereichen. Passende agile Frameworks und Methoden sind der optimale Rahmen, um das Spielfeld der Agilität zu erkunden und zu lernen.

Viele Teams machen dabei einen entscheidenden Fehler, den sie nicht als solchen erkennen und dadurch auch nicht daraus lernen: Sie verändern die Frameworks und Methoden viel zu schnell und passen sie an ihre Bedürfnisse an. Das ist teilweise wirklich fatal.

Ich empfehle das Erlernen agiler Praktiken nach dem Shu Ha Ri-Prinzip (Hofert und Thonet 2019). Die japanische Kampfkunst unterscheidet drei Lernphasen, die ein Schüler von den Anfängen bis zur Meisterschaft durchläuft.

„Shu" ist die erste Phase des Lernens und bedeutet übersetzt „gehorchen oder einhalten".
In dieser Phase befolgt der Schüler die gelernten Regeln und Schritte ausnahmslos. Er muss sich genau an den Prozess halten, darf nichts in Frage stellen oder verändern. Strikte Disziplin ist die Devise. Egal, welche Methode oder welches Framework Sie im Team einführen: Halten Sie sich in der ersten Lernphase strikt an die Regeln und Abläufe: Wenn Sie beispielsweise ein Daily einführen, in dem Sie sich täglich maximal 15 Minuten über

Bearbeitungsstände austauschen, dann ist es ganz entscheidend für die Wirksamkeit, das Meeting diszipliniert nach dem folgenden Schema durchzuführen:

- Am gleichen Ort und zur gleichen Zeit, höchstens 15 Minuten.
- Jeder beteiligt sich gleichwertig zu drei Fragen: Was habe ich gestern umgesetzt? Welche Hindernisse sind aufgetreten? Was werde ich heute angehen und wo brauche ich Unterstützung?
- Der Moderator oder Master räumt die Hindernisse im Anschluss aus dem Weg, damit das Team ungestört arbeiten kann. Allzu oft coache ich Teams, die Frameworks bereits nach einer Woche an eigene Bedürfnisse anpassen. Dann wird beispielsweise im Daily – weil es so praktisch erscheint – auch noch das eine oder andere Hindernis diskutiert oder die „Breaking News" aus dem Unternehmen besprochen. Im Handumdrehen wird aus wenigen Minuten eine halbe Stunde und der Fokus geht mehr und mehr verloren. Vier Wochen später hat die Hälfte des Teams schon keine Lust mehr auf das tägliche Zusammentreffen, weil es schlichtweg zu viel Zeit frisst und die Themen nicht mehr für alle relevant erscheinen. Kurzum: Die verkürzte Form eines klassischen Teammeetings wird jetzt Daily genannt, der eigentliche Sinn und Nutzen hat sich in eine zusätzliche Belastung für das Team verwandelt. Fazit des Teams: „Daily bringt bei uns nichts!" Viel sinnvoller ist es, wenn ein Moderator die ersten Monate das Daily vorbildlich moderiert und die Struktur entschieden einhält. Erst, wenn das sozusagen im Schlaf sitzt, kann auch ein anderer im Team die Moderation übernehmen. Der Ablauf bleibt immer noch gleich. Nach etwa einem Jahr erst ist das Team frei, eine Änderung zu beschließen und die Auswirkung zu testen.

„Ha" ist die zweite Phase des Lernens und lässt sich mit „(auf)brechen, frei werden, abschweifen" übersetzen.
Wenn der Schüler die Regeln und Schritte wirklich beherrscht, dann darf er anfangen, sie zu interpretieren und auf den Kontext abgestimmt zu variieren. Er hat in der ersten Phase den Nutzen kennengelernt und die Bedeutung der Regeln verinnerlicht. Im „Ha" hat er die Kompetenz erworben, sie für sich neu zu deuten. Um bei unserem Beispiel zu bleiben, kann es für ein Team emotional und mental sehr effektiv sein, die Frage „Was lief gestern gut?" an den Anfang des Meetings zu stellen. Das fokussiert jeden auf die positiven Themen und Betrachtungsweisen.

„Ri", als dritte Phase des Lernens und höchste Stufe der Kunst, bedeutet „verlassen, trennen, abschneiden".
Hier ist der Schüler zum Meister geworden. Er kann die Muster und Strukturen verlassen und eigene Dinge entwickeln. Im „Ri" ist alles so verinnerlicht, dass man von der Methode unabhängig wird. Das Team ist so eingespielt und erfahren, dass es sich von der strikten Struktur löst und nur noch jeden dritten Tag ein Daily braucht, um sich vollständig abzustimmen. Es hilft uns nicht weiter und wir lernen nicht wirklich weiter, wenn wir zu früh

anpassen. Ganz im Gegenteil: Wir verkaufen dann alten Wein in neuen Schläuchen, indem wir nur einen neuen Titel beibehalten und ihn mit alten Mustern füllen. Wir suchen unzählige neuen Impulse und sehnen ein Rezept für Veränderungen herbei. Weiterbringen wird uns nur konsequente Musterunterbrechung. Loslassen von etwas Vertrautem, indem wir etwas wirklich Neues implementieren.

Wie Sie agile Keimzellen bilden und befähigen, die dann im Verlauf der Transformation diverse Initiativen und Experimente anstoßen, zeigt Abb. 6.4.

6.4   Think Big: ganzheitliche Transformation

Sie wollen weiter gehen, als mit einem Hybridmodell nur einige Teilbereiche zu agilisieren? Ihr Unternehmen ist reif für eine Ganzheitliche Transformation? Es gibt mehrere Strukturen zur Skalierung, also Übertragung auf das gesamte Unternehmen, etwa LeSS, Nexus und SAFe. Sie werden für Ihre Organisation vergeblich nach einer „One-fits-all"-Strategie und einem Erfolgsrezept suchen, denn das kann es nicht geben.

Die Kulturen der Unternehmen sind schlichtweg viel zu unterschiedlich. Jeder Bereich und jede Organisation beherbergt ihren eigenen, durch individuelle Prägung geformten Geist. Der lässt sich nicht nach einem Schema umformen oder überschreiben. Was wir jedoch tun können: gemeinsam zukunftsfähige Strategien und innovative Formen der Zusammenarbeit entwickeln und dabei von- und miteinander lernen. Wir können wie beim Framework Working out Loud von John Stepper (2015) transparent und offen Transformationsgeschichten teilen und Erfahrungen kondensieren. Ich widme dieses Buch zwar dem Kulturwandel im Vertrieb, doch von einer agilen Transformation können wir erst ab Flughöhe 3 sprechen (s. Abschn. 5.6.3) – und die betrifft immer das gesamte Unternehmen.

Nur wenn sich die Kultur weg vom bürokratischen „Richtig machen und Fehler vermeiden" und Wettbewerbsdenken hin zu offener Reflexion und kooperierenden Experimenten wandelt und sich darauf aufbauend auch die Struktur weg von der Pyramide und hin zu Schwärmen umbaut, dann erst können wir von einer agilen Organisation sprechen. Doch wie könnte eine gesamte Organisation zu einem intelligenten Schwarm hunderter agiler Teams und interagierender Netzwerke werden?

Sechs Meilensteine für eine ganzheitliche Transformation
Ist es möglich, die Flexibilität und Kreativität agiler Innovationsmodelle von Teamebene auf die gesamte Organisation zu übertragen? Die beschriebenen sechs Meilensteine sollen lediglich eine Anregung bieten und Sie als Leser inspirieren. Lernen Sie von den Unternehmen, die als Vorreiter und Visionäre mutig experimentieren und jede Menge Erfolge und Misserfolge ernten, daraus und gehen Sie weiter.

Finden Sie Ihren eigenen Weg, der auf Ihr Fundament aufbaut und werden Sie wie in Abschn. 5.2 beschrieben zum Leuchtturm für andere! Lernen Sie aus Erfahrungen der Vorreiter und Visionäre und nutzen Sie folgende Anregungen:

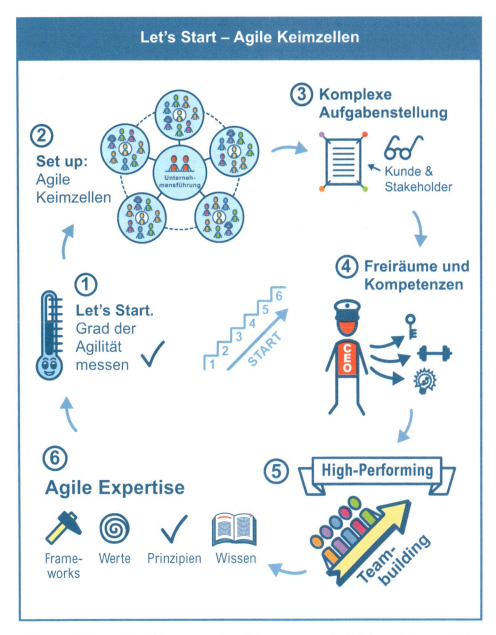

Abb. 6.4 Bilden und Befähigen von agilen Keimzellen in sechs Schritten. (Mit freundlicher Genehmigung von © Claudia Thonet 2020. All Rights Reserved)

- Schaffen Sie ein gemeinsames Verständnis für die Dringlichkeit und den Sinn des Wandels und entwickeln Sie eine Vision aus Kundensicht.
- Entlarven und analysieren Sie Ihre Bremsklötze und Schmerzpunkte aus Kundensicht. Dazu helfen Interviews mit Stakeholdern und Customer Journeys mit internen und externen Kunden und Partnern.
- Bilden Sie interdisziplinäre, agile Navigationsteams, die sich mit der Steuerung, Planung, Koordination, Architektur, Personalentwicklung etc. in synchronisierten Sprints beschäftigen und als Schwarm kollaborieren.
- Initiieren Sie Nutzerteams rund um die Produkte und Services, deren Aufgabe es ist, die Pains der Kunden von heute und morgen zu lindern und deren Gains zu erhöhen. Lassen Sie diese einmaligen Erlebnisse über alle drei Horizonte (s. Abschn. 5.5) hinweg für die Nutzer entwickeln und ausliefern.
- Erschaffen Sie Möglichkeiten und Tools zur unternehmensweiten Transparenz und Kollaboration.
- Reflektieren Sie auf allen Ebenen die Fortschritte bezüglich Ihrer Vision und sorgen Sie in den Kernteams für ambitionierte Ziele und Ergebnisse. Schaffen Sie eine Kultur der selbstbestimmten Beteiligung aller Mitarbeiter und Partner. Dazu eigenen sich beispielsweise Objectives and Key Results (OKRs) (s. Abschn. 10.2.3).

6.5   Skalierung nach dem Spotify-Modell

Ursprünglich aus dem schwedischen Musik-Start-up stammend, ist dieses agile Organisationsmodell zu einem Vorbild für einen vergleichsweise einfachen Umbau einer klassischen Organisationsform zu einem agilen Unternehmen geworden. Das Spotify-Modell unterscheidet folgende Bereiche/Teams (s. Abb. 6.5):

- **Squads:** Ist ein rossfunktionales Teams vergleichbar mit einem Scrum Team. Es hat alle erforderlichen Kompetenzen an Bord, um eigenständig Innovationen umzusetzen.
- **Tribe:** In einem Tribe sind mehrere Squads zusammen gefasst die an der gleichen Dienstleistung oder dem gleichen Produkt arbeiten.
- **Chapter:** Chapter bestehen aus Menschen mit gleicher Fachexpertise eines Tribes, die sich regelmäßig austauschen und gemeinsam fachlich weiterentwickeln,
- **Gulden:** Über die gesamte Organisation hinweg werden Gulden gebildet, in denen sich Menschen mit gleichem fachlichen Hintergrund oder gleichen Interessen zusammen finden und Wissen und Erfahrungen austauschen.

Das Spotify-Modell ist eine einfache, aber durchdachte agile Organisationsform, durch die ein Unternehmen seine Transformation strukturell umsetzen kann. Doch ohne den Kulturwandel hin zu anderen Formen der Macht und Führung wird das Modell scheitern und von der alten Kultur überdeckt werden.

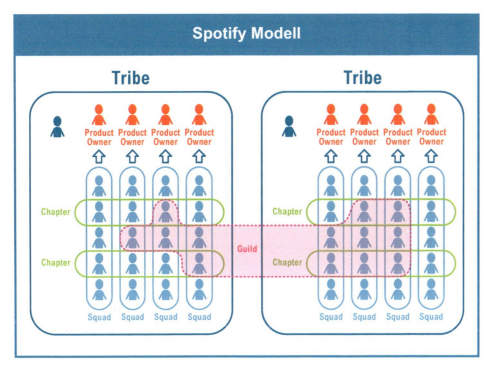

Abb. 6.5 Die Teams und Bereiche des Spotify-Modells. (Mit freundlicher Genehmigung von ©
Claudia Thonet 2020. All Rights Reserved)

Die Mitarbeiterzufriedenheit wird in den Keller gehen, desillusionierte Teams werden
den Weg der Veränderung pflastern. Das erlebt gerade die ING-DiBa AG.

Beispiel

Als erste agile Bank Deutschlands wollte die Geschäftsführung den Umbau vorantreiben. Dazu nutzte sie wie so viele das Spotify Modell und lässt sich von einer Unternehmensberatung begleiten, die normalerweise für eine hierarchische und ausschließlich
gewinnmaximierende Kultur bekannt ist. Laut einer Recherche von Wermke et al.
(2019) läuft die Transformation auf Kosten der Mitarbeiter- und Kundenzufriedenheit.
Die Gesamtzufriedenheit sank von 81 % im Jahr 2017 auf 57 % in 2018; das ist ein
dramatischer Absturz. Auch Führungskräfte der Bank berichten uns in Workshops von
Frust und Überhitzung. Das kann ein ganz normales Übergangsphänomen sein und sich
nach einer Weile wieder erholen. Doch es kann ebenso ein Hinweis für fehlenden Kulturwandel sein.

Nutzen Sie das Modell nur, wenn Sie zu 100 % bereit sind, einen echten Kulturwandel
einzuleiten. Achten Sie darauf, dass der Kunde und die Kooperation der Teams immer im
Vordergrund stehen und keine machtverwöhnten und besitzwahrenden Einzelpersonen.

Spotify selbst hat sich laut eigenen Angaben schon längst weiterentwickelt und seine Tribes und Squads waren die Organisationsform, die ihnen im Jahr 2012 entsprochen hatte.

Fangen Sie immer mit den entscheidenden Visionsfragen an, bevor Sie sich mit der Form beschäftigen:

- „Wo kommen wir her und was wollen wir bewahren?"
- „Wohin wollen wir uns entwickeln und ausrichten?"
- „Warum tun wir das? Hintergründe und Auslöser?"
- „Wozu wollen wir das? Sinn und Nutzen?"

Literatur

Dixon M (2018) Reinventing customer service. Harvard Business Review. https://hbr.org/2018/11/reinventing-customer-service. Zugegriffen am 14.06.2019

Edmondson AC (2012) Teaming. How organizations learn, innovate, and compete in the knowledge economy. Jossey-Bass, San Francisco

Eisenkrämer S (2017) So agil ist Zalando. https://www.springerprofessional.de/agile-methoden/cebit/zalando-zeigt-wie-radikal-agil-funktioniert/12129598. Zugegriffen am 03.04.2019

Fuhrmann R (2016) Veränderung von unten. Harv Bus Manag 3:68–72

Hamel G, Zanini M (2019) Harvard Business Manager, Januar 2019, S 25–31

Hofert S (2018) Das agile Mindset. Springer Gabler, Wiesbaden

Hofert S, Thonet C (2019) Der agile Kulturwandel. Springer Gabler, Wiesbaden

Kotter J (2015) Accelerate: Strategischen Herausforderungen schnell, agil und kreativ begegnen. Vahlen, München

PayPal (2015) PayPal enterprise transformation. https://www.paypalobjects.com/webstatic/en_US/mktg/pages/stories/pdf/paypal_transformation_whitepaper_sept_18_2015.pdf. Zugegriffen am 04.07.2019

Reimann S (2018) Agile Transformation bei Swarovski. Managerseminare 245:48–52

Stepper J (2015) Working out loud: For a better career and life. Ikigai Press, New York

Tuckman BW (1965) Developmental sequence in small groups. Psychol Bull 63:384–399

Wermke C, Scheppe M, Olk J (2019) Agiles Arbeiten, flache Hierarchien, offene Büroräume: Die New Work Illusion. Handelsblatt. https://www.handelsblatt.com/unternehmen/management/job-agiles-arbeiten-flache-hierarchien-offene-bueroraeume-die-new-work-illusion/24896462.html?ticket=ST-2917326-Cf3ambdoYb1NYdJlhBTc-ap2. Zugegriffen am 16.08.2019

Selbstorganisierte Teams 7

Zusammenfassung

Was sind die Kompetenzfelder selbstorganisierter Teams und welche Störfelder gilt es zu lösen? Welche Rollenkonzepte brauchen die Teams und wie messen Sie den Grad an Agilität, der bereits vorhanden ist? Alle Antworten mit Anleitungen und Checklisten bekommen Sie in diesem Kapitel.

Selbstorgansierte Teams sind aktuell in Mode. Viele Führungskräfte finden die Vorstellung, das operative Management und die tägliche Organisation an die Teams selbst abzugeben, auf den ersten Blick mehr als attraktiv. Auf den zweiten Blick erst wird ihnen dann bewusst, wie viel mehr Selbstorganisation diese Änderung zur Folge hat und wie weitreichend die Auswirkung auf die Führungskräfte sein wird.

7.1 Die fünf Kompetenzfelder von Teams

Gute Teams verfügen über fünf Kompetenzen, die je nach Reifegrad unterschiedlich stark ausgebildet sind. Inspiriert von den Dysfunktionen von P. Lencioni (2004) und deren Weiterentwicklung durch meine Erkenntnisse aus mehr als 150 Moderationen von Teams, sind die in Abb. 7.1 dargestellten fünf Kompetenzfelder entstanden. Die Expertise der einzelnen Mitarbeiter in dem erforderlichen Aufgabengebiet setzen wir voraus. Sie ist das Fundament, auf dem sich die Teamleistung und der Outcome aller aufbauen.

Achten Sie jedoch bei der Einstellung und Einarbeitung von Mitarbeitern nicht nur auf die fachliche Kompetenz, sondern auch auf die sozialen Fähigkeiten. Denn der beste Experte sprengt jedes Team, wenn er keine emotionale Intelligenz mitbringt. Aufbauend

© Springer Fachmedien Wiesbaden GmbH, ein Teil von Springer Nature 2020   139
C. Thonet, *Der agile Vertrieb*, Edition Sales Excellence,
https://doi.org/10.1007/978-3-658-29093-1_7

Abb. 7.1 Was macht ein reifes Team aus? (Mit freundlicher Genehmigung von © Claudia Thonet 2020. All Rights Reserved)

darauf entwickelt sich ein Team synergetisch in den folgenden Gebieten weiter und ergänzt sich dabei.

7.1.1 Teamgeist und Wir-Kultur für hohe Identifikation

Der Vertrieb wird keine Wir-Kultur, geschweige denn einen inspirierenden Teamgeist implementieren, wenn die kulturellen und strukturellen Voraussetzungen dafür nicht geschaffen sind. Solange Vertriebsleiter weiterhin ausschließlich Einzelziele verfolgen und messen bzw. Aufgaben und Rollen definieren und zuteilen, ist die Entstehung einer Wir-Kultur zum Scheitern verurteilt. Die Transparenz der Einzelleistungen und Beiträge ist wichtig für ein Team, doch der Erfolg muss sich an der Teamleistung als Ganzes messen. Outcome statt Output sollte die Devise sein.

Unter Output versteht man die Leistungen, die messbar bei einer Aufgabenstellung erbracht werden. Im Gegensatz dazu ist das Outcome die Wirkung, die auf unterschiedlichen Ebenen durch die Aufgabe erreicht wurde. Wenn Ihr Team Kunden kontaktiert, um auf eine Veränderung der Konditionen hinzuweisen, wäre beispielsweise der Output die Anzahl der bestätigten Kundenkontakte, das Outcome hingegen könnte eine stärkere Kundenbindung sein und daraus folgend der Verkauf weiterer Dienstleistungen als gute Lösung für den Kunden.

Solche Outcomes entstehen nur, wenn ein Team gemeinsam über den Tellerrand schaut und weiterdenkt. Weiter gedacht kann sich ein Team mit dem Impact beschäftigen, also seinem Beitrag auf gesellschaftlicher Ebene. Einen Impact werden Teams erzielen und stolz darauf sein, indem sie beispielsweise die Kunden auf ökologische Zusammenhänge hinweisen und Lösungen anbieten, die nicht nur dem Kunden und Unternehmen, sondern auch der Umwelt Nutzen bringen. Wie die PHINEO gAG (2019) nachgewiesen hat, sind Menschen in Teams effektiver, je mehr der Impact im Vergleich zum reinen Output zählt. Abb. 7.2 veranschaulicht die Wirkungskette.

Die Ergebnisse des Meinungsmonitors von Managerseminaren (2018) ergab als wichtigste Faktoren, die Teams erfolgreich machen, folgende Gewichtung:

- 56 % gemeinsamer Sinn/Purpose
- 54 % Empathie und Sozialkompetenz
- 52 % Klarheit in Bezug auf Rolle und Aufgaben sowie
- 45 % intensive Interaktion und breite Kommunikation

Ein gemeinsamer Sinn entsteht, wenn der emotionale und rationale Nutzen des Auftrags eines Teams klar und greifbar ist und der Kunde dabei im Zentrum steht.

Schaffen Sie eine gemeinsame Vision und Mission mit dem Team und sorgen Sie dafür, dass jeder Einzelne seinen eigenen Beitrag und Nutzen für sich selbst im Ganzen erkennt (s. Abschn. 5.2.1).

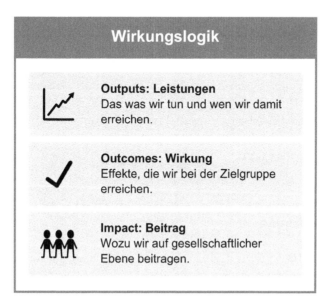

Abb. 7.2 Output, Outcome oder Impact? (Mit freundlicher Genehmigung von © Claudia Thonet 2020. All Rights Reserved)

7.1.2   Vertrauen und Offenheit für konstruktive Kommunikation

Die Basis jeder guten Teamleistung ist das Vertrauen, die eigene Meinung vertreten zu können und als Mensch und Individuum grundsätzlich angenommen zu werden. Diverse Forschungen bestätigen die Relevanz von Vertrauen und psychologischer Sicherheit (s. Abschn. 7.2.4).

Google veröffentlichte in der New York Times seine eigene Studie „Projekt Aristoteles", in dem das Unternehmen 180 eigene Teams hinsichtlich der perfekten Teamzusammensetzung untersuchte. (Duhigg 2016) Der Name leitete sich von dem passenden Aristoteles-Zitat ab: „Das Ganze ist mehr als die Summe seiner Teile". Die entscheidenden Faktoren für gute Teamarbeit waren Sicherheit und Vertrauen. Vor allem geht es dabei um jene Gewissheit, die man braucht, um auch Dinge zu sagen oder zu tun, mit denen man ein persönliches Risiko eingeht. Sehr deutlich zeigt sich dieses Verhalten, wenn sich Teammitglieder trauen, quer zu denken und die einheitliche Meinung eines Teams zu einem Thema zu hinterfragen oder eine ganz andere Position dazu vertreten.

Vertrauen ist nicht nur existenziell bei Meinungsverschiedenheiten, es ist auch die Basis für eine gute Fehlerkultur. Ohne Vertrauen werden Fehler schlichtweg vertuscht, was wiederrum zu immensen Problemen und letztendlich Kosten führt. Früher konnte man erkennen, wenn in einer Fabrikhalle eine Maschine defekt war oder sonst irgendetwas schief ging: Es qualmte und stank. Heute erkennt niemand mehr auf Anhieb die Probleme und Fehler, wenn er durch Büros geht. In der Regel qualmen und stinken die PCs nicht, doch es geht ebenso viel schief wie früher – es sieht nur keiner direkt.

Umso wichtiger ist der Mut, Fehler offenzulegen und frühzeitig zu beheben. „Fail fast and often" ist ein beliebtes und häufig genutztes Credo, um neue Ideen zu entwickeln und innovativ zu sein. Doch ohne Fehlerkultur bleibt davon nur ein hohler Satz auf dem Whiteboard übrig.

Fangen Sie daher als Berater oder Führungskraft damit an, von eigenen Fehlern zu berichten und ihre Learnings gemeinsam mit dem Team abzuleiten. Sprechen Sie nicht nur von Vertrauen, sondern schenken Sie es dem Team und den einzelnen Mitarbeitern. Meiner Erfahrung nach ist es falsch zu warten, bis sich ein Team oder Mitarbeiter Vertrauen verdient hat. Vertrauen ist das Ergebnis aus aktivem Handeln und einer entsprechenden Haltung, die jeder geben kann.

7.1.3   Verantwortung und Verbindlichkeit für nachhaltige Zielerreichung

Verantwortung und Beteiligung sind entscheidende Merkmale agiler Teams. Kein Mensch will Verpflichtungen für etwas übernehmen, das er nicht selbst vertreten kann oder besser noch, selbst entschieden und entwickelt hat. Menschen verpflichten sich zu Lösungen und Umsetzungen, die sie selbst als sinnvoll und zielführend erachten. Das ist unter anderem ein Problem von dominanten Einzelpersonen in Teams. Wenn sich wenige immer durchsetzen und sowohl den höchsten Rede- als auch den Ideenanteil im Team innehaben, dann schalten andere auf Durchzug und identifizieren sich nicht mehr mit den Lösungen. Demzufolge sinken Verantwortlichkeit und Verbindlichkeit in der Umsetzung. Zielführender ist es, einen Rahmen zu gestalten und dem Team vorzugeben, innerhalb des Rahmens eigene Lösungen zu besprechen und zu beschließen. Dominante Personen können Sie durch entsprechende Moderationstechniken wie Kartenabfragen oder Gruppenarbeiten zu Ideen eingrenzen und den Introvertierteren im Team dadurch Raum geben, ihre Vorschläge gleichberechtigt einzubringen.

Schon eine kleine Sanduhr hilft dabei, solche Dynamiken aufzubrechen, indem jeder zu einem Thema die gleiche Redezeit erhält. Eine hohe Verbindlichkeit erkennen Sie bei Teams sehr gut an folgendem Verhalten: Das Team hat gemeinsam Arbeitspakete besprochen und verteilt. Nach dem Stand-up Meeting geht ein Mitarbeiter auf einen Kollegen zu und bittet ihn um ein kurzes Feedbackgespräch. In dem Vier-Augen-Gespräch bittet er den Kollegen, seine Themen zum nächsten Tag fertigzustellen, weil seine Aufgaben davon abhängen und er sonst die eigenen Zusagen im Sinne der Teamleitung nicht mehr einhalten kann. Das mag für Sie liebe Leser, selbstverständlich klingen, ist es aber meiner Erfahrung nach nicht. Erst wenn Mitarbeiter sich gegenseitig konstruktiv und dennoch konsequent in die Verpflichtung nehmen, dann leistet das Team in diesem Kompetenzfeld Arbeit im Sinne der Agilität.

7.1.4 Kooperative Haltung und Selbstverständnis für konsequente Selbstreflexion

„Never change a winning team" oder „Don't change a running system" sind Sprüche, die jeder kennt. Doch genau dieses Verhalten wollen wir hier überdenken. Erst wenn ein Team in der Lage ist, sich konsequent immer wieder zu hinterfragen und die eigenen Verhaltensweisen und Problemlösestrategien zu überdenken, dann hat es eine hohe Kompetenz in diesem Feld. Mehr oder weniger zufällig haben Scrum Teams in der Softwareentwicklung die Kompetenz der Reflexion erworben.

Durch die Retrospektiven (s. Abschn. 10.5.2) nach jedem Sprint also nach zwei bis vier Wochen, die regelmäßig im Framework festgeschrieben sind, lernt ein Team nach und nach sozusagen als Nebeneffekt die Fähigkeit der Selbstspiegelung. Wo sonst nehmen sich normale Teams Zeit für Feedback und Rückblick auf die Zusammenarbeit? Das machen sie meistens erst dann, wenn etwas schiefläuft, die Leistung des Teams zu wünschen übrig lässt oder Konflikte nicht mehr unter dem Teppich gehalten werden können.

Vielleicht kennen Sie ja Ausnahmen, aber bei vielen ist es eher die Regel, höchstens alle zwei Jahre in Form einer Teamentwicklung auf die Art und Weise des Miteinanders zu schauen. Stellen Sie sich vor, was in Ihrem Team passieren würde, wenn Sie sich wirklich alle zwei bis vier Wochen sage und schreibe drei Stunden Zeit nehmen würden, um in einem geordneten Ablauf sowohl auf die Stärken als auch auf Optimierungen der Kooperation zu schauen und sich gegenseitig Rückmeldungen zu geben.

Gut moderierte Retros verändern Teams in jedem Fall und erhöhen gleichzeitig das Reflexionsniveau. Entscheidend dabei sind die Moderation und der wertschätzende Umgang. Dazu müssen alle vorher beschriebenen Kompetenzen im Team vorhanden sein: Vertrauen, Wir-Gefühl und Verantwortlichkeit. Denn nur wirksame und passende Retrospektiven-Formate führen zu der entsprechenden Kompetenzsteigerung.

7.1.5   Regeln und Strukturen für reibungslose und effektive Abläufe

Gehen Sie von der Vorstellung aus, agile Teams seien spaßige Angelegenheiten, bei denen es locker zugeht und jeder eine Menge Zeit und Muße für kreative Ideen und Experimente bekommt? Glauben Sie, Laissez-faire sei eine Eigenschaft von Führungskräften in selbstorganisierten Teams? Dann passen Ihre Vorstellungen zu einem typischen Irrglauben über innovative Teams.

Ich kenne keine disziplinierteren und strukturierteren Arbeitsweisen als agile Frameworks. Die Regelwerke geben genaue Prozessabläufe, Prinzipien und Strukturen vor, die in einer engen Zeittaktung (Timeboxing) durchgeführt werden. Auch oder gerade für Innovation gibt es klare Abläufe mit höchster Disziplin. Als Beispiel möchte ich einen sogenannten Design-Sprint beschreiben, also einen Ablauf für die Entwicklung neuer Ideen, wie Google ihn durchführt.

Ablauf eines Design-Sprints
- **Tag 1: Verstehen.** Am ersten Tag eines Designsprints wird das Problem aus Unternehmens- und Kundensicht durchdrungen und betrachtet. Die Entwicklungen des Themas aus jüngster Zeit und die Erfahrungen aus der Vergangenheit werden zusammengetragen und analysiert. Am Ende des ersten Tages sollen alle Beteiligten das Problem klar verstanden haben, die Aufgabe soll definiert sein.
- **Tag 2: Lösungsansätze finden.** Am zweiten Tag geht es nur um Lösungen. Jede Idee wird in dieser Phase durch unterschiedliche Brainstorming-Techniken gefördert und festgehalten. Alle beteiligen sich gleichermaßen an der Ideengebung.
- **Tag 3: Entscheiden.** Am dritten Tag werden die besten Ideen ermittelt und die dazugehörige User Story geschrieben. Alle beteiligen sich in strukturierter Weise an der Bewertung und Entscheidung der besten Ideen.
- **Tag 4: Prototypen.** Am vierten Tag wird aus den gewählten Ideen jeweils ein Prototyp des Produktes konstruiert. Der Prototyp muss dabei anschaulich und nutzbar für den Feedbackgeber sein.
- **Tag 5: Überprüfen.** Am fünften Tag werden die Prototypen bzw. der eine Prototyp diversen Testern vorgeführt. Tester sind echte Nutzer, die Prototypen nach bestimmten Kriterien bewerten. Durch die gezielte Fragestellung wird die entwickelte Idee entweder bestätigt oder verbessert. Es kann sogar sein, dass sie verworfen wird, wenn die Kunden das Produkt nicht tauglich finden.

Disziplin in der Umsetzung und transparente Workflows bestimmen die tägliche Arbeit von Spitzenteams. Viele Teams checken morgens gemeinsam ein und machen ihren Arbeitsfluss transparent. Einige checken sogar abends gemeinsam aus und klären offene Themen. Jeder weiß immer, wo das Team und jeder Einzelne mit seinen Aufgaben steht und wie gut die Performance im Vergleich zu den selbst gesetzten Zielen ist. Laissez-faire und Anarchie sind von dieser Realität weit entfernt.

7.2   Diese fünf Störfelder blockieren Teams

Analog zu den Kompetenzfeldern gibt es auch Störfelder bei Teams. Es geht niemals darum, Störfelder zu vermeiden, sondern darum, sie zu erkennen, zu verstehen und die Entwicklungsaufgabe des Teams zu identifizieren. Werfen wir einen Blick auf die Störfelder (s. Abb. 7.3) und die daraus resultierenden Aufgaben für das Team.

7.2.1   Fehlende Identifikation mit dem Sinn und Wir-Gefühl

Die meisten Menschenmöchten einen Beitrag leisten und einen Sinn in ihren Handlungen erkennen. Wer will sein Leben schon mit sinnlosen Tätigkeiten verbringen? Obwohl das so einleuchtend und simpel erscheint, sind immer noch viele Vertriebsbereiche auf das Streben nach Umsatzzielen und Gewinnmaximierung getrimmt. Jedem Vertriebler ist klar, wie wichtig das finanzielle Wohlergehen des Unternehmens ist, doch das reicht nicht aus, um einen Sinn zu stiften. Wie bereits beschrieben, sind die stärksten Motivatoren der Beitrag zum Gemeinwohl der Gesellschaft. Erkennt ein Team keinen gemeinsamen Nutzen für den Kunden, das Unternehmen, die Kollegen oder zumindest für jeden einzelnen selbst, dann fehlt das Bindemittel. Da helfen auch keine Lippenbekenntnisse von Vertriebsleitern.

7.2.2   Angst vor Konflikten

Wir sprechen viel davon, wie wichtig ein guter Umgang mit Unterschiedlichkeiten und Konflikten ist. Doch schon ein Blick in die Tageszeitung zeigt uns ein ganz anderes Bild von der gelebten Realität. Handelskriege, Anschläge, Diffamierungen, Scheidungen etc. machen deutlich, wie wenig sich die Menschen im konstruktiven Umgang mit Konflikten weiterentwickelt haben. Kein Wunder also, wenn Konflikte Angst machen und als bedrohlich empfunden werden.

Ich empfehle Teams in der ersten Zeit der Zusammenarbeit ausschließlich positives Feedback miteinander zu teilen. Darunter fällt alles, was untereinander stärkend, motivierend und ermutigend wirkt. Erst wenn das Team darin geübt ist und einen guten Teamgeist entwickelt hat, kann sich jeder sicher und geborgen fühlen. Psychologische Sicherheit ist

Abb. 7.3 Hindernisse für Teams. (Mit freundlicher Genehmigung von © Claudia Thonet 2020. All Rights Reserved)

in Zeiten des schnellen Wandels und der Unbeständigkeit in den Teams die Basis für Vertrauen. Und ohne Vertrauen gibt es auch keine Konfliktbereitschaft. Die entsteht erst, wenn sich jeder als Individuum akzeptiert fühlt und heikle Themen sanktionsfrei besprochen werden können. Das ist das Fundament, um in kleinen Schritten durch gut moderierte Retrospektiven auch kritische Themen zu beleuchten und sich mit gegenseitigen Wünschen und Bedürfnissen zu konfrontieren. Doch Vorsicht: Vermeiden Sie weiterhin konsequent Schuldzuweisungen oder gegenseitiges Erziehen!

7.2.3   Vermeidung von Verantwortungsübernahme

Teams übernehmen nur dann die Verantwortung für Aufgaben und Abstimmungen untereinander, wenn sie Kompetenzen und Entscheidungsfreiräume dafür erhalten. Führungskräfte müssen loslassen und dem Team das Vertrauen schenken; Teams müssen schwimmen lernen ohne die lähmende Angst vor dem Ertrinken. Ohne das Zutrauen in die Selbstwirksamkeit wird keiner seine Hand für ein Thema ins Feuer legen.

7.2.4   Mangelnder Selbstwert

Selbstwirksamkeit entsteht durch Selbstwert. Mangelt es am Selbstwert, dann haben Teams weder den Mut, Fehler zu machen noch für etwas einzustehen. Je geringer der Selbstwerttopf gefüllt ist, desto eher werden Fehler vertuscht, Konflikte unter den Teppich gekehrt – und es wird übereinander statt miteinander geredet. Aber: jeder ist eine 10!

Das ist mein Credo: Auf der Skala 1 bis 10 ist nicht einer eine Fünf und der andere eine Neun, nein, alle Menschen sind gleich wertvoll und wichtig. Das heißt nicht fehlerfrei und schon gar nicht fertig entwickelt – aber gleichwertig wichtig, so, wie sie sind.

7.2.5   Struktur schafft Verhalten

„Struktur schafft Verhalten" – ein weiterer Lieblingsspruch von mir. Denn ohne strukturelle Änderungen bleiben Veränderungen im Verhalten nur Lippenbekenntnisse. Ohne klare Regeln, Vereinbarungen, Arbeits- und Kommunikationsstrukturen bleiben Teams weit unter ihrer Leistungsfähigkeit. Mit klaren Regeln, disziplinierten Strukturen und Abläufen kennzeichnen agile Methoden und Frameworks und machen agil arbeitende Teams zu disziplinierten und effektiven Teams

7.3   Rollen statt Positionen

Rollen haben – ähnlich wie Positionen – großen Einfluss auf Menschen. Auch Sie kennen bestimmt Beispiele, in denen Kollegen sich verändern, nur weil sie eine neue Position bekommen. Positionen und Rollen sind innerlich mit konditionierten Vorstellungen gekoppelt, darüber wie ihr Inhaber zu agieren hat.

Die vermutlich drastischste Metamorphose erleben wir als werdende Eltern. Auf mysteriöse Weise entwickelt unsere Psyche mit dieser neuen Lebensrolle auch völlig neue Fähigkeiten. Wir kommen mit halb so viel Schlaf aus, nehmen unsere Umgebung anders wahr, unsere Sinne schärfen sich und unser Gefühlsleben schlägt Purzelbäume. Nicht so drastisch, aber dennoch offensichtlich ist die veränderte Denk- und Handlungslogik, wenn wir im Beruf eine neue Rolle einnehmen.

Erst kürzlich konnte ich diesen Wandel bei der Ausbildung interner Vertriebscoaches beobachten. Allein durch die neue Rolle entwickelten die sieben Innendienstmitarbeiter eine völlig neue Sichtweise, nicht nur auf ihre Kollegen, sondern auf den ganzen Vertrieb. Sie entdeckten Fähigkeiten und Ansichten, die sie vorher in ihrer langjährigen Betriebszugehörigkeit niemals vermutet hätten. So bewerteten sie beispielsweise die Interaktionen im Team auf einmal aus einer professionellen Distanz heraus und erkannten sogar Zusammenhänge über ihren Bereich hinaus.

Menschen wohnt ein ganz natürliches Talent inne, das sie in unterschiedliche Rollen schlüpfen lässt. Vorausgesetzt, wir können uns gut damit identifizieren, werden wir innerhalb von Minuten zum Kunden oder zur Führungskraft und können aus der jeweiligen Perspektive eine Entscheidung treffen.

7.3.1　Ursachen des Rollen-Phänomens

Die Ursache dieses Phänomens liegt in unseren Wahrnehmungsfiltern begründet. Wir filtern stets und ständig Millionen von Informationen, die wir über unsere Sinne aufnehmen. Dazu dienen Filtersysteme (Tilgung, Generalisierung und Verzerrung), die diese unzähligen Informationen zielgerichtet je nach Fokus sieben.

Lassen Sie mich das anhand einer kleinen Reflexion aufzeigen. Während Sie nämlich diese Zeilen lesen, nehmen Sie vermutlich nicht gleichzeitig bewusst wahr, wie Ihr Herz schlägt und es stets in seinem unverkennbaren Rhythmus Blut durch Ihren Körper pumpt. Möglicherweise spüren Sie auch nicht, wie sich Ihre Bauchdecke sanft bei jedem Atemzug hebt und senkt und sich Ihr Brustkorb bei jedem Einatmen weitet sowie beim Ausatmen wieder zusammenzieht. Erst jetzt, wenn ich Sie durch meine Worte dorthin lenke, nehmen Sie das bewusst wahr. Wir fokussieren automatisch unsere Aufmerksamkeit und blenden die anderen Informationen dementsprechend aus. Ähnlich funktioniert unsere Wahrnehmungsfilterung bei Rollen, mit denen wir uns emotional und rational identifizieren. Augenblicklich sieben wir die Informationen neu und verhalten uns infolgedessen adäquat zur Rolle anders.

7.3.2　Aufgabenbezogene Rollen

Im agilen Vertrieb wird lateral geführt, also auf Augenhöhe, und zwar durch unterschiedliche Rollen in Teams. Jede Rolle ist den anderen dabei ebenbürtig und hat einen für den Auftrag des Teams relevanten Fokus. Optimal ist es, mit dem Team gemeinsam Sinn und Auftrag zu besprechen und die dafür erforderlichen Rollen zu wählen und zu betiteln. Das funktioniert bei reifen Teams sehr gut, denn die Selbstverpflichtung und die Tragfähigkeit der Rollen sind damit am höchsten. Bei neu zusammengesetzten Teams, die Kollaboration und Wir-Kultur noch nicht gewohnt sind, können sich Mitarbeiter auf die Rollen bewerben und werden von erfahrenen Coaches oder Führungskräften ausgewählt. Typische Rollen aus agilen Frameworks sind:

Product Owner oder Prozess Owner
Der Product Owner (oder bei neuen Prozessen auch Prozess Owner) repräsentiert den Auftraggeber. Er definiert die Anforderungen an das Produkt aus Stakeholder-Sicht und definiert dessen Ansprüche hinsichtlich Funktionalität, Benutzbarkeit (Usability), Performanz und Qualität. Dabei ist er im ständigen Austausch mit dem Kunden und betrachtet die bisherigen Ergebnisse aus dessen Brille.

- **Dos:**
  - Die Pflege des Product Backlog: Er stellt sicher, dass die richtigen Anforderungen in sinnvoller Reihenfolge abgearbeitet werden.
  - Das Vertreten der Auftraggeber Seite und somit sämtlicher Stakeholder.
  - Die Priorisierung des Product Backlog. Ziele sind eine schnelle Wertschöpfung für den Kunden und ein frühzeitiger Return on Investment.
  - Moderiert oder wohnt der Review bei, um das Teilprodukt (Inkrement) zu beurteilen.
  - Moderiert oder ist Teil des Planning-Meetings, zur Priorisierung und Schätzung der Aufgabenpakete für den nächsten Sprint.
- **Don'ts:**
  - Rolle des Chefs für das Team übernehmen.
  - Daily Scrums moderieren oder ungefragt beitreten.
  - Während des Sprints den Sprint Backlog beeinflussen (neue Anforderungen, Änderung von Aufgaben etc.).
  - Im Projekt als Teammitglied mitarbeiten, dies wäre ein Interessenskonflikt.
  - Die Rolle des Masters übernehmen.
  - Seine Aufgabe nur zu Beginn und am Ende der Sprints wahrnehmen.

Master

Egal, mit welchem Framework Sie im Vertrieb arbeiten wollen: Sichern Sie die Abläufe und Dynamiken dieser neuen Arbeitsweise durch einen Master oder Coach. Er ist sozusagen die Seele des Prozesses und sorgt für die Einhaltung des Rahmenwerks und die Disziplin in der Methode.

- **Dos:**
  - Trägt Verantwortung für den Prozess und dessen korrekte Implementation.
  - Ist ein Vermittler und Unterstützer (Facilitator).
  - Strebt maximalen Nutzen und ständige Optimierung an.
  - Beseitigt Hindernisse (!)
  - Sorgt für Informationsfluss zwischen Product Owner und Team.
  - Moderiert Scrum Meetings.
  - Hat die Aktualität der Scrum Artefakte (Product Backlog, Sprint Backlog, Burndown Charts) im Blick.
  - Schützt das Team vor unberechtigten Eingriffen während des Sprints.
- **Don'ts:**
  - Rolle des Chefs für das Team übernehmen.
  - Aufgaben verteilen.
  - Doppelfunktion als Team Member oder Product Owner übernehmen (Interessenkonflikte!).

Team

Das Team steht im Zentrum, weil es für die Umsetzung der Anforderungen sorgt. Es ist gleichberechtigt zum Master und Product Owner

- **Dos:**
  - Besteht aus fünf bis zehn Personen (größere Gruppen werden in mehrere unabhängige, aber miteinander kommunizierende Teams aufgeteilt).
  - Ist interdisziplinär zusammengesetzt (Entwickler, Außendienst, Innendienst, Produktion, Marketing etc.).
  - Ist sein eigener Manager und organisiert sich selbst.
  - Entscheidet selbstständig über die Verteilung und Unterteilung von Aufgaben.
  - Trifft sich täglich zum Daily, in dem die Teammitglieder einander jeweils einen kurzen Statusbericht liefern.
  - Liefert nach jeder Iteration ein Teilprodukt oder einen Service, der funktionsfähig ist und präsentiert das Inkrement im Review-Meeting.
- **Don'ts:**
  - Fachkonzepte oder Dokumentationen schreiben, dafür gibt es das Product Backlog.
  - Sich die eigene Arbeitsweise vorschreiben lassen.
  - Das Backlog oder die To do's vernachlässigen.
  - Ungestörtes Arbeiten verwechseln mit Laissez-faire.

Agiler (Vertriebs-)Coach

Der agile Vertriebscoach hat gleich mehrere Rollen inne: Zum einen ist er der Teamentwickler und unterstützt bei der Entwicklung zu einem selbstorganisierten Team. Er kennt die Phasen und Dynamiken in Gruppen und kann diese lösungsorientiert steuern. Zum anderen hat er die Fähigkeit, einzelne Mitarbeiter bei der Exploration ihrer Stärken und Talente zu coachen und ist als Ansprechpartner für persönliche Belange präsent. Zusätzlich hat er ergänzend zu dem, was ein klassischer Business-Coach können sollte, die Einflussfaktoren der Transformation zu einer agilen Vertriebskultur im Blick und berät Führung und Teams im Wandel. Er ist sozusagen Experte für Veränderungen, sowohl auf mentaler als auch auf methodischer Ebene. Er kann das Potenzial jedes einzelnen Teammitglieds einschätzen und es darin begleiten, Veränderungen besser zu meistern.

- **Dos:**
  - begleitet Teams in der Entwicklung hin zur Selbstorganisation
  - ist Vermittler und Unterstützer (Facilitator)
  - fördert die Talente und Stärken jedes Einzelnen
  - moderiert den Umgang mit Hindernissen und Konflikten
  - vermittelt Wissen und Methoden, um eine agile Vertriebskultur zu etablieren
  - moderiert Retrospektiven
  - sorgt für die Vernetzung mit anderen Teams und Bereichen
  - berät Führung und Teams

- **Don'ts:**
  - Neutralität oder Allparteilichkeit verlieren
  - Aufgaben und Rollen verteilen
  - sich von der Führung instrumentalisieren lassen
  - Vertraulichkeit verletzen

7.3.3 Verhaltensbezogene Rollen

Zusätzlich zu den aufgabenbezogenen Rollen ist es in Meetings oder Workshops sehr wirksam, auch verhaltensbezogene Rollen zu etablieren. Das Team definiert dazu gemeinsam funktionale Rollen, um typischen Hindernissen wie ausufernden Diskussionen, schlechtem Zeitmanagement, langweiligen Beiträgen oder einseitigen Dynamiken entgegenzuwirken. Ihre Meetings und Workshops werden dynamischer, die Beiträge interessanter und die Beteiligung steigt augenblicklich. Um das zu erreichen, werden gemeinsam die dazu relevanten Rollen ausgewählt und beschrieben: Was sind die Aufgaben des Rolleninhabers? Wann und wie greift er ein? Welche Sichtweise nimmt er ein und wie sorgt er für gute Effekte?

Pull statt Push!
Voraussetzung für die Wirksamkeit in Richtung Selbstverantwortung ist das „Pull" der Rollen – zu Beginn oder während jeder Zusammenkunft. Die Teilnehmer ziehen sich also die Rolle, die sie favorisieren. Wenn ein Team mit den funktionalen Rollen startet, empfehle ich die stärkenorientierte Wahl, bei fortgeschrittenen und reifen Teams eignen sich neue und bisher ungeübte Rollen besonders gut zur eigenen Weiterentwicklung. Und hier die Anleitung:

1. Reflektieren Sie mit dem Team oder den Workshop-Teilnehmern typische Hürden, die die Effektivität der Zusammenkunft behindern: ausufernde Diskussionen, langweilige Beiträge, einseitige Sichtweisen, mangelnde Konfliktbereitschaft, eintönige Abläufe etc.
2. Definieren Sie Rollen, die diese Hürden aus dem Weg räumen. Fokusbeschleuniger achten auf den richtigen Fokus, Querdenker nehmen bewusst andere Sichtweisen ein, Prinzipienwächter achten auf die Einhaltung von Arbeitsprinzipien und Vereinbarungen. Benennen Sie die Rollen und beschreiben Sie die Aufgaben und Verhaltensweisen.
3. Um Zeit zu sparen, nutze ich in Workshops bereits beschriebene Rollenaufsteller (s. Abb. 7.4, 7.5 und 7.6) und lasse die Teilnehmer wählen, welche sie relevant finden und einnehmen möchten.
4. Nutzen Sie Aufsteller (wie Namensschilder) oder Anstecker, um kenntlich zu machen, wer welche Rolle einnimmt. Wichtig: Es reicht durchaus, nur wenige relevante Rollen zu verteilen.
5. Fragen Sie als Moderator am Anfang die Rolleninhaber nach deren Beitrag. Schon nach kurzer Zeit sind die Rollen so verinnerlicht, dass die Personen sich aus ihrer Perspektive heraus aktiv einbringen.

Rollenkarten

Fokusbeschleuniger

Aufgabe:
• Achte während des Meetings/des Workshops auf den vereinbarten Fokus.

To Do:
• Heb deine Rollenkarte hoch und gib der Gruppe ein Signal, sobald du den Eindruck hast, eine Diskussion/ Übung oder ein Beitrag lenkt vom Ziel ab.
• Auch wenn ein Teilnehmer zu ausführlich seine Beiträge gestaltet, gibst du einen Hinweis.

Querdenker

Aufgabe:
• Achte während des Meetings/des Workshops auf neue Perspektiven und hinterfrage die Gruppenmeinung.

To Do:
• Heb deine Rollenkarte hoch und gib der Gruppe ein Signal, sobald du den Eindruck hast, eine Diskussion/ Gruppenmeinung ist zu einseitig und konsensorientiert.
• Sei unbequem und hinterfrage die Entscheidungen und Meinungen, wenn du den Eindruck hast, es gibt eine sinnvolle und wichtige andere Perspektive oder Denkweise.

Persona Stakeholder

Aufgabe:
• Nimm während des Meetings/des Workshops immer wieder die charakteristische Stakeholder Sicht ein und betrachte die Entscheidungen aus der Brille des Stakeholders.

To Do:
• Heb deine Rollenkarte hoch und gib der Gruppe ein Signal, sobald du den Eindruck hast, dass die Stakeholder Sichtweise für das Ziel relevant ist.
• Gib der Gruppe bei wichtigen Beschlüssen Feedback aus der Stakeholder Perspektive.

Persona Kunde

Aufgabe:
• Nimm während des Meetings/des Workshops immer wieder die charakteristische Kundensicht ein und betrachte die Entscheidungen aus der Brille des Kunden.

To Do:
• Heb deine Rollenkarte hoch und gib der Gruppe ein Signal, sobald du den Eindruck hast, dass die Kundensichtweise und der Kundennutzen nicht mehr im Fokus ist.
• Gib der Gruppe bei wichtigen Beschlüssen Feedback aus der Kundensicht.

Abb. 7.4 Funktionale Rollen in Teams (a). (Mit freundlicher Genehmigung von © Claudia Thonet 2020. All Rights Reserved)

Prinzipienwächter

Aufgabe:
- Achte während des Meetings/des Workshops auf die vereinbarten Werte und Arbeitsprinzipien.

To Do:
- Heb deine Rollenkarte hoch und gib der Gruppe ein Signal, sobald du den Eindruck hast, eine Diskussion, ein Verhalten oder ein Beitrag entspricht nicht den vereinbarten Werten und Prinzipien.
- Auch wenn der Umgang miteinander nicht mehr den Vereinbarungen entspricht oder nicht alle Meinungen eingeholt und gehört werden.

Time Keeper

Aufgabe:
- Achte während des Meetings/des Workshops immer auf die Einhaltung der Zeit und fordere Timeboxing und Einhaltung dessen ein.

To Do:
- Heb deine Rollenkarte hoch bzw. stelle eine Uhr und gib der Gruppe ein Signal, sobald die Zeit nicht eingehalten wird.

Moderator

Aufgabe:
- Nimm während des Meetings/des Workshops die Rolle des Moderators ein.

To Do:
- Moderiere das Meeting oder den Beitrag. Du bist für die Methoden verantwortlich und dafür, dass alle Beiträge gehört werden. Für die Ergebnisse und Inhalte sind die Teilnehmer verantwortlich.
- Visualisiere alle Beiträge und schlage Methoden vor, mit denen das Team ein gewünschtes Ergebnis erzielen kann.

Stärkenfinder

Aufgabe:
- Finde bei jedem Teilnehmer in Übungen Stärken heraus und sprich sie aus oder schreibe sie auf.
- Melde auch dem Team/Gruppe Stärken zurück (schnelle Entscheidungsfindung, konstruktive Diskussionen, zuhören, beteiligen, etc.).

Pausenhüter

Aufgabe:
- Stimme mit der Gruppe Pausen ab und sorge für Einhaltung der Zeit (Start und Ende).
- Sorge außerdem für Aktivierung zwischendurch (Frischluft, kleine Übungen zur geistigen Fitness).

Abb. 7.5 Funktionale Rollen in Teams (b). (Mit freundlicher Genehmigung von © Claudia Thonet 2020. All Rights Reserved)

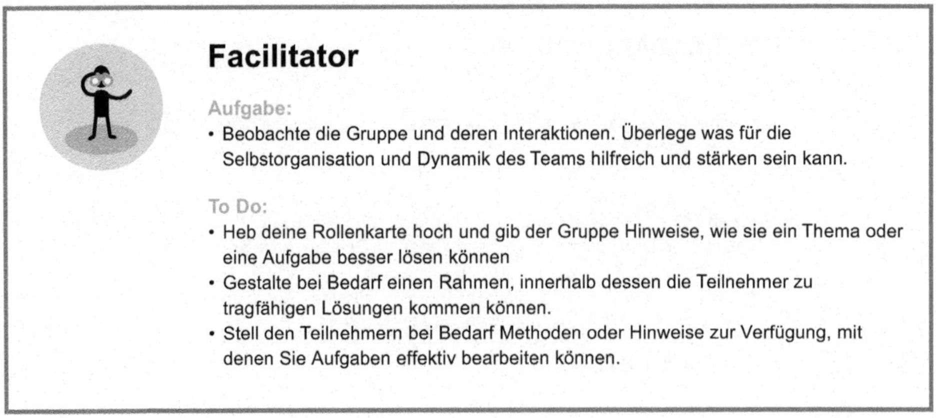

Facilitator

Aufgabe:
- Beobachte die Gruppe und deren Interaktionen. Überlege was für die Selbstorganisation und Dynamik des Teams hilfreich und stärken sein kann.

To Do:
- Heb deine Rollenkarte hoch und gib der Gruppe Hinweise, wie sie ein Thema oder eine Aufgabe besser lösen können
- Gestalte bei Bedarf einen Rahmen, innerhalb dessen die Teilnehmer zu tragfähigen Lösungen kommen können.
- Stell den Teilnehmern bei Bedarf Methoden oder Hinweise zur Verfügung, mit denen Sie Aufgaben effektiv bearbeiten können.

Abb. 7.6 Funktionale Rollen in Teams (c). (Mit freundlicher Genehmigung von © Claudia Thonet 2020. All Rights Reserved)

7.3.4 Rollencanvas

Gerade zu Beginn der Transformation eines Teams gibt es oft Verwirrung über die Aufgaben, Kompetenzen und Verpflichtungen der Rollen. Je klarer das sowohl Rolleninhaber als auch Team definiert haben, desto weniger Missverständnisse und Konflikte entstehen untereinander.

- **Auftrag:** Im Zentrum der Rollencanvas steht der Auftrag (Order). Beim agilen Vertriebscoach könnte beispielsweise der Auftrag lauten: „Der Coach unterstützt das Team und jeden Einzelnen bei der Entwicklung hin zu einem agilen selbstorganisierten Vertriebsteam. Dabei ist er Vertrauensperson und Sparringspartner, der sowohl stärkend als auch fordernd im Sinne des Kulturwandels handelt."
- **Dos:** Hier stehen die Aufgaben und Verantwortlichkeiten der Rolle.
- **Don'ts:** Was soll der Rolleninhaber in keinem Fall tun? Wo sind Grenzen seines Handelns?
- **Ziele/OKR:** Welche qualitativen Ziele sind mit der Rolle verbunden und was für quantitative Messkriterien werden zur Bewertung herangezogen?
- **Kompetenzen/Fähigkeiten:** Welche Fähigkeiten braucht die Rolle? Und was für Kompetenzen sind dafür erforderlich?
- **Entscheiden:** Auf welcher Stufe im Delegation Board (s. Abschn. 10.3.2) darf der Rollenträger Entscheidungen treffen?
- **Arbeitsprinzipien:** Welche Arbeitsprinzipien charakterisieren sein Tun? Als Coach steht er beispielsweise für die Werte und Prinzipien wie Respekt, Selbstverpflichtung, Offenheit und Kommunikation
- **Frameworks/Methoden:** Welche Rahmenwerke und Methoden strukturieren sein Handeln?

- **Ressourcen:** Welche Mittel, Kompetenzen, Freiheiten, Kooperationspartner etc. kann der Rolleninhaber nutzen?
- **Schnittstellen:** Mit wem soll er sich kontinuierlich abstimmen? Wen muss er informiert halten? Welche Netzwerke pflegt er?

7.4   Agilitätsgrad: Wie agil sind wir als Team?

Wie messen Sie Agilität? Welche Kriterien und Maßstäbe sind entscheidend für Teams? Es gibt unterschiedliche Ansätze, die mich alle bisher noch nicht überzeugen konnten. Svenja Hofert (2018) hat eine Selbsteinschätzung entwickelt, die vier Stufen bzw. Gradzahlen von Agilität unterscheidet. Abb. 7.7 und 7.8 zeigen einen Agilitätsgrad-Fragebogen, den ich mit Svenja Hofert gemeinsam entwickelt habe.

Anhand der Themen und aufsteigenden Grade können sich Teams selbst einschätzen und erkennen, welche Potenziale sie weiter ausbauen können. Meiner Erfahrung nach entsteht ein reger Austausch zwischen den Mitgliedern. Durch den Selbst- und Fremdbildabgleich entsteht ein klareres Bild von den eigenen Begrenzungen und den nicht ausgeschöpften Möglichkeiten. Für einige Teams führten die Beschreibungen der Stufen auch zur Ernüchterung und zu der Erkenntnis: *Wo agil draufsteht ist noch lange nicht agil drin.* Das nenne ich eine positive Enttäuschung, denn es ist das Ende der Täuschung und damit der Start einer heilsamen Selbsterkenntnis. Die meisten Vertriebsteams starten bei Grad eins oder zwei und verfolgen das Ziel, einen Grad höher zu kommen. Folgende Themen werden in dem Test erfragt und diskutiert:

- **Kundenzentrierung:** Wie kundenzentriert denkt und handelt ein Team, welche Hierarchiehürden bremsen es?
- **Selbstorganisation:** Auf welcher Stufe managt das Team sich selbst (fachlich und inhaltlich, zielbestimmt oder auch wirtschaftlich)?
- **Rollen:** Werden Rollen stärkenorientiert verteilt und gleichwertig gelebt? Kann das Team die Rollen selbst wählen und abwählen?
- **Vernetzung:** Wie vernetzt und auf welcher Flughöhe arbeitet das Team?
- **Crossfunktionalität:** Wie crossfunktional und interdisziplinär ist das Team aufgestellt?
- **Frameworks:** Wie wirksam werden agile Frameworks und Methoden genutzt?
- **Kommunikation/Meetings:** Wie effektiv und entwicklungsfördernd sind die Meetings und Kommunikationsstrukturen?

7.5   Wie Sie im Team entscheiden

Selbstorganisation hängt sehr eng mit Entscheidungskompetenz zusammen. Wenn ein Team angeblich agil unterwegs ist und nicht einmal eigenständig Stifte bestellen kann, dann ist die Selbstorganisation keinen Pfifferling wert, sondern eine Farce. Jedes selbstbestimmte

Agilitätsgrad-Messung von Teams und Organisationen

Hiermit erzielen Sie eine grobe Einschätzung über den Grad der Agilität eines Teams. Jede Zeile steht für 4 mögliche Stufen an Agilität innerhalb eines Themas. Das Team kann sich zu den einzelnen Zeilen entweder selbst einschätzen oder Sie schätzen als Berater, Führungskraft oder Coach das Team anhand der 4 Stufen pro Zeile ein.

Agilitätsgrad 1	Agilitätsgrad 2	Agilitätsgrad 3	Agilitätsgrad 4
☐ Unser Team/ Unsere Teams denken und handeln kundenorientiert.	☐ Unser Team/ Unsere Teams arbeiten mit „Personas" um die Kundensicht in alle Prozesse, Produkte und Dienstleistungen zu integrieren.	☐ Unser Team/ Unsere Teams haben immer neue Ideen und Initiativen, zur Verbesserung von Prozesse, Produkte und Dienstleistungen.	☐ Unser Team/ Unsere Teams setzen konsequent neue Ideen zur Verbesserung von Prozesse, Produkte und Dienstleistungen um und binden dabei die Kunden ein.
☐ Unser Team/ Unsere Teams können sich fachlich und inhaltlich jederzeit einbringen und Vorschläge zur Verbesserung machen.	☐ Unser Team/ Unsere Teams entscheiden fachlich und inhaltlich selbstständig wie sie Themen umsetzen.	☐ Unser Team/ Unsere Teams arbeiten fachlich und inhaltlich selbstständig und stimmen sich lediglich untereinander ab.	☐ Unser Team/ Unsere Teams organisieren sich fachlich und inhaltlich komplett selbstständig und entscheiden in diesem Rahmen autark.
☐ Unser Team/ Unsere Teams haben Teamziele statt Einzelziele.	☐ Unsere Teams werden in die Bestimmung der Teamziele einbezogen.	☐ Unser Team/ Unsere Teams bestimmen ihren Beitrag zum Unternehmensziel selbstständig.	☐ Unser Team/Unsere Teams werden in die Ziele des Unternehmens einbezogen und bestimmen/ messen selbstorganisiert ihren Beitrag dazu.
☐ Unser Team/ Unsere Teams haben ein Budget zur Verfügung.	☐ Unser Team/ Unsere Teams haben ein Budget zur Verfügung gestellt, über welches sie selbstständig entscheiden.	☐ Unser Team/ Unsere Teams bestimmen über die Höhe Ihres Budges und planen sämtliche Ausgaben und Einnahmen.	☐ Unser Team/ Unsere Teams sind betriebswirtschaftlich eigenständig und selbstorganisiert.
☐ Unser Team/ Unsere Teams kennen die Stärken jedes Einzelnen und setzen diese bewusst für das Team ein.	☐ Unser Team/Unsere Teams fördern neben den Teamzielen die Ziele und Bedürfnisse jedes Einzelnen.	☐ Unser Team/ Unsere Teams besetzen die Rollen und Aufgaben im Team selbstorganisiert.	☐ Unser Team/ Unsere Teams hinterfragen darüber hinaus regelmäßig ihre Routinen und optimieren Prozesse, Strukturen und Interaktionen.

Abb. 7.7 So können Sie den Grad der Agilität messen (a). (Mit freundlicher Genehmigung von © Claudia Thonet 2020. All Rights Reserved)

☐ Unser Team/ Unsere Teams tauschen sich regelmäßig mit anderen Bereichen/ Unternehmen aus.	☐ Unser Team/ Unsere Teams netzwerken mit anderen Bereichen/ Unternehmen und integrieren die Erkenntnisse.	☐ Unser Team/ Unsere Teams arbeiten empirisch und teilen gewonnenes Wissen mit internen und externen Netzwerken.	☐ Unser Team/ Unsere Teams arbeiten empirisch und iterativ und kooperieren mit internen und externen Netzwerken und Kunden.
☐ Unser Team/ Unsere Teams akzeptieren Unterschiedlichkeiten untereinander.	☐ Unser Team/ Unsere Teams nutzen bewusst unterschiedliche Denk- und Handlungsweisen zur Innovation und Entwicklung.	☐ Unser Team/ Unsere Teams sind crossfunktional aufgestellt und haben eine Teamgröße von 7 (+-2) Teamern mit konvergenten und divergenten Denkern.	☐ Unser Team/ Unsere Teams sind selbstorganisierte, crossfunktionale, agile Keimzellen, die nach den agilen Werten und Prinzipien handeln.
☐ Unser Team/ Unsere Teams kennen agile Frameworks und Methoden.	☐ Unser Team/ Unsere Teams nutzen agile Frameworks und Methoden.	☐ Unser Team/ Unsere Teams sind Experten in der Umsetzung agiler Frameworks und Methoden.	☐ Unser Team/ Unsere Teams entwickeln die Frameworks und Methoden darüber hinaus für ihre Belange stetig weiter.
☐ Unser Team/ Unsere Teams nutzen Meetings zum Austausch der Bearbeitungsstände und Hindernisse.	☐ Unser Team/ Unsere Teams machen darüber hinaus regelmäßig Reviews mit Kunden/ Stakeholdern zu den Inkrementen.	☐ Unser Team/ Unsere Teams beteiligen sich alle aktiv in Meetings und sorgen gemeinsam für Effizienz.	☐ Unser Team / Unsere Teams reflektieren und hinterfragen darüber hinaus regelmäßig in Retros ihre Zusammenarbeit.

Abb. 7.8 So können Sie den Grad der Agilität messen (b). (Mit freundlicher Genehmigung von © Claudia Thonet 2020. All Rights Reserved)

Team braucht einen Rahmen, in dem es entscheiden kann (s. Abschn. 8.2.2). Wenn der Rahmen sinnvoll gestaltet ist, gibt es je nach Thema und Relevanz unterschiedliche Varianten der Entscheidungsfindung. Ich empfehle folgende vier Varianten zu üben und zu nutzen (s. Abb. 7.9):

1. **Mehrheitsentscheid:** Der klassische demokratische Mehrheitsentscheid ist uns allen wohl bekannt. Der Vorteil ist eine schnelle Entscheidungsfindung nach vertrauten Regeln. Klassischerweise fragt der Moderator: „Wer ist dafür?", und die Entscheidung wird per Handzeichen oder nach kurzer Diskussion getroffen. Der größte Nachteil dieser Entscheidungsvariante ist der Bestand der Einwände und das Überstimmen der anderen Meinungen. Einwände werden also nicht behoben, und die Minderheit des Teams wird überstimmt und nicht überzeugt. Dadurch wird oft eine Separation in Gruppen aufrechterhalten, die Entscheidung wird nicht von allen gleichwertig getragen. Zusätzlich kommt es bei fehlenden Mehrheiten zu Tauschgeschäften oder sogar Drohungen, um eine Mehrheit der eigenen Bedürfnisse zu erwirken. Die Nachteile sind in der Politik allgegenwärtig.
2. **Konsens:** Die Einigung auf eine einstimmige Entscheidung ist ein vertrauter und üblicher Prozess. Er dauert teilweise sehr lange, weil alle Meinungen und Einwände gehört

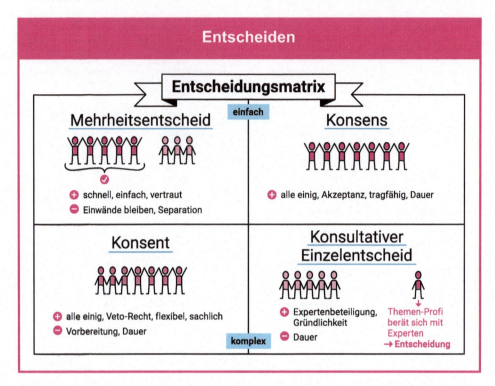

Abb. 7.9 Formen der Team-Entscheidung. (Mit freundlicher Genehmigung von © Claudia Thonet 2020. All Rights Reserved)

und gelöst werden müssen, bis eine Einigung möglich ist. Der Konsens ist vor allem für grundlegende Teambelange sinnvoll wie Vereinbarungen zur Zusammenarbeit oder das Festlegen von Teamzielen. Er bildet ein tragfähiges Fundament für eine gute Wir-Kultur.

3. **Konsent:** Der Konsent kommt aus der Soziokratie und stellt eine effektive Variante für komplexe Entscheidungen dar. Wie Bernd Österreich (2015) beschreibt, wird beim Konsent im Gegensatz zur demokratischen Entscheidung nicht „Wer ist dafür?" gefragt, die Frage lautet stattdessen: „Welche Einwände gibt es?" Die geäußerten Einwände werden dann besprochen und, wenn möglich, in eine neue Lösungsfindung integriert. Dadurch entstehen deutlich bessere Grundlagen zur Entscheidung als vor der Frage. Die soziokratische Wahl besteht also darin, die Beteiligten sehr viel stärker in die inhaltliche Entwicklung der Entscheidungen einzubinden. Wer einen Einwand äußert, ist auch aufgefordert, an dessen Auflösung mitzuwirken. Er wird mit der Frage konfrontiert: Wie kann die Lösung denn so verändert werden, dass dein Einwand entfällt oder schwächer wird? Oder wie müsste die Lösung aussehen, dass du keinen schwerwiegenden Einwand mehr hast? Die Entscheidung basiert außerdem auf Vetofreiheit, das heißt, solange auch nur eine Person ein Veto hat, wird die Entscheidung nicht akzeptiert. Typischerweise gibt es verschiedene Grade von Einwänden. Das Veto

ist dabei der stärkste Einwand. Jeder Entschluss hat zum Ziel, die aktuelle Situation zu verbessern. Wird keine Besserung gefunden, dann bleibt die Ist- Situation bestehen, bis eine bessere Variante gefunden wird. Das soziokratische Prinzip erlaubt den Beteiligten darüber hinaus auch, sich im Konsens für andere Entscheidungsverfahren wie Münzwurf, relative Mehrheit, Diktatur und vor allem den konsultativen Einzelentscheid zu entscheiden.

4. **Konsultativer Einzelentscheid:** Manche Unternehmen wählen diese Variante, wenn nach einer bestimmten Zeit kein Konsens gefunden wurde. Man kann beispielsweise zehn Minuten Timeboxing (Zeittaktung) zur Findung eines Konsens vorgeben und anschließend einen Entscheidungsträger wählen, der den konsultativen Einzelentscheid übernimmt. Der Entscheidungsträger berät sich mit Experten und Stakeholdern, um möglichst viele relevante Informationen zu integrieren, und entscheidet dann stellvertretend für das Team. Besonders bei komplexen Themen, die das Team nicht in seiner Gänze erfassen kann, eignet sich diese Variante. Hier der Ablauf:

   – Entscheidungsbedarf analysieren: Wer ist von der Entscheidung möglicherweise betroffen? Was soll entschieden werden? Welche Einzelperson soll die Entscheidung treffen und welche Personen sollen vor der Entscheidung konsultiert werden?
   – Entscheider auswählen und bevollmächtigen: Der Entscheider braucht die Kompetenz und das Commitment des Teams.
   – Entscheidungsprozess: Einarbeitung ins Thema, Konsultation, Ausarbeitung und Vergleich, Entscheidung.
   – Bekanntgabe: Der Entscheider stellt seinen Entschluss vor und erläutert, welche Optionen er geprüft, wen er konsultiert und warum er so entschieden hat.

Literatur

Duhigg C (2016) What Google learned from its quest to build the perfect team. New York Times vom 25.02.2016. https://www.nytimes.com/2016/02/28/magazine/what-google-learned-from-its-quest-to-build-the-perfect-team.html?_r=1. Zugegriffen am 03.05.2019

Hofert S (2018) Das agile Mindset. Springer Gabler, Wiesbaden

Lencioni P (2004) The Five Dysfunktions of a Team. Jossey Bass, San Francisco

Managerseminare (2018) MeinungsMonitor, Heft 245, August 2018

Österreich B (2015) Verbunden im Konsent – die Prinzipien der soziokratischen Kreisorganisation. https://oe6.ch/2015/konsent-prinzipien-der-soziokratischen-kreisorganisation/. Zugegriffen am 15.05.2019

PHINEO gAG (2019) Wo geht's zur Wirkung? – Stufe für Stufe zur Wirkungslogik Ihres Projekts. https://www.wirkung-lernen.de/wirkung-planen/wirkungslogik/bestandteile/. Zugegriffen am 15.06.2019

Wie funktioniert Führung im Vertrieb von morgen?

Zusammenfassung

Führung bleibt weiterhin wichtig und sie wird mehr gebraucht als vorher – nur anders. Lernen Sie die Kompetenzfelder agiler Führung im Vertrieb kennen und schätzen Sie sich selbst anhand der fünf Führungstypen ein. Mit den Führungsprinzipien erhalten Sie wichtige Ansätze zur eignen Weiterentwicklung.

Schaffen wir jetzt die Führung ab? Diese Frage begegnet uns Beratern immer wieder. Sie bedarf aber meistens einer komplexeren Antwort oder Nachfrage, als es die Fragesteller erwarten. Denn die eigentliche Frage lautet, welchen Stellenwert Führung in unserer Zeit einnimmt. Zudem werden die Begriffe Management und Führung oft verwechselt oder gar synonym verwendet. Management und Führung steuern zwar idealerweise in die gleiche Richtung. Aber wie es Peter Drucker – ein Pionier der modernen Managementlehre sowie origineller und unabhängiger Denker – einmal auf den Punkt gebracht hat: „You manage things – but you lead people." (Drucker 2006)

Management bedeutet die Organisation von Menschen, Systemen und Ressourcen zur Wertschöpfung des Unternehmens. Führung hingegen bedeutet, sowohl Orientierung zu geben als auch einen Rahmen zu gestalten, in dem Menschen gleichzeitig gefordert und gefördert werden, Leistung zu erbringen. Wenn Sie agile Teams führen wollen, ist das besonders wichtig. Mit dieser Unterscheidung lässt sich die Eingangsfrage schon leichter beantworten: Management kann und soll immer mehr in die Teamverantwortung gelegt werden, agile Teams organisieren sich selbst und zeigen dadurch eine hohe Selbstverpflichtung sowie gegenseitige Verantwortlichkeit. Doch auch Führung ist weiterhin wichtig. Sie kommt allerdings nicht mehr ausschließlich „top-down". Vor allem die laterale

Führung, also diejenige ohne Weisungsbefugnis, und das Selbstmanagement nehmen zu. Insofern gibt es in agilen Teams eher mehr als weniger Führung – nur auf eine andere Art und Weise.

Beispiel

Das Steuerungsteam des Servicecenters der SEG AG will seine Performance steigern. Dazu entwickelt das sechsköpfige Team erst einmal eine gemeinsame Vision und verteilt dann untereinander Managementrollen und Verantwortlichkeiten. Sabine übernimmt als Moderatorin die Verantwortung für Meetings und die Kommunikation nach außen. Jan ist als Prinzipienwächter für die strikte Einhaltung der gemeinsam vereinbarten Arbeitsprinzipien wie Transparenz, Einfachheit und Selbstverpflichtung zuständig. Lara übernimmt als Teamleiterin das Management der Teamaufgaben sowie die Anforderungen aus Stakeholder Sicht. Um die Arbeitspakete zu priorisieren und selbstverantwortlich umzusetzen, entscheiden sich alle für die Nutzung eines Kanban-Boards. Die Führung liegt weiterhin bei Lara, doch das Management des Teams findet über Rollen und Strukturen statt.

Führung ist also weiterhin wichtig – aber bitte richtig! Zum Selbstmanagement der Teams helfen wie im Beispiel geschildert Rollen und stärkenorientierte Verantwortlichkeiten. Aber Vorsicht: Lassen Sie nicht zu, dass das Prinzip der Selbstorganisation genutzt wird, um sich von Führungsaufgaben zu entlasten und ein ungesundes Laissez-faire zu legitimieren. Manche Führungskräfte missbrauchen Agilität, um sich der eigenen Verantwortung zu entziehen. Das kann dann so enden:

Beispiel

Beim agilen Führungsseminar geht Herrn Müller ein Licht auf. Endlich sieht er die Lösung für seine Führungsprobleme. Selbstorganisation ist das Zauberwort. Gleich bei der nächsten Teamsitzung verkündet er seinem Team fröhlich, sich ab sofort aus der Nachhaltung und dem Controlling herauszuhalten und diese Aufgaben dem Team selbst zu überlassen. Das Team soll sich einigen und gegenseitig überprüfen. Es dauert keine zwei Monate, bis das Team so zerstritten ist, dass es Hilfe beim Betriebsrat sucht.

Über ein gemeinsames Verständnis von Führung und Management wird oft zu wenig gesprochen. Die Folge sind Missverständnisse sowie unausgesprochene Erwartungen und Enttäuschungen. Zusätzlich wird die Bedeutung psychologischer Mechanismen unterschätzt. Gruppen entwickeln sich nicht von selbst zu einem reifen, selbstorganisierten und leistungsfähigen Team. Ohne Struktur entsteht nicht das, was entstehen soll. Gruppendynamische Experimente zeigen immer wieder eindrücklich, wie Gruppen, die sich ohne Rahmen und Leitung organisieren, Hierarchien ausbilden und sich mit sich selbst beschäftigen, anstatt die Ziele und Ergebnisse zum Wohle der Organisation voranzutreiben.

Zu viel Führung engt ein und blockiert die Selbstorganisation. Zu wenig Führung hingegen sorgt für Konflikte und Unklarheiten. Was also macht moderne Teamführung aus?

Eine sinnvolle Antwort könnte lauten: Sie gibt Orientierung, sorgt für Strukturen und stärkenorientierte Verantwortlichkeiten.

Das klingt einfacher, als es schlussendlich ist. Erfahrungsgemäß bedarf es dazu einerseits einer reifen, aufgeräumten und menschenliebenden Führungspersönlichkeit und andererseits guter Strukturen und Methoden.

Beispiel

Der Innendienst der Firma Solotec entschied sich, seine Führungskräfte in agiler Vertriebsführung weiterzuentwickeln. Das Team und ich bekamen drei Module mit Praxistransfer für die Weiterbildung zur Verfügung gestellt. Nachdem wir uns eingehend mit Werten und Arbeitsprinzipien beschäftigt sowie das eigene Führungsverständnis auf den Kopf gestellt hatten, waren alle Leiter bereit, Verantwortung an ihre Teams abzugeben und den Rahmen für neue Arbeitsweisen mit ihren Kollegen gemeinsam zu gestalten. Zur praktischen Umsetzung der Transparenz der Workflows wurden neue Team- und Shopfloor-Boards entworfen. Diese sollten dazu dienen, die Teams in Selbststeuerung zu führen und Erfolge sichtbar zu machen. Die Leiter wollten Führung in die Teams ab- und laterale Rollen nach dem Pull-Prinzip vergeben.

Als ich vier Monate später zu Transfercoachings ins Unternehmen kam, war die Begeisterung in Frust und Demotivation umgeschwenkt. Was war geschehen? Der Geschäftsführer hatte seine eigenen Vorstellungen eines digitalen Board-Systems durchgesetzt. Überall prangten Monitore mit den KPI, die vorwiegend aus roten Sollzahlen bestanden. Keiner hatte Lust, auf die Monitore zu achten und erst recht keine Meetings vor diesen frustrierenden roten Summen abzuhalten. Sechs Monate Begeisterung und neue Ideen wurden innerhalb einer Woche zunichte gemacht.

8.1 Synergetische Teamführung

Im Vertrieb war die Führung lange Zeit eher auf Einzelpersonen oder Gruppen beschränkt als auf wirkliche Teams, die ihre Aufgaben selbstorganisiert und gemeinsam erfüllten. Im agilen Vertrieb mit seinen Teamzielen und der innovativen Selbststeuerung soll sich das radikal wandeln. Was dabei oft übersehen wird, ist die drastische Veränderung der dazu erforderlichen Führungskompetenzen. Teams zu führen ist nämlich wesentlich schwieriger.

Warum ist das so? Die einfachste Antwort darauf lautet: weil Teams ein komplexes System darstellen. Sie sind nicht die Summe der einzelnen Mitglieder, sondern bilden ein sich gegenseitig beeinflussendes Netzwerk. Interaktionen sind dadurch weniger vorhersehbar und steuerbar. Das klassische Führungsverständnis und seine vielen validen Methoden und Kompetenzen reichen mitnichten aus, um die Herausforderungen synergetischer Teamführung zu meistern.

Jede Betrachtung der klassischen Führung war vorwiegend monokausal: Die Aktionen der Führung lösten eine Reaktion des Mitarbeiters aus und umgekehrt. Teamleiter oder laterale Führungsrollen, die ihre Aufgaben in agilen Teams vorwiegend in der Führung einzelner Teammitglieder verstehen, werden scheitern.

Je selbstorganisierter und flacher die Hierarchien sind, desto anders geartete Kompetenzen und Kernaufgaben bestimmen die Führungsarbeit. Das Forschungsprojekt Teamlead gibt gute Hinweise und Ansätze zum Meistern dieser neuen Rolle (Teamlead 2018). Nach Graf (2018) sind die wichtigsten Aufgaben synergetischer Team-Führung folgende:

8.1.1   Differenzmanagement

Durch Sinnstiftung und Teamgeist empfindet sich ein Team als Einheit und akzeptiert gleichzeitig die Unterschiedlichkeiten der einzelnen Menschen. Dem Team muss klar sein, was sein Auftrag ist, und es muss das Wozu dahinter verstehen. Nur so kann es den Sinn seiner Existenz nachvollziehen und erfassen, worin es sich von anderen Teams unterscheidet – und einen gemeinsamen Teamgeist entwickeln. Voraussetzung ist es, Sinn und Nutzen für das Unternehmen, den Kunden, das Team und jeden Einzelnen zu verstehen und zu fördern. Zum Differenzmanagement gehören aber auch der Umgang mit den Schnittstellen und die Vernetzung des Teams.

8.1.2   Ressourcenmanagement

Das Team braucht die erforderlichen materiellen und immateriellen Ressourcen, um seine Aufgaben effektiv zu erfüllen. Dazu gehört nicht nur die Versorgung mit Sach-, Personal- und Finanzmitteln, sondern auch die Fütterung mit Kompetenzen und Weiterbildungen. Anerkennung und Wertschätzung sind ebenfalls wichtige Ressourcen für Teams. Sorgen Sie dafür, diese zu kommunizieren und positives Feedback von anderen Bereichen weiterzugeben. Nicht zuletzt müssen Ausfälle oder Leistungsgrenzen frühzeitig erkannt werden, um sie durch Umverteilung oder sinnvolle Vertretungen zu kompensieren.

8.1.3   Strukturmanagement

Welche Strukturen nutzt das Team? Wie organisiert es sich und welche Rollen sind erforderlich – und mit welchen Aufgaben? Welche Frameworks sind passend und dienen als Strukturrahmen? Alle Verantwortlichkeiten und Zuständigkeiten müssen im Fokus sein und ständig austariert werden. Strukturen sind ein wichtiges Element der Führung, denn gute Strukturen schaffen neue Verhaltensweisen. „Struktur schafft Verhalten" ist nicht nur ein Spruch, sondern ein wirksamer Ansatz für Veränderungen. Niemand wird mehr Feedback geben, solange nicht die Strukturen verändert werden, innerhalb derer dieser Austausch stattfindet.

8.1.4   Prozessmanagement

Passgenauer Einsatz von Standardprozessen und innovativen Kreativprozessen. Wie machen wir die Workflows sichtbar, wie steuern wir die Auslastung? Was können wir standardisieren und wo brauchen wir neue Abläufe? Welche Technologien helfen uns? Was wird erneuert und digitalisiert?

Regelmäßiges Ausmisten alter Abläufe und Routinen ist ein wichtiger Baustein des Prozessmanagements.

8.1.5   Entwicklungsmanagement

Die Entwicklung jedes Einzelnen ist wichtiger denn je. Wie kann das Bestandspersonal weitergebildet werden und mit den neuen Arbeitsweisen Schritt halten? Welche Entwicklung steht für das Team an und wie ist der aktuelle Reifegrad? Wie halte ich das Team in der „Stretching Zone", um optimales Lernen zu ermöglichen, ohne zu überfordern? Welche Leistungsgrenzen werden sichtbar und wie können wir diese kompensieren?

8.1.6   Reflexionsmanagement

Reflexivität ist eine entscheidende Fähigkeit in der Transformation. Denn jede Entwicklung beginnt mit der Fähigkeit, sich selbst und ihre Wirkung auf das Umfeld reflektieren zu können. Um sich selbst in der Führungsrolle und Teams untereinander darin zu trainieren, brauchen Sie gute Retrospektiven, also Meetings, in denen der Rückblick auf die Zusammenarbeit und die Optimierungsmöglichkeiten für die Zukunft strukturiert betrachtet werden, um daraus geeignete Learnings abzuleiten.

8.2   Kompetenzfelder agiler Führung oder das Ende der Narzissten

Die Kompetenzfelder agiler Führung sind unabhängig vom Bereich und von der Branche, in der Sie den Auftrag annehmen, Menschen oder Teams zu führen. Im Gegensatz zur klassischen Führung in der Top-down-Kultur zeichnet sich moderne Führung mehr durch Rollen und Aktionen als durch Position und Macht aus. Provokativ gesagt sind dadurch die selbstsüchtigen Narzissten als zukünftige Führung denkbar ungeeignet.

Ganz im Gegenteil wird von der neuen Führung nicht umsonst von „dienender Führung" gesprochen, die fern von Eitelkeit und Selbstdarstellung Hindernisse aus dem Weg räumt, damit das Team störungsfrei arbeiten und glänzen kann. Ich nutze, um das zu verdeutlichen, sehr gern die Metapher eines geschätzten Kollegen und Bereichsleiters, Axel

Abb. 8.1 Kompetenzen moderner Führung. (Mit freundlicher Genehmigung von © Claudia Thonet 2020. All Rights Reserved)

Kamilli, der im wahrsten Wortsinn ein Vorbild für Führung ist: Wenn es gerade miserabel läuft, blickt eine schlechte Führungskraft auf das Team und denkt bzw. sagt: „Ihr seid schuld." Wenn es hervorragend läuft, schaut sie in den Spiegel und denkt: „Ich bin toll." Eine gute Führungskraft blickt auf das Team, wenn es gerade hervorragend läuft, und sagt: „Ihr seid toll." Wenn es miserabel läuft, schaut sie in den Spiegel und denkt: „Was kann ich verbessern?"

Aber auch die besten Fachkräfte, die früher häufig zur Führungskraft wurden, bringen oftmals nicht die notwendigen Fähigkeiten auf menschlicher Ebene mit. Führungskräfte müssen in allererster Linie menschliebende und reife Persönlichkeiten sein, die andere fördern und ermutigen sowie einen guten Rahmen gestalten, innerhalb dessen sich Teams entwickeln können. Abb. 8.1 zeigt die fünf Kompetenzen, die eine moderne Führung ausmachen.

8.2.1 Sinn und Orientierung geben

Eine umfangreiche Studie der Universität St. Gallen (Teamlead 2018) bestätigt, wie wesentlich der sogenannte „Purpose" (tiefere Sinn und Zweck) für Menschen ist. Transformative Führung stellt im Gegensatz zur transaktionalen nicht die Leistung durch Zielerreichung, sondern den Sinn der Arbeit durch ein größeres, erstrebenswertes Ziel ins Zentrum und verbindet die Transformation mit einer umfassenden Idee. Genügend Beispiele zeigen allerdings, wie krachend solch ein Ansinnen scheitert, wenn es keinen bestimmten Zweck erfüllt. Denn letztendlich funktioniert dieser Ansatz nur, wenn die Organisation mit ihrem Geschäftsmodell einen gesellschaftlichen Nutzen stiftet und zum wahrnehmbaren Gemeinwohl beiträgt. Schluss also mit den marketinggetriebenen Phrasen der Nachhaltigkeit und dem Wir-verbessern-die-Welt-Slogan, wenn er nicht stimmt. Ohne die Ernsthaftigkeit seiner Verkünder bewirken solche Botschaften das Gegenteil und ernten in der Belegschaft Zynismus und Spott. Gerade die jüngere Generation lässt sich durch Gewinnmaximierung und Umsatzsteigerung, um das größere Auto oder die schickere Yacht der Vorstände zu finanzieren, nicht mehr locken. Die Studie zeigt deutlich, wie stark sich ein Beitrag zum Gemeinwohl auf die Zufriedenheit und Motivation der Mitarbeiter auswirkt. 85 Prozent der Deutschen sind laut der Studie besorgt über die gesunkene Beachtung des Gemeinwohls. Ich habe den Eindruck, viele führende Köpfe unterschätzen die Sensibilität und emotionale Intelligenz ihrer Mitarbeiter. Diese merken nämlich sofort, wie authentisch und ehrlich das Gesagte auch gemeint ist.

Die Vermittlung von Sinn und der Beitrag zu einer besseren Welt funktionieren demnach ausschließlich durch glaubhafte Vorbildwirkung. Das beginnt damit, für sich selbst zu klären, worin der eigene Beitrag im Unternehmen überhaupt bestehen soll. Fragen Sie sich als CEO, Vertriebs- oder Teamleiter, worin Sie den Sinn Ihrer Arbeit sehen. Was treibt Sie am Morgen aus dem Bett? Was möchten Sie bewirken und welche Spuren wollen Sie hinterlassen? Was sollen die Teams über Sie erzählen, wenn Sie in den Ruhestand gehen?

Eine solche Klärung der Motive ist die Grundlage der eigenen Zielausrichtung und damit der Fähigkeit, andere zu motivieren und dabei die Welt ein kleines Stück besser zu machen. Wenn die eigenen Intentionen geklärt sind, können Sie mit Ihren Vertriebsteams überlegen, wie Ihre Angebote der Gemeinheit helfen können. Was ist der größere Sinn der Produkte und Dienstleistungen? Wie können Sie wahrnehmbar einen Beitrag für die Gesellschaft leisten?

Beispiel

Erst kürzlich bekam ich den Auftrag, ein agiles Kernteam im Vertrieb zu trainieren und als externer Berater und Coach agile Denk- und Arbeitsweisen einzubringen. Nach dem ersten Trainingstag kamen Teamleiter und Teilnehmer auf mich zu und bedankten sich bei mir mit den Worten: „Wie schön, endlich eine Trainerin zu erleben, die wirklich gern mit Menschen arbeitet und dafür brennt, was sie vermittelt." Etwas erstaunt fragte ich nach und erfuhr, wie selbstherrlich und ignorant der agile Berater vor mir empfunden wurde. Gerade im Kontext der Transformation und des Kulturwandels sollten wir uns als Trainer, Berater, Führungskräfte und Coaches radikal reflektieren und unsere Intentionen ernsthaft in Frage stellen. Nicht Gewinnmaximierung oder Verkauf unserer Angebote sollte unsere Leidenschaft sein, sondern die Verbesserung der Arbeitswelt für die Menschen.

8.2.2 Rahmen gestalten für Selbstorganisation

Ich nutze sehr gern eine einfache Metapher, um die wichtigste Aufgabe der Führung in Bezug auf die Stärkung der Selbstorganisation zu vermitteln: Jedes Spiel hat ein Spielfeld, welches die Ausbreitung begrenzt und einen sicheren Rahmen gibt, in dem sich die Spieler anhand definierter Regeln frei bewegen und ausprobieren können. Die Führungskraft ist sozusagen der Gestalter des Rahmens. Je klarer und transparenter die Eingrenzung und die Regeln verstanden werden, desto schneller fokussieren sich alle auf die bestmöglichen Spielzüge zum Erreichen der gemeinsamen Ziele, statt sich mit Rang- und Hackordnungen herumzuärgern. Zur Rahmengestaltung gehören sowohl die Entscheidungen und Kompetenzen, die das Team selbstständig managt, als auch der Sinn und der Auftrag aus Kundensicht. Außerdem sind die vorgegebenen Leitplanken wie Personal, Strukturen und Budget eine wesentliche Begrenzung des Felds. Auch das Framework wie Scrum, Kanban oder Design Thinking gibt einen klaren Rahmen vor, in dem das Team seine Arbeitsweise strukturiert (s. Abb. 8.2).

8.2.3 Hindernisse aus dem Weg räumen und coachen

Wenn der Sinn und die Richtung der Veränderung klar kommuniziert sind und der Rahmen für den Wertschöpfungsprozess passend gestaltet ist, hat die Führung ein gutes Fundament

Abb. 8.2 Die wichtigste Aufgabe von Führung. (Mit freundlicher Genehmigung von © Claudia Thonet 2020. All Rights Reserved)

geschaffen. Im weiteren Verlauf der Zusammenarbeit zwischen Führung und Teams sind es vorwiegend die Hindernisse, die den Führungsalltag bestimmen. Ihre Aufgabe besteht darin, die Hürden zu identifizieren und so umzustoßen, dass die Teams ihren Auftrag wieder möglichst störungsfrei erfüllen können.

In Tab. 8.1 habe ich die strukturellen Hindernisse nach Kotter (1996) um typische Hindernisse ergänzt. Einige davon sind nur durch eine gute Kollaboration des gesamten Führungsteams inklusive der CEOs, respektive Vorstände lösbar oder verlangen einen Paradigmenwechsel in der Unternehmenskultur.

Im agilen Vertrieb wird es nicht weniger Hindernisse geben als in der klassischen Vertriebsstruktur. Sie werden nur offensichtlicher und verstecken sich nicht länger unter den Teppichen der Unternehmensflure, um dort große Stolperfallen zu bilden, über die niemand sprechen darf. Die Tabus und Firmengeheimnisse werden idealerweise ans Tageslicht

Tab. 8.1 Die Hindernisse im agilen Vertrieb

Zielbild	Typische Hindernisse
Fokussierung auf den Kunden	Die Organisation fragmentiert Ressourcen und Verantwortung für die Produkte und die Dienstleistungen.
Selbstorganisation	Es gibt viele Hierarchiestufen von Vorgesetzten, welche die Verantwortungsübernahme bremsen.
Steigerung der Produktivität	Ein großer Stab in der Zentrale produziert Kosten und initiiert beständig teure Programme und Prozeduren.
Schnellere Werterstellungsprozesse	Unabhängige Silos kommunizieren nicht und verlangsamen dadurch den gesamten Prozess.
Teamstrukturen und Wir-Kultur	Einzelziele verhindern die Kooperation und die Teamentwicklung.
Flache Hierarchien	Führungskräfte wollen ihre Macht und Position bewahren und besetzen dann Rollen wie den Product Owner oder Tribe Lead, ohne ihr Verhalten zu ändern.
Innovation	Die Teams sind von operativen Tätigkeiten so überladen, dass kein Raum für Innovation existiert. Es werden keine Mittel für Labs oder kreative Köpfe investiert.
Reflexivität und Ich-Entwicklung	Es gibt zu viele Bewahrer oder führende Köpfe, die im „Fixed Mindset" verhaftet sind und glauben, sie selbst und andere könnten sich nicht mehr verändern oder weiterentwickeln.
Netzwerken und Kooperation	Andere Bereiche oder Teams grenzen sich ab, es gibt eine „Wir gegen die Anderen"-Schnittstellenkultur. Meetings sind ineffektiv. Gemeinsames Lernen wird durch die negative Fehlerkultur verhindert.
Agile Arbeitsweisen: Schnell, transparent und anpassungsfähig	Mangelnde Erfahrung mit Frameworks und agilen Prinzipien. Zu schnelle Veränderung der Rahmenwerke und fehlende Disziplin in der Umsetzung.
Mitarbeiterentwicklung	Es wird zu wenig in Weiterbildung und Coaching investiert oder es gibt Weiterbildung nach dem Gießkannenprinzip. Trainings sind unflexibel und langweilig. Es gibt keine Learning Boards.

befördert. Dann muss eine Entscheidung her: Sind wir bereit, weiterhin deutlich unter unseren Möglichkeiten und Fähigkeiten zu bleiben und uns auf dem Markt zu begrenzen – oder gehen wir schmerzhafte und mutige Schritte und beseitigen die Hürden?

8.2.4   Konsequente Reflexion anregen

Ein weiterer entscheidender Hebel liegt darin, das Reflexionsniveau und die Beobachtungsfähigkeit der Führungskräfte und Mitarbeiter anzuheben (Hofert und Thonet 2019). Das erfordert einen langfristigen Prozess, vor allem aber auch Strukturen und Retrospektiven, um die konsequente Reflexion einzuüben. Prüfendes und vergleichendes Nachdenken kann nicht verordnet werden, aber die Vertriebsleitung kann Reflexionsräume bieten und mit gutem Beispiel voranschreiten. Sie kann ein Selbstverständnis als lernender Bereich ausrufen und dieses auch vorleben.

Wie übt man Reflexion? Wie gibt und nimmt man Feedback auf, um das Selbstbild mit der Außenwirkung erfolgreich abzugleichen? Schon in den 1960er-Jahren haben die Psychologen mit ihrem Johari-Fenster eindrücklich aufgezeigt, dass wir blinde Flecken haben, die anderen bewusst sind – nur uns selbst nicht (Luft 1969). Deshalb sind Hinweise unseres Umfelds auf diese blinden Flecken für unsere Entwicklung äußerst wichtig und wertvoll (Thonet 2019). Zunächst, um uns selbst besser kennenzulernen, infolgedessen aber auch die Reaktionen zu verstehen, die wir in unserer Umwelt durch unser Verhalten auslösen. Trotzdem ist Feedback geben und annehmen eine der höchsten Hürden, die ein Team bewerkstelligen muss.

Um Projektionen des Feedbackgebers offenzulegen, helfen die sogenannten Ich-Botschaften (ich nehme x wahr, das löst y bei mir aus und wünsche mir z). Häufig werden jedoch verunglückte Ich-Botschaften gesendet, die viel mehr Frustration und Rechtfertigungen auslösen, als dass sie für den Empfänger und Absender hilfreich wären.

Beispiel

- Teamleiter zur Mitarbeiterin: „Schon seit geraumer Zeit habe ich den Eindruck, Sie engagieren sich nicht für die gemeinsamen Ziele. Das frustriert auch die Kollegen und verhagelt die Stimmung im Team."
- Bereichsleiter zum Mitarbeiter: „Ich habe das Gefühl, du beteiligst dich nicht an unseren Meetings und Teamaufgaben. Ich erwarte mehr Engagement von dir."

Hand aufs Herz: Denken Sie, solche Botschaften führen zu Lust auf Entwicklung und zur Stärkung der Zusammenarbeit? Natürlich sind das keine wahren Ich-Botschaften, sondern versteckte Du-Botschaften. Doch so läuft Feedback in der Realität leider sehr oft ab.

Damit so etwas nicht passiert, helfen die Forschungen von Gottman (2018). Der Paartherapeut hat über viele Jahre die Streitkultur von Ehepaaren beobachtet, um herauszufinden, was in stabilen und glücklichen Ehen anders läuft. So fand er die 5-1-Regel: Glückliche Paare geben einander sehr wohl kritische Hinweise, doch sie verknüpfen jede Kritik mit fünf positiven Botschaften. Das kann ein Kompliment sein – oder auch nur ein Augenzwinkern oder ein Lächeln.

In Teams erscheint diese Regel allerdings schwierig umsetzbar. Was bei Paaren gut funktioniert, führt zwischen Führungskräften und Mitarbeitern oder unter Kollegen meist zu weichgespülten und wenig authentischem Feedback. Der Empfänger nimmt die Mühen des Feedbackgebers wahr, überhaupt erstmal drei bis fünf positive Dinge zu benennen, bevor er zu der eigentlich relevanten Botschaft kommt. Das kann gekünstelt oder vorhersehbar wirken und dadurch nicht die gewünschte Entwicklung anstoßen. Ich habe eine Variante gefunden, die Feedback meiner Erfahrung nach wirklich konstruktiv macht und beim Gegenüber Resonanz erzeugt. Dadurch erst werden Impulse gesetzt, die die Entwicklung weiterbringen. Der Dreh beim Plus-Plus-Feedback besteht im Reframing, sprich der Umdeutung der Kritikpunkte oder Wünsche des Feedbackgebers in eine zielgerichtete Botschaft.

Plus-Plus-Feedback
Statt Kritik zu verpacken, wird das „Stattdessen-Verhalten" verbalisiert.

Statt: „Du interessierst dich nicht für uns als Team und schaust nur auf unsere Arbeits-Performance" fiele das Plus-Plus-Feedback so aus:

„Ich finde es stark, wie fokussiert du auf unsere Aufgabenbewältigung und Performance achtest. Wenn du dich zusätzlich auch noch ab und zu nach unserem Befinden erkundigst (wenigstens einmal pro Woche) oder unseren Sorgen anhörst, dann würden sich alle im Team noch mehr gesehen und verstanden fühlen."

Abb. 8.3 zeigt eine einfache Vorlage, um Plus-Plus-Feedback zu formulieren.

So einfach? Ja, exakt so einfach und wirkungsvoll. Doch Vorsicht: Auch das einfache Plus-Plus will geübt sein. Die Umdeutung der wahrgenommenen Schwächen und das „Stattdessen-Verhalten" bedürfen konsequenten Umdenkens und somit wieder der eingangs beschriebenen Fähigkeit zur Reflexion.

8.2.5 Netzwerken und Neues lernen

Obwohl ich in meinem Beruf überwiegend als Einzelperson unterwegs bin, vernetzte ich mich und kooperiere mit anderen Trainern kontinuierlich, um sowohl Neues zu lernen als auch Synergien und Kooperationen zu nutzen. Trotzdem bin ich immer wieder erstaunt, wie schnell ich mich an bestimmte Abläufe und Wissensinseln gewöhne.

Netzwerken bedeutet, sich immer wieder in Bewegung zu setzen und das Inselstreben zu verlassen. Konsequentes Brückenbauen und sich auf nichts Ausruhen ist teilweise sehr schmerzhaft und unbequem für das Ego. Trotzdem lohnt es sich! Einige meiner älteren dachten, sie könnten sich ausruhen und ernten und bräuchten nichts mehr zu lernen. Leider

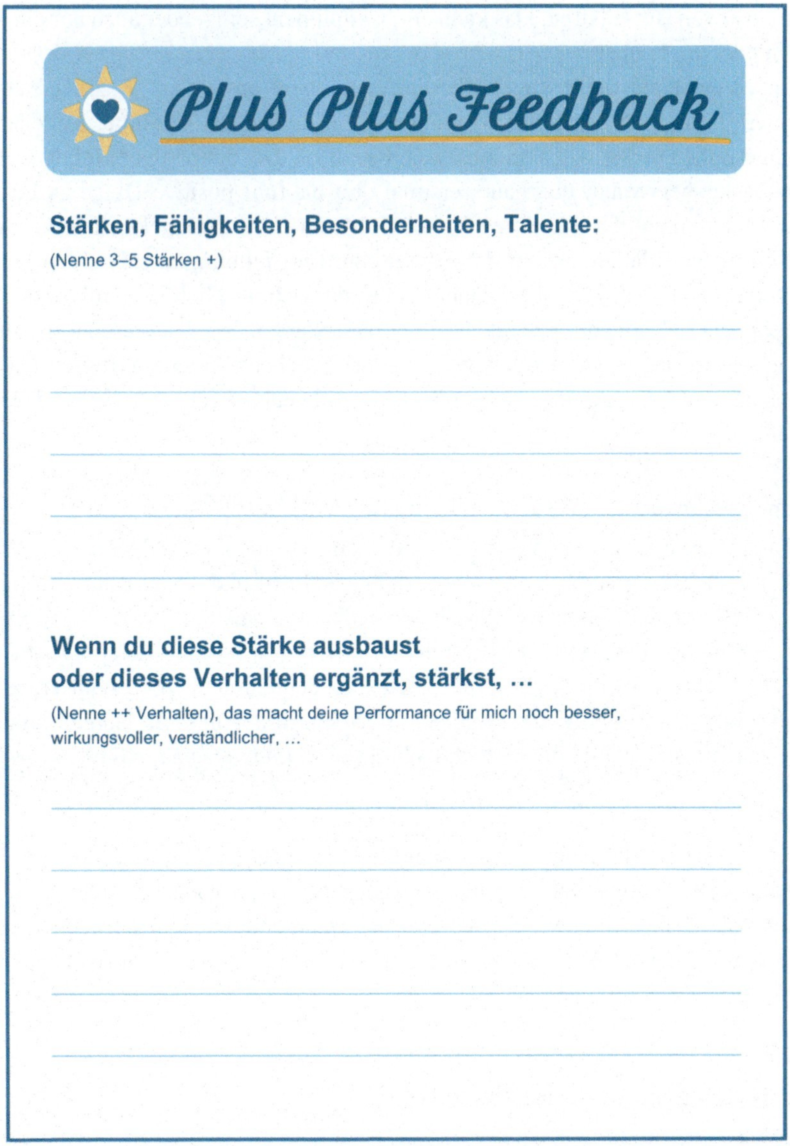

Plus Plus Feedback

Stärken, Fähigkeiten, Besonderheiten, Talente:

(Nenne 3–5 Stärken +)

**Wenn du diese Stärke ausbaust
oder dieses Verhalten ergänzt, stärkst, …**

(Nenne ++ Verhalten), das macht deine Performance für mich noch besser,
wirkungsvoller, verständlicher, …

Abb. 8.3 Vorlage für Plus-Plus-Feedback. (Mit freundlicher Genehmigung von © Claudia Thonet 2020. All Rights Reserved)

waren sie zwei bis drei Jahre später bereits abgehängt und nicht mehr gefragt. Ausruhen geht heute anders, und zwar durch Freiräume und kreative Räume, die wir gemeinsam mit anderen erobern. Lebenslanges und lustvolles Lernen sind die Devise und der Spirit der Zukunft nicht nur für Trainer, sondern erst recht für Vertriebler, die auf dem neuesten Stand der spannenden Marktentwicklung sein wollen.

Vernetzen Sie sich nicht nur innerhalb der Organisation und auch nicht nur mit Unternehmen derselben Branche, sondern nutzen Sie den Austausch mit anderen Organisationsformen, mit Vorbildern im Bereich Agilität und Digitalisierung.

8.3 Die fünf Führungstypen

Ich unterscheide fünf Verhaltenstypen von Führungskräften. Egal, ob die Führung disziplinarisch und top-down übertragen oder lateral vergeben wird: Menschen neigen dazu, durch die Rolle Vorstellungen, Werte und Muster zu aktivieren, die ihr Verhalten in der Rolle bestimmen. Die fünf Typen sollen keine Schubladen darstellen, sondern Entwicklungsstufen, die durch die Kultur und die Wertesysteme ausgeprägt wurden. Impulsgeber ist das Spiral-Dynamics-Modell, basierend auf den Forschungsarbeiten über die menschliche Bewusstseinsentwicklung von Dr. Grawe aus den 1950er-Jahren (Krumm 2014). Beck und Cowan haben das Modell später ausgearbeitet und veröffentlicht (Beck und Cowan 2007). Ich habe mich bei den hier beschriebenen fünf Typen auf die Verhaltensweisen fokussiert, die zum einen vom Kontext und zum anderen vom Mindset der Person abhängen. Wenn Sie also der konventionelle Führungstyp und auf Ordnung, Sicherheit, Rang und Expertentum fokussiert sind, dann wird im agilen Wandel die nächste Stufe Ihrer Entwicklung in Richtung Performer gehen. Das tun Sie beispielsweise, indem Sie klare, messbare Ziel- und Leistungskriterien definieren und die Mitarbeiter danach führen. Jede Entwicklungsstufe verläuft dabei spiralförmig und die nachfolgende beinhaltet die vorherige Denk- und Verhaltenslogik (vgl. Krumm 2014).

Nutzen Sie die Beschreibungen, um sich selbst einzuschätzen und zu erkennen, welche nächste Entwicklungsstufe für Sie ansteht. Die fünf folgenden Typen stellen keine Wertung dar, denn jeder ist für bestimmte Kontexte am besten geeignet und birgt wichtige Kompetenzen. Für ein neues, modernes Führungsverständnis und flache Hierarchien oder Netzwerke ist jedoch die Entwicklung hin zu einem flexiblen oder holistischen Typus sinnvoll.

8.3.1 Der Konventionelle

- Farbe: Blau
- Agilitätsgrad: 0
- Denkweise: autoritär
- Werte und Sichtweisen: Disziplin, Tradition, Moral, Regeln
- Stärken: Struktur, Ordnung, Verantwortlichkeit, Stabilität
- Beschreibung: Der Konventionelle strebt nach Stabilität durch Ordnung, Strukturen und Gesetze. Er legt Wert auf Disziplin, Gehorsam und Moral in Übereinstimmung mit dem Verhaltenskodex einer Gruppe und der Unternehmenstradition. Blaue Führungskräfte sind bereit, Verantwortung zu übernehmen und erwarten das auch von den

Abb. 8.4 Der blaue Typ Führung. (Mit freundlicher Genehmigung von © Claudia Thonet 2020. All Rights Reserved)

Mitarbeitern. Entsprechend der Arbeitsweise, die als richtig oder falsch beurteilt wird, werden Mitarbeiter belohnt oder bestraft. Strukturen und klare Ordnungen wie Organigramme geben ihm Halt. Loyalität und Expertise sind hoch im Kurs und werden von jedem im Team erwartet.

- Hinweise für die Weiterentwicklung: Regeln und Arbeitsweisen zugunsten der Erfolge und Effekte hinterfragen. Vision und Ziele kommunizieren. Leistungen jedes Einzelnen sichtbar machen und Best Practice nutzen. KPI und/oder OKR mit dem Team als Messkriterien festlegen. Keine Regeln aufstellen, lieber mit dem Team Vereinbarungen treffen (s. Abb. 8.4).

8.3.2   Der Performer

- Farbe: Orange
- Agilitätsgrad: 1
- Denkweise: strategisch
- Werte und Sichtweisen: materialistisch, konsumorientiert, Erfolg, Image, Status, Wachstum
- Stärken: Ehrgeiz, Fleiß, Motivierend, Überzeugend, Optimismus
- Beschreibung: Der Performer strebt danach; die physische, äußere Welt zu erobern, indem er versteht, wie sie funktioniert. Der Erfolg wird dem Willen des Menschen untergeordnet. Dabei entwickeln und nutzen orangefarbene Führungskräfte positivistische und strategische Methoden. Sie streben nach Erfolg für sich und ihr Team. Immer höhere Ziele spornen Performer an, und sie betrachten die Welt als einen Ort voller Möglichkeiten und Alternativen. Besonders schätzen sie Autonomie, Pragmatismus, strategisches Denken, zielorientiertes Handeln sowie Belohnungen für erreichte Ziele.

Abb. 8.5   Der orangefarbene Typ Führung. (Mit freundlicher Genehmigung von © Claudia Thonet 2020. All Rights Reserved)

- Hinweise für die Weiterentwicklung: Einzelziele und Erfolgsmessungen zu Teamzielen umformen. Eigeneinschätzung und Messung der Ziele dem Team übergeben. Strategien mit den Vorstellungen anderer Verhaltenstypen abgleichen und die Meinung des Teams erfragen. Mehr Wir-Kultur gestalten und lernen, sich selbst zurückzunehmen (s. Abb. 8.5).

8.3.3   Der Kooperative

- Farbe: Grün
- Agilitätsgrad: 2
- Denkweise: konsensorientiert
- Werte und Sichtweisen: Gleichheit, Gefühle, Authentizität, Teilhabe, Verständnis, Gemeinschaft
- Stärken: ausgleichend, empathisch, konsensfördernd, respektvoll, tolerant
- Beschreibung: Dem Kooperativen geht es vorwiegend um sein inneres Selbst und die persönliche Entfaltung jedes Mitarbeiters sowie das gemeinsame Wachstum und die Beziehungen untereinander. Grüne Leader sehnen sich nach Akzeptanz und streben nach Harmonie, Frieden und Anerkennung für alle. Sie betrachten alle Menschen gleich, wollen teilen und sich kümmern. Sie akzeptieren und schätzen Unterschiede und Diversität. Netzwerken ist für sie ein innerer Antrieb, Wettbewerb liegt ihnen fern.
- Hinweise für die Weiterentwicklung: Flexibilität im Denken und Handeln ausbauen. Akzeptanz von Konflikten und Unvereinbarkeiten entwickeln. Lernen, in der Ambiguität zurechtzukommen. Themen und Interaktionen weniger persönlich nehmen (s. Abb. 8.6).

Abb. 8.6 Der grüne Typ Führung. (Mit freundlicher Genehmigung von © Claudia Thonet 2020. All Rights Reserved)

8.3.4 Der Flexible

- Farbe: Gelb
- Agilitätsgrad: 3
- Denkweise: ökologisch
- Werte und Sichtweisen: natürliche Systeme, Selbstverwirklichung, multiple Realitäten, Wissen
- Stärken: ambiguitätstolerant, verhaltensanpassend, optimierend, entwicklungsstark, vielseitige Kompetenzen, Offenheit
- Beschreibung: Der Flexible kann mit Chaos und Komplexität umgehen. Er fokussiert auf die Vision und experimentiert mit neuen Arbeitsweisen in seinem Bereich. Dabei erkundet die gelbe Führungskraft neue Wege der Verknüpfung und empfindet spielerische Freude in Umgang mit Neuem und Komplexem. Die digitalen Technologien schätzt er als Werkzeug, um neue Möglichkeiten zu erschließen. Er beginnt die technologischen, globalen Verbindungen der digitalen Medien als eine Form des Nervensystems der Menschheit zu begreifen.
- Hinweise für die Weiterentwicklung: Die Natur und die großen Zusammenhänge studieren. Sich zentrieren und Achtsamkeit trainieren (s. Abb. 8.7).

8.3.5 Der Holist

- Farbe: Türkis
- Agilitätsgrad: 4
- Denkweise: holistisch
- Werte und Sichtweisen: kollektiver Individualismus, ganzheitliche Verbindungen, Wandel im Großen, Achtsamkeit, Nachhaltigkeit, weltverbessernd

Abb. 8.7 Der gelbe Typ Führung. (Mit freundlicher Genehmigung von © Claudia Thonet 2020. All Rights Reserved)

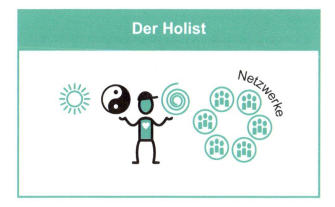

Abb. 8.8 Der türkisfarbene Typ Führung. (Mit freundlicher Genehmigung von © Claudia Thonet 2020. All Rights Reserved)

- Stärken: Querdenken, Kreativität, Achtsamkeit, Reflexivität, Weisheit
- Beschreibung: Der Holist betrachtet jedes System als Ganzes und nicht nur als Zusammensetzung seiner Teile. Er erkennt das Ineinandergreifen der Kräfte, die Dynamik und Synergien auf allen Ebenen. Der Türkisfarbene strebt nach neuen Formen der Zusammenarbeit, wie die Natur es vormacht. Er ist sich seiner Denkfehler und Begrenzungen bewusst und strebt danach, die Welt ein kleines bisschen besser zu machen.
- Hinweise für die Weiterentwicklung: Sich immer wieder mit den einfachen Themen des Alltags beschäftigen. Der Holist muss sich erden – durch physische Betätigungen wie Sport oder Gartenarbeit (s. Abb. 8.8).

Tab. 8.2 So übersetzen Sie Führungswerte in Handlungen

Wert	Prinzipien	Handlungen
Commitment; Selbstverpflichtung	Selbstorganisation, Sinnhaftigkeit und Ergebnisorientierung	Fördere stärkenorientierte Autonomie Erteile (Pull-Prinzip) rollengebundene Selbstorganisation Kläre den Sinn und den Nutzen für das Gemeinwohl und jeden Einzelnen
Fokus	Maximiere die Menge nicht getaner Arbeit (da nicht notwendig) Iteratives Arbeiten mit Timeboxing	Vermeide Verschwendung und fokussiere auf Wertschöpfung durch Kundenfokus Priorisiere den Workflow und fördere schnelle Ergebnisse
Offenheit	Transparenz, Neues lernen, sagen statt fragen	Mache im Team Workflow transparent Fördere das stete Lernen und den Wissensaustausch Sorge dafür, neue Praktiken auszuprobieren Schaffe ein Teamklima, in dem jeder seine Meinung direkt sagen mag
Mut	Experimente und Fehlerfreude	Fördere Fehlerfreude im Team und stärke Experimente und Risikofreude
Respekt	Vielfalt, Diversitiy und Growth Mindset	Führe und entwickle das Team in seiner Unterschiedlichkeit Sorge für Vielfalt durch konvergente und divergente Denker, Alter, Kultur Fachrichtung etc.
Kommunikation/ Kollaboration	Netzwerken, aktive Einbindung und Review	Binde Kunden und Stakeholder aktiv ein Gestalte Reviews mit Kunden Netzwerke innerhalb und außerhalb der Organisation
Rückmeldung, Reflexion	Feedback, Retrospektive, Vertrauen und Konfliktbereitschaft	Entwickle eine Feedbackkultur Sorge für Lösungen statt Schuldfragen Gestalte Retrospektiven im regelmäßigen Turnus und fördere Reflexion
Einfachheit	Babyschritte, Anpassung, Inkremente	In kleine Arbeitspakete herunterbrechen Fordere Wiederholungen mit Anpassung Lass Teilprodukte (Inkremente) bewerten

8.4 Agile Führungsprinzipien im Vertrieb

Wir haben uns in Abschn. 5.4 bereits ausführlich mit agilen Werten und Prinzipien beschäftigt. Diese sind natürlich auch für jede Führungsrolle handlungsleitend. Damit jeder erkennen kann, wo er in seinem Verhalten bereits innerlich einen grünen Haken setzen kann und wo noch Potenzial besteht, sind in Tab. 8.2 den acht Werten exemplarisch Prinzipien und mögliche Handlungen zugeordnet.

Literatur

Beck D, Cowan C (2007) Spiral Dynamics – Leadership, Werte und Wandel: Eine Landkarte für Business und Gesellschaft im 21. Jahrhundert. Kamphausen Media, Bielefeld

Drucker PF (2006) The effective executive: the definitive guide to getting the right things done. Harper Collins Publisher, New York

Gottman J (2018) Die Vermessung der Liebe: Vertrauen und Betrug in Paarbeziehungen. Klett Cotta, Stuttgart

Graf N, Könnecke C, Witte EH (2018) Synergetische Teamführung. ManagerSeminare 249:30–37

Hofert S, Thonet C (2019) Der agile Kulturwandel. Springer Gabler, Wiesbaden

Kotter J (1996) Leading change. Vahlen, München

Krumm R (2014) Clare W. Graves: Sein Leben, sein Werk. werdewelt Verlags- und Medienhaus GmbH, Mittanaar-Bicken

Luft J (1969) Of human interaction. National Press, Palo Alto

Teamlead (2018) Führen von Teams: Ausgestaltung der Führungsrolle des mittleren Managements aus systemischer Sicht mit Fokus auf der Steuerung von Teamprozessen: Abschlussbericht: Projektlaufzeit: 01. Mai 2015 bis 30. November 2017; Ismaringen: Hochschule für angewandtes Management GmbH. https://www.tib.eu/suchen/id/TIBKAT:1027831877/. Zugegriffen am 15.06.2019

Thonet C (2019) Das Plus Plus Feedback. https://www.claudiathonet.de/agile-moderation-feedback Zugegriffen am 19.06.2019

Der agile Vertriebscoach

Zusammenfassung

Was kann und leistet ein agiler Vertriebscoach? Wie wird er ausgebildet und welchen Mehrwert bieten interne Coaches im Vergleich zu externen? Lernen Sie die Phasen und Methoden des agilen Vertriebscoachings kennen und verschaffen Sie sich einen Überblick über die Inhalte dieser wichtigen Rolle in der Transformation.

Coaching als verhaltens- und lösungsorientierte Form der Mitarbeiterentwicklung ist eine sinnvolle und zunehmend wichtige Aufgabe in der agilen Transformation. Die Beherrschung zentraler Grundhaltungen und Methoden ist dabei eine notwendige, aber keine hinreichende Bedingung. Wer gleichzeitig als Kollege und als Coach agiert, muss seine Möglichkeiten und Grenzen außerdem sehr genau kennen, um als professioneller Beziehungsgestalter zwischen beiden Rollen sicher hin- und herwechseln zu können. Der agile Vertriebscoach ist meiner Erfahrung nach eine entscheidende und den Kulturwandel fördernde Rolle, mit vielen „quick wins" für jeden Vertrieb. Coaching bedeutet, den Mitarbeiter bei der Weiterentwicklung seiner Fertigkeit bzw. seines Verhaltens zu unterstützen.

Agiles Vertriebscoaching betrachtet darüber hinaus die erforderlichen Schritte und vorhandenen Ressourcen, um die Beweglichkeit und Anpassungsfähigkeit des Einzelnen zu stärken und die Teams in der Selbstorganisation zu begleiten. Entweder startet der Coach mit der Begleitung Einzelner im Service- oder Sales-Vertrieb und hilft dabei, deren Beziehungs- oder Vertriebskompetenzen zu erweitern, oder er begleitet und beobachtet die Arbeitsweisen, Strukturen sowie die Kommunikation der gesamten Teams und gibt Hinweise zur Agilitätssteigerung. Oftmals ist er sogar mit beiden Aufträgen betraut.

© Springer Fachmedien Wiesbaden GmbH, ein Teil von Springer Nature 2020

C. Thonet, *Der agile Vertrieb*, Edition Sales Excellence,

https://doi.org/10.1007/978-3-658-29093-1_9

Empfehlenswert ist, ein Team von Vertriebscoaches aufzubauen, die ihre Beobachtungen austauschen und über den Bereich hinaus vernetzt handeln können.

9.1 Interne oder externe Vertriebscoaches?

Abhängig von der Größe des Vertriebs empfiehlt es sich, eigene Mitarbeiter zu internen Coaches ausbilden zu lassen. Zu Beginn kann allerdings ein externer, erfahrener Coach die bessere Wahl sein. Er hat die Kompetenz und die Erfahrung, mit der Expertenbrille die Wirksamkeit von Coaching im Vertrieb aufzuzeigen und die Sales- und Serviceteams für das Thema Coaching oder Training on the job zu begeistern. Im zweiten Schritt kann dann ein internes Coaching-Team aufgebaut werden. Meine Kunden haben damit bisher nur positive und stärkende Erfahrungen gesammelt. Denn sie schlagen bezüglich der Transformationsfähigkeit ihres Bereichs damit gleich mehrere Fliegen mit einer Klappe:

1. Sie fördern die Kommunikationstalente und Top Player und stärken damit deren Bindung zum Unternehmen.
2. Sie initiieren laterale Führungsrollen aus den Service- und Salesteams heraus, die die Kollegen praxisnah begleiten und Best Practice vermitteln.
3. Eigene Standards werden entwickelt und ständig angepasst.
4. Die Mitarbeiterentwicklung verteilt sich auf mehrere Schultern.
5. Die Reflexions- und Feedbackkultur wird nachhaltig gefördert.
6. Wenn Sie die internen Coaches aus unterschiedlichen Bereichen zusammenstellen (Innen- und Außendienst, Produktion, Marketing, Einkauf, Logistik), haben Sie gleichzeitig ein interdisziplinäres Team, das schnittstellenübergreifend als agile Keimzelle wirkt.
7. Interner Coach und Mitarbeiter haben in der Regel immer wieder Kontakt miteinander. Der Chef kann den Mitarbeiter wiederholt „on the job" wahrnehmen, beobachten und Rückmeldungen „aus erster Hand" anbieten.
8. Ein zentrales Element des Coachings sind Verhaltensexperimente. Entsprechende Situationen können vom Coach im Arbeitskontext aktiv hergestellt werden. So kann der Mitarbeiter genau die Verhaltensweisen dosiert üben, die im Fokus stehen.

9.2 Ein gutes Fundament schaffen

Aktuelle Studien zeigen durchgängig, dass der Erfolg von Coachingmaßnahmen zwar auch von der methodischen Kompetenz des Coaches, vielmehr noch aber von der Beziehungsqualität zwischen Coachee und Coach abhängt. (Vgl. de Haan et al. 2016) Eine gute Beziehung kann bereits die „halbe Miete" für einen gelungenen Coachingprozess sein, während eine weniger gute oder gar konfliktreiche Beziehung das Coaching erschwert oder gar unmöglich macht. Beachten Sie bei der Auswahl der Coaches und bei der Auftragsgestaltung folgende Aspekte:

9.2.1   Rollenklarheit

Wichtig bei internen Coaches ist die Rollenklärung: Beim Wechsel vom Kollegen zum Coach müssen die Rollen klar und ungleich verteilt sein. Im Gegensatz zu freundschaftlichen oder kollegialen Beziehungen ist eine Coachingbeziehung durch die Unterschiedlichkeit der Rollen gekennzeichnet.

Das Anliegen und die Entwicklung des Mitarbeiters stehen einseitig im Fokus: Der Coach versucht, den Kollegen möglichst gut bei dessen Entwicklung zu unterstützen, und verzichtet darauf, seine eigenen Themen bzw. Probleme ins Gespräch einzubringen. Auch der Vergleich „das kenne ich auch" oder „ich mache das folgendermaßen" ist eher hinderlich statt förderlich.

Nur die eigenen Lösungen und selbst entwickelten Verhaltensalternativen sind wirksam und umsetzbar. Je professioneller der Coach ausgebildet ist, desto besser kann er die Rollen unterscheiden und seine eigenen Themen reflektieren.

9.2.2   Stärkenorientierung

Die Ressourcen des Mitarbeiters stehen im Mittelpunkt. Das funktioniert am besten, wenn der Fokus wohlwollend auf Möglichkeiten und Stärken und weniger auf Begrenzungen und Defizite gerichtet wird. Menschen neigen dazu, Erwartungen jedweder Art zu erfüllen. Deshalb sollte der Coach immer das Beste erwarten. Für gelingende Coachingbeziehungen ist eine konsequente Ressourcenorientierung fundamental.

Es macht einen großen Unterschied, ob der Coach bei fehlenden Kompetenzen oder Verhaltensalternativen denkt und sagt: „Das hat der Mitarbeiter aus Kundensicht nicht gut gelöst oder falsch gemacht", oder ob er denkt und sagt: „Das hat er noch nicht gut gelöst" oder „noch nicht richtig gemacht". Denn, wie neue Studien zeigen, ist Intelligenz nicht angeboren oder in Stein gemeißelt, wie man lange Zeit annahm. Glücklicherweise weist Carol Dwerck in ihrer Forschungsarbeit nach, dass sich Intelligenz sehr wohl fördern lässt und sich Menschen ein Leben lang entwickeln können. (Kuhbandner 2018) Einzige Voraussetzung: Sie müssen es wollen und dabei gefördert werden.

9.2.3   Vertrauen aufbauen

Die Basis eines jeden Coachings ist das Vertrauen. Eine gute und vertrauensvolle Arbeitsbeziehung ist kein Selbstläufer, sondern für sich betrachtet die wichtigste Intervention. Auch bei noch so guter Beziehungsarbeit mit einem motivierten Start können zu Beginn Phasen der Unzufriedenheit mit dem Verlauf der Entwicklung oder auch der Zusammenarbeit insgesamt auftauchen. Je früher und sensibler derartige Gesprächsbedarfe erkannt und realisiert werden, desto größer ist die Chance, Konflikte nicht nur zu klären, sondern die Beziehung durch die Auseinandersetzung sogar zu stabilisieren und auszubauen.

Natürlich kann eine solche „Metakommunikation" (darüber reden, wie man im Rahmen einer Beziehung miteinander umgeht) immer von beiden Beteiligten angeregt werden; der Coach jedoch trägt den Hauptteil der Verantwortung dafür.

Oftmals treten schon vor dem ersten Coaching Unklarheiten oder Befürchtungen über die Vertraulichkeit, die Rolle und den Auftrag des Coaches auf. Falls Teams Widerstände gegen das Coaching bzw. die Themenwahl äußern oder erkennen lassen, sollten diese unbedingt zunächst besprochen und zum Aufbau einer tragfähigen Basis genutzt werden. Ich beziehe die Wünsche und Bedürfnisse der Teams von Anfang an mit ein und gehe offen und transparent mit Einwänden als wichtige Botschaften um. Der Coachee ist sozusagen immer mein wichtigster Auftraggeber.

9.3   Der Coachingprozess

Wie erwähnt, hat die Beziehung einen wesentlichen Effekt auf die Wirksamkeit von Coaching. Zusätzlich ist die Bearbeitung von Entwicklungsthemen dann besonders effektiv, wenn das im Rahmen eines klar strukturierten Ablaufes geschieht. Den ganzen Coachingprozess mit seinen Phasen und vielfältigen Methoden zu beschreiben, würde den Rahmen dieses Buches sprengen. Ich beschränke mich daher auf die Voraussetzungen und einige wichtige Schritte beim Coaching. Die Struktur und Klarheit über den Prozess geben beiden, Coach und Coachee, einen sicheren Rahmen, in dem Lernen stattfinden kann.

Neben der Rollenklärung sollte der Coach von daher zu Beginn der gemeinsamen Arbeit den voraussichtlichen Ablauf des Coachings vorstellen. Dadurch werden beim Mitarbeiter Unsicherheiten verringert und der unerfahrene Vertriebscoach hat gleichzeitig ein strukturelles Gerüst, an dem er sich bei der Arbeit orientieren kann. Abb. 9.1 zeigt die Phasen des Vertriebscoaching-Prozesses.

9.3.1   Vorbereitungsphase

Auftraggeber und zu coachendes Team sind in den meisten Fällen nicht identisch. Als externer Coach wird man frühestens im Erstkontakt zur Gruppe herausfinden können, was die eigentlichen Probleme oder Veränderungswünsche sind. Diese beiden Ziele (Auftraggeber und Team) müssen in Einklang gebracht werden. Vorsicht ist bei den Aufträgen geboten, bei denen der Auftraggeber ein fixes Ziel vor Augen hat. Es kann leicht passieren, dass man dabei auf unrealistische Ziele stößt. Unmögliche Ziele sind etwa eine „hundertprozentige Leistungssteigerung" oder das Versprechen, dass die Gruppe nach zehn Coachings ein unschlagbares Team sein wird.

Coaching darf nicht als Mitarbeiterselektion oder nur für einzelne schwache Mitarbeiter genutzt werden. Dadurch schwächt man das Teamgefühl, bildet ein Zweiklassen-Team und verliert die positiven Effekte sehr schnell. Als Coach kann man nur folgendes Ziel

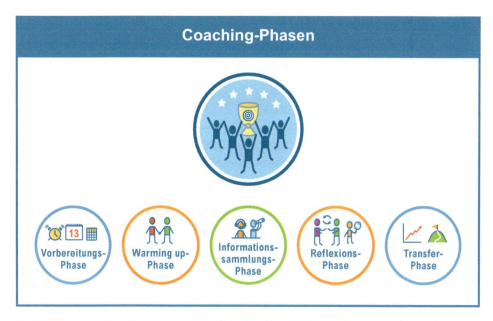

Abb. 9.1 Ablauf des Coachingprozesses. (Mit freundlicher Genehmigung von © Claudia Thonet 2020. All Rights Reserved)

vertreten: *das Team und jeden Einzelnen in seiner Ressourcenfindung zu unterstützen und Wege aufzuzeigen.* Gehen müssen Team und Mitarbeiter diese Wege schon selbst.

Folgende Fragen helfen bei der Auftragsklärung gegenüber dem Auftraggeber (Vertriebsleiter, CEO, Personalleiter) – unabhängig davon, ob es sich um einen externen oder internen Coach handelt:

1. Welches Ziel verfolgt das Unternehmen mit dem Coaching?
2. Welche Kriterien gibt es und wie sind sie definiert?
3. Liegt das Einverständnis des Betriebsrats vor?
4. Welche fachlich-internen Regelungen bestehen (gegebenenfalls ist eine Schulung des Coaches zu den fachlichen und internen Fakten erforderlich)?
5. Welche Vorstellungen haben die Mitarbeiter vom Coaching?
6. Liegen Unklarheiten, Ängste, Befürchtungen, Ablehnungen vor? Wenn ja, von welchen Mitarbeitern?
7. Welche Rolle im Team haben diese Mitarbeiter?
8. Welche Art der Dokumentation wird vereinbart?
9. Welcher zeitliche Coachingzyklus ist vorgesehen?
10. Wie erfolgt die Vorstellung des Coaches?
11. Welcher zeitliche Ablauf ist vorgesehen?
12. Welche räumlichen Verhältnisse bestehen (u. a. damit ein Feedbackraum zur Verfügung steht)?

9.3.2 Warm-up Phase

Der Einstieg dient vor allem dazu, eine gute Arbeitsbasis herzustellen. Dazu muss einerseits der Umgang miteinander geklärt, andererseits der weitere Ablauf des Coachingprozesses abgesprochen werden. Die wichtigste Voraussetzung für die Wirksamkeit des Coachings ist die wertschätzende und ressourcenorientierte Haltung des Coaches gegenüber seinem Coachee/Kollegen. Das bedeutet, dass sich der Coach ehrlich hinterfragt, inwiefern er in die Fähigkeiten und Entwicklungsmöglichkeiten des Mitarbeiters vertraut, um dann im Coaching die bereits vorhandenen Ressourcen zu explorieren und darauf aufbauen zu können. Erst dann kann das erforderliche Vertrauen etabliert werden. Das bedeutet unter anderem, dass der Coach eigene Rollenkonflikte und damit einhergehende Emotionen offen anspricht. Denn kaum etwas schwächt das Vertrauen so sehr, wie wenn der Elefant im Raum (das offensichtliche Problem/Thema) übergangen wird.

Der erste Schritt zum Vertrauensaufbau besteht darin, die Rahmenbedingungen gemeinsam mit dem Mitarbeiter zu besprechen und eine tragfähige Vereinbarung zu treffen. Folgende Fragen gilt es ehrlich zu beantworten:

- Möchte der Mitarbeiter von dem Coach gecoacht werden? Welche Alternativen gäbe es (externer Coach)?
- Welche Anliegen sind realisierbar vom Coach (Effizienzsteigerung, Motivation erhöhen, Weiterentwicklung im Rahmen der Aufgaben, Konfliktklärung, Optimierung der Kundenkommunikation, Perspektivenwechsel, blockierende Überzeugungen lösen etc.)?
- Welche Anliegen erzeugen automatisch Interessenskonflikte/Rollenkonflikte (innere Kündigung, Konflikte zwischen Coach und Mitarbeiter, Burnout, Unzufriedenheit bzw. Wertekonflikte mit dem Unternehmen oder der Aufgabe, Karrierewünsche außerhalb des Teams)?
- Inwieweit werden die Inhalte des Coachings vertraulich behandelt und wo gibt es Überschneidungen?
- Bleibt das Reporting beim Mitarbeiter oder übernimmt der Coach?
- Hat der Coach genügend Coachingerfahrung und Kompetenzen (zielführende Fragen, Authentizität, wertschätzende Haltung, Selbstreflexion, Ressourcen- und Lösungsorientierung etc.) bezüglich des Anliegens des Vertriebsmitarbeiters?

9.3.3 Informationssammlungsphase

In der Informationssammlungsphase beobachtet der Coach je nach Anliegen des Auftraggebers oder des Teams am Arbeitsplatz die Prozesse, Arbeitsweisen, Kundengespräche, Meetings etc. Er notiert alle Beobachtungen möglichst aus der Kundenbrille und nutzt dazu oftmals vorbereitete Coachingbögen und Profile. Folgende Themen werden beispielsweise beobachtet und gesammelt:

- Zuhören, Einhören mit „Kundenohr"
- Wissensstand und Bearbeitungsprozesse bzw. Muster erkennen

- den roten Faden und Gesamteindruck der Kundengespräche herausfiltern
- die Meetingabläufe beobachten
- Arbeitsweisen und Prozesse auf Effizienz prüfen
- agile Arbeitsprinzipien und (falls bereits eingeführt) Frameworks beobachten

9.3.4 Reflexionsphase

Während der Arbeitsphase wird der Coachee oder das Team gezielt dabei unterstützt, Möglichkeiten zur Erreichung des besprochenen Ziels auszuloten. Im geschützten Rahmen können Verhaltensweisen ausprobiert, Wirkungen besprochen und wiederholte Anpassungen an die jeweilige Situation „on the job" vorgenommen werden. Dabei spielen sowohl die gezielten Fragen als auch die ehrlichen Feedbacks des Coaches eine besonders wichtige Rolle. Voraussetzungen für konstruktives Feedback sind:

- ein partnerschaftliches Vertrauensverhältnis auf Augenhöhe
- sich auf eine Wellenlänge mit dem Anderen begeben
- den anderen als Person ernst nehmen
- ernsthaft daran interessiert sein, den anderen zu unterstützen
- den Feedbackprozess als konstruktiven Problemlösungsprozess sehen, bei dem es nicht um die Be- oder Verurteilung einer Person geht, sondern um die gemeinsame Lösung eines Problems
- der Coach sieht sich mehr als Fragender denn als Sagender
- der Coach kann konkrete Verhaltensbeobachtungen anführen, anstatt selber zu schlussfolgern oder Eigenschaften und Absichten zu vermuten
- der Coach sollte auch bereit sein, von anderen Feedback zu bekommen und ernsthaft lernen zu wollen – Feedback sollte also ein gegenseitiger Austauschprozess sein

In der Reflexionsphase bewegt sich der Coach mit dem Mitarbeiter oder dem Team immer in der Lernzone. Denn weder in der Komfortzone noch in der Stress- oder Panikzone wird der Coachee lernen und sich weiterentwickeln. Achten Sie als Coach immer darauf, Ihr Gegenüber richtig einzuschätzen und in diese Lernzone zu führen.

9.3.5 Transferphase

Im Zuge der Transferphase unterstützt der Coach dabei, das neue Verhalten aus dem „Verhaltenslabor" in den alltäglichen Kontext zu überführen. Im Zuge von Verhaltensexperimenten kann der Coachee prüfen, inwieweit sein neues Verhalten auch im „wirklichen Leben" zur Zielerreichung führt. Beispiele für Zielfragen sind:

- Was möchtest du erreichen?
- Wie sehen deine konkreten Schritte aus, was möchtest du als erstes angehen?

- Was brauchst du, um deine Stärken beizubehalten?
- Woran wirst du merken, dass du deine Ziele umsetzt?
- Woran wird es der Kunde merken? Worauf wird es sich noch auswirken, wenn du die Schritte umgesetzt hast?
- „Auf einer Skala" von 0 bis 10 (Beispiele zur Definition der Skala: 0 = Anfänger auf dem Gebiet; 5 = komme schon gut mit der Arbeit klar, 10 = bin da, wo ich hin will, sehr kompetent):
- Wo befindest du dich zurzeit?
- Wie hast du es geschafft, von A nach B zu kommen?
- Was hast du bereits für Fähigkeiten, um von X zum Ziel zu gelangen?

Coaching sollte für den Vertriebler bzw. das ganze Team immer einen „Anschub" zur Veränderung der Erlebens- oder Verhaltensweisen in der beruflichen Praxis darstellen. Daher muss das Coaching so geplant und gestaltet werden, dass der Coachee seine Erfahrungen aus der gemeinsamen Arbeit im „Labor" möglichst weitgehend und dauerhaft auf den beruflichen Alltag übertragen kann.

Möglichkeiten zur Transfer Unterstützung
- Übungssituationen im Coaching möglichst ähnlich wie die entsprechende Echt-Situation gestalten. Dies gilt sowohl für die Gesprächsebene als auch (schematisch) für die Umgebungssituation.
- Verhaltensexperimente für die Zeit zwischen den Coachingsitzungen vereinbaren. Deren Verlauf kann von Sitzung zu Sitzung reflektiert und damit das jeweilige Verhalten Stück für Stück besser an die Möglichkeiten des Coachees und die Erfordernisse der Situation angepasst werden.
- Veränderte Verhaltensweisen in mehreren kleinen Schritten einüben sowie nach und nach in die Echtsituation einfließen lassen. Dies erhöht die Akzeptanz neuer Verhaltensweisen im sozialen Umfeld. Rückmeldungen aus dem Kollegenkreis à la: „Oh, hast du ein Seminar besucht? Wann redest du denn wieder normal?" sorgen sicher nicht für dauerhaft verändertes Verhalten.
- Alle bearbeiteten Ziele nach einiger Zeit überprüfen. Um die Erfolge zu sichern und bereits integrierte Verhaltensweisen bewusst zu machen, ist es sinnvoll, die bisher vereinbarten Ziele nach einigen Monaten zu überprüfen und die Erfolge wertzuschätzen.

Literatur

de Haan E, Grant AM, Burger Y, Eriksson P-O (2016) Consult Psychol J Pract Res 68(3):189–207
Kuhbandner C (2018) Intelligenz ist nicht angeboren. https://www.sueddeutsche.de/bildung/paeda-gogik-intelligenz-ist-nicht-angeboren-1.4245200. Zugegriffen am 14.11.2019

So nutzen Sie Frameworks und agile Methoden von der Idee bis zum Roll-out

10

Zusammenfassung

Sie wollen wissen, welche Methoden und Frameworks im Sales und im Service passen? In diesem Kapitel erhalten Sie einen Überblick über Frameworks und lernen die Zusammenhänge und Einsatzweisen kennen. Außerdem erfahren Sie, welche Methoden Sie einsetzen können, und finden Anleitungen zum Experimentieren.

Was ist eigentlich anders an der agilen Arbeitsweise eines Vertriebs? Viele sagen, es seien die Werte und die Denk- und Handlungslogik, also das agile Mindset, die den Unterschied machen. Andere meinen, dass es die Arbeitsprinzipien und die Rollen in den Teams sind. Wieder andere schwören auf die Frameworks als *den* Unterschied zur klassischen Arbeitsweise oder auch auf die Netzwerke und Zirkel statt auf Wasserfallstrukturen. Meiner Erfahrung nach ist es all das und noch mehr. In der Leuchtturm-Metapher (s. Abschn. 5.2) wurden die wesentliche Komponenten beschrieben und in eine Ordnung gebracht. Diese Ordnung dient lediglich der Orientierung und stellt keine Abfolge logischer Schritte dar. Und genau das ist entscheidend: Es gibt keine Ordnung und keine Planung, die es einzuhalten gilt. Der Wandel kann und muss auf vielen Ebenen gleichzeitig stattfinden, und Sie wissen nie, was wann fruchten wird. Komplexität können wir nur begegnen, indem wir in kleinen Schritten und Feedbackschleifen iterativ experimentieren, die Wirkungen betrachten und daraus lernend die nächsten Schritte testen.

Das Wichtigste dabei ist zu wissen, wo es hingehen soll. Was ist unsere Vorstellung, unsere Vision? Wie soll unsere Zukunft aussehen? Was wollen wir bewirken? Was ist der Zweck der Veränderung? Wozu machen wir das Ganze? Welchen Nutzen bringt das unseren Kunden, dem Vertrieb, unseren Teams und jedem Einzelnen? Der Demmingkreis oder auch PDCA-Zyklus (vgl. Wikipedia 2019a) beschreibt dabei die Kette der Arbeitsweise, auf der jedes Framework aufgebaut ist. Der klassische PDCA-Zyklus aus dem

© Springer Fachmedien Wiesbaden GmbH, ein Teil von Springer Nature 2020
C. Thonet, *Der agile Vertrieb*, Edition Sales Excellence,
https://doi.org/10.1007/978-3-658-29093-1_10

Projektmanagement wird allerdings im agilen Umfeld iterativ gelebt und um die wiederkehrende Innovation, das Think New aus Kundensicht, erweitert.

10.1   Überblick über den TPDCA-Zyklus

Um die diversen Methoden und Frameworks in eine nachvollziehbare Struktur zu ordnen, habe ich sie den fünf Phasen des TPDCA-Zyklus zugeordnet (s. Abb. 10.1). Die Methoden sind zumeist nicht spezifisch für den Vertrieb, sondern in allen Bereichen einsetzbar, die mit komplexen oder innovativen Themen zu tun haben. Die hier beschriebenen Methoden und Rahmenwerke habe ich alle entweder selbst im Vertrieb ausprobiert oder Sales- und Serviceteams empfohlen und positive Rückmeldungen erhalten.

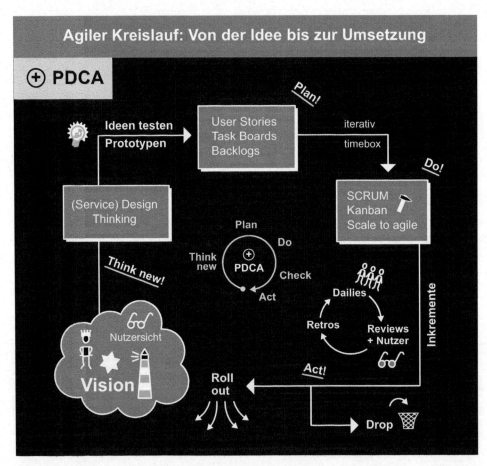

Abb. 10.1   TPDCA –Zyklus. (Mit freundlicher Genehmigung von © Claudia Thonet 2020. All Rights Reserved)

Die Unterteilung ist fließend und nicht statisch zu betrachten. Einige Frameworks wie Scrum oder Design Thinking sind umfassender als in einer Phase im Zyklus einsetzbar. Trotzdem ist jede Methode einer Phase zugeordnet, um den Überblick zu erleichtern.

1. **Think New:** Der agile Kreislauf beginnt mit der Vision (s. Abschn. 5.2) und den zukünftigen Angeboten und Vertriebskanälen aus Kundensicht. Folgende Fragestellungen werden in crossfunktionalen Teams durchdacht und „hands-on" entwickelt:
   - Welchen Nutzen will der Vertrieb dem Kunden in Zukunft bieten?
   - Was ist das einmalige Kundenerlebnis der Sales- und Service-Touchpoints (Kontaktpunkte)?
   - Welche Schmerzen wird der Kunde zukünftig haben, wie kann der Vertrieb diese lindern und den Nutzen für jeden Kontaktpunkt stärken?
   - Welche Innovationen werden den Kunden begeistern?
   - Welche neuen Produkte und Dienstleistungen binden den Bestandskunden und erschließen neue Zielgruppen?

   Hierzu eignen sich innovative Frameworks wie Design Thinking und Service Design Thinking (s. Abschn. 10.2.4).

2. **Prototyping:** Die besten Ideen werden als Prototypen weiterentwickelt. Ein Prototyp ist wie ein Modell der Idee, das man dem Kunden zeigen kann. Durch den Prototyp kann der Nutzer das Produkt oder den Service sinnlich erfassen und sich plastisch vorstellen, um die Idee besser bewerten zu können. Anhand des Feedbacks der Stakeholder wird entschieden: Welche Prototypen entwickeln wir weiter? In welche Innovation investieren wir? Was davon wird tatsächlich umgesetzt (s. Abschn. 10.2.11)?

3. **Plan:** Um die Ideen umzusetzen, werden Arbeitspakete bzw. User Stories (s. Abschn. 10.3.4) formuliert und mit dem gesamten Team geplant. Umsetzungszeit, Priorisierung und Kapazitäten werden im Planning-Meeting mit dem Team gemeinsam geschätzt, entschieden und transparent gemacht (s. Abschn. 10.3.3).

4. **Do:** Iterativ wird die Umsetzung durch Frameworks wie Scrum, Kanban oder Shopfloor 4.0 strukturiert. Der tägliche Austausch über Bearbeitungsstände und der Fokus auf die Aufgaben helfen dem Team, seine Arbeitspakete schnell und effektiv zu erledigen. Ich warne immer vor falschen Erwartungen an agile Methoden: Sie werden nicht unbedingt schneller sein, doch in jedem Fall anpassungsfähiger und somit besser für den Kunden. Durch das frühzeitige Einbinden und Feedback des Kunden wird das Produkt oder die Dienstleistung in jeder Arbeitsphase besser (s. Abschn. 10.5.2).

5. **Check:** Nach einer möglichst kurzen Umsetzungsphase überprüft das Team mit dem Kunden oder Stakeholder gemeinsam die Ergebnisse und passt diese an die Anforderungen der Nutzer an. Die Review ist das passende Meetingformat für diese Phase des agilen Kreislaufs. Anschließend werden die Aufgaben entsprechend dem Feedback optimiert und angepasst.

6. **Act:** Nicht nur auf der Produktseite, sondern auch auf der Interaktionsseite wird vor der nächsten Umsetzungsphase reflektiert. Check und Adapt – Prüfen und Anpassen – ist

das Motto. Die Retrospektive ist das ideale Meetingformat, um mit dem Team die Kooperation untereinander und über das Team hinaus zu reflektieren und weiter zu entwickeln (s. Abschn. 10.5.2).

10.2   Think New: Frameworks und Methoden zur Innovation

Die folgende Auswahl an Frameworks und Methoden erscheinen mit besonders geeignet, um im Vertrieb eine Tür für agilere Denk- und Handlungsweisen zu öffnen. Besonders großes Augenmerk sollten Sie auf die Vorbereitungen dieser Reise ins Ungewisse legen. Ein Kulturwandel ist ein psychologisch komplexer Prozess, der im Gegensatz zu klassischen Veränderungen eine vernetzte Transformation von Interaktionen, Strukturen, Prozessen, Aufgaben und Rollen beinhaltet. In diesem Kontext halte ich weder Hauruck-Aktionen oder eine Transformations-Roadmap frü geeignet. Ich enttäusche regelmäßig Unternehmen, die von mir als Beraterin einen Plan für den Umbau erwarten. Coaches und Berater können komplexe Prozesse nicht planen, sondern nur iterativ anstoßen, kleinschrittig experimentieren und anpassen. Aus diesem Grund starte ich mit einem Expertenbeitrag von Miriam Sasse und Joachim Pfeiffer zur Open-Space Agility als Initiationsritual, um gemeinsam mit allen Interessierten über Agilität nachzudenken und erste Experimente zu machen. OpenSpace Agility beschreibt eine Möglichkeit, Agilität mit einer iterativen Experimentierphase einzuführen und ein Kernteam zu bilden.

10.2.1   OpenSpace Agility Framework

Expertenbeitrag von Dr. Miriam Sasse und Joachim Pfeffer
Organisationsveränderungen im Vertrieb sind unberechenbar, weil die komplexen Reaktionen der beteiligten Menschen das Projekt oft unplanbar machen. Der einzig erfolgsversprechende Ansatz ist, in überschaubaren Lernschleifen vorzugehen und die Mitarbeiter in der Organisation zu Mitgestaltern zu machen. OpenSpace Agility (OSA) ist ein solcher Ansatz. Es ist kein Framework im eigentlichen Sinne, mehr ein „Engagement Model". Zwar stellt es einen Rahmen für Transparenz und Lernschleifen zur Verfügung, der Kern von OSA ist jedoch, die Menschen in das Zentrum der Veränderung zu stellen. Konkret bedeutet das, die betroffenen Mitarbeiter aktiv in die Unternehmensentwicklung einzubeziehen und mit ihnen gemeinsam die Zukunft zu gestalten. Die einzige Chance für eine tief greifende Veränderung liegt darin, die Menschen zur Teilnahme einzuladen und ihnen auch die Option zu lassen, sich nicht zu beteiligen.

Für die Vertreterinnen und Vertreter klassischer Managementkulturen mag das verstörend wirken. Dennoch zeigen etablierte psychologische Modelle, dass diese Stringenz in der Freiwilligkeit notwendig ist; die Praxis belegt den Erfolg von Ansätzen wie Open-Space Agility.

Wo im Vertrieb einsetzbar?

OpenSpace Agility – erdacht für den Kulturwandel bei Arbeitsweise und Führung in der Produktentwicklung – lässt sich für viele Vorhaben zur Organisationsentwicklung und kontinuierlichen Verbesserung anwenden. Es bezieht sich auf Unternehmensveränderungen, die Strategie, Kultur, Prozesse und Führung im Blick haben. Diese nennen wir auch Transformationen, um auszudrücken, dass sie komplexer und umfangreicher sind als gewöhnliche Veränderungen.

Werden Vertriebsbereiche in diesen Aspekten verändert, ist OpenSpace Agility oft das Mittel der Wahl. Der iterative Prozess kann zu jedem beliebigen Zeitpunkt eingesetzt werden – egal, ob Sie neu in eine Transformation einsteigen oder eine aktuell laufende Transformation mit neuer Energie beleben möchten.

Was bringt es?

OpenSpace Agility nutzt Erkenntnisse aus den Bereichen Organisationsentwicklung, Selbstorganisation, Anthropologie, Psychologie sowie Spielemechanik und verbindet diese zu einem in sich geschlossenen, neuen Modell. Mit diesem steigen die Erfolgschancen von Organisationsentwicklungen nachweislich.

Im Rahmen von OSA bietet die Open Space Technology nach Harrison Owen die Plattform für die gewünschte Freiwilligkeit und Selbstorganisation (Owen 2011): In einem Open Space Event werden die Agenda und die Inhalte durch die Teilnehmer selbst gestaltet. Während des Events können die Teilnehmer frei bestimmen, ob und wie sie sich an den verschiedenen Diskussionen beteiligen, und darüber entscheiden, welche Schritte die Anwesenden als nächstes umsetzen werden, um die folgende Veränderungsstufe in der Organisation zu erreichen. Sie haben richtig gelesen: Die Menschen in der Organisation bestimmen den Weg selbst. Das Ziel wird jedoch – wie gehabt – von der Organisation vorgegeben. Falls Sie bei den Wörtern „Freiwilligkeit" und „Selbstorganisation" skeptisch werden, möchten wir Sie an dieser Stelle mit einer provokanten These konfrontieren: Selbstorganisation funktioniert immer.

Von der Gründung an gibt es in jedem Unternehmen soziale Strukturen, die selbstorganisiert funktionieren. Diese sind so stark, dass Unternehmen auch dann noch funktionieren, wenn man künstliche Prozesse und Hierarchien einführt, die in Konflikt zu den natürlichen Strukturen stehen. OSA geht davon aus, dass die Transformation agil erfolgt: Wir verändern in kleinen Schritten, bewerten regelmäßig, passen an und lernen daraus.

Die Freiwilligkeit liefert die dafür notwendige Transparenz: Was kann und will die Organisation? Und ja, es kann durchaus sein, dass eine Veränderung des Bereiches oder der Abteilung im Moment nicht durchführbar ist.

Wie läuft es ab?

In der Praxis wird die Transformation mittels Open Space Events in sogenannte Lernkapitel unterteilt. OpenSpace Agility beginnt mit dem ersten Open Space Event und endet nach etwa 100 Tagen. Den groben Ablauf sehen Sie in Abb. 10.2. In der Phase dazwischen experimentieren die Mitarbeiterinnen und Mitarbeiter mit den neuen Arbeits- und Führungs-

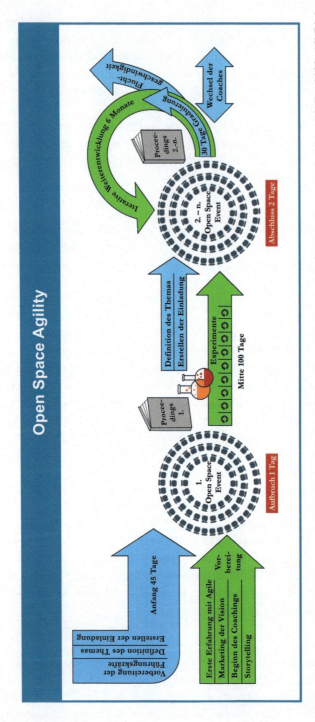

Abb. 10.2 Großgruppen-Veranstaltung zu Agilität. (Mit freundlicher Genehmigung von © Miriam Sasse und Joachim Pfeffer 2020. All Rights Reserved)

weisen im Vertrieb. Der Sponsor – eine hochrangige Führungskraft – lädt zu den beiden Open Spaces ein und definiert in der Einladung die gewünschte strategische und/oder kulturelle Ausrichtung.

Im ersten Open Space wird klar, ob die (Vertriebs-)Organisation den gewünschten Weg überhaupt gehen kann und will – eine Transparenz, die unter Umständen schmerzhaft sein kann. Gleichzeitig kommen Ideen an die Oberfläche und Menschen zum Vorschein, die bisher durch Anordnungen und Befehle verdeckt waren und nun zu Unterstützern der Veränderung werden.

Diese Menschen und ihre Ideen definieren nun in den Diskussionsrunden des Open Space Events kleine Experimente: Was können wir ab morgen im Vertrieb anders machen? Welche Kanäle könnten wir ausprobieren? Welche Partner kontaktieren? Das sind Themen, die die Beteiligten einfach „ab morgen umsetzen" können. Auch größere Versuche, die eine Freigabe durch das Top-Management erfordern, können angegangen werden, solange sie einen Experimentiercharakter behalten und im Zweifelsfall wieder rückgängig zu machen sind. Für sensible Themen wie Vergütungsstrukturen im Vertrieb können im Open Space zwar Vorschläge generiert werden, als Experiment sind diese aber weniger geeignet.

Nach dem Open Space beginnt eine etwa dreimonatige Experimentierphase, in der die engagierten Menschen aus dem Open Space die geplanten neuen Dinge ausprobieren. Die formale Führung, die Linienstruktur unterstützt sie dabei. Der Open Space und die Experimentierphase werden auch von Coaches begleitet, die mit ihrer Erfahrung die Menschen beim Erkunden der verschiedenen Ansätze bzw. Konzepte und beim Lernprozess begleiten. Diese Phase bringt Erkenntnisse aus dem echten Leben und hilft so, die Nützlichkeit der Ansätze beurteilen zu können.

Mit dem zweiten Open Space Event hat die Organisation ein neues Niveau an Erkenntnissen und Leistungsfähigkeit erreicht; in der Sprache der Spielemechanik hat sie sich „aufgelevelt" (angehoben). Während des zweiten Open Space Events und danach entsteht eine Energie, mit der die Organisation altes Verhalten hinter sich lassen kann. In Psychologie und Raumfahrt wird dies als Fluchtgeschwindigkeit bezeichnet: Man baut Energie auf, um der Anziehungskraft – einer alten Gewohnheit bzw. eines Planeten – zu entkommen. Damit startet die Organisation nach dem zweiten Open Space in eine stabile Phase, die aber weiterhin in Lernkapitel gegliedert ist. Im Abstand von jeweils sechs Monaten werden Lernkapitel beendet und neue aufgeschlagen, jeweils abgegrenzt durch ein zweitägiges Open Space Event.

Was sind typische Hindernisse?
OpenSpace Agility kann nicht zaubern. Es liefert lediglich eine Transparenz darüber, was die Organisation kann und will. Damit verbunden ist eine Konsequenz, die weniger gelungenen Transformationen oft fehlt: Der erste Open Space und damit der Startschuss für die Transformation erfolgt erst, wenn ein mächtiger Sponsor die Veränderung wirklich will und wenn alle Führungskräfte ebenfalls an Bord sind. Die Führungskräfte unterstützen die Ziele der Transformation und den einladungsbasierten Ansatz. Ohne den Rückhalt

des gesamten Linien-Managements wird OSA nicht gestartet – auch jeder andere Veränderungsansatz würde ohne diesen Rückhalt scheitern.

Der zweite wichtige Messpunkt ist der erste Open Space: Wie viele Menschen erscheinen dort? Welche Menschen erscheinen dort? Ist die richtige Mischung da, um Experimente im Vertrieb definieren zu können und in das erste Lernkapitel einzusteigen? Auch hier kann die Transparenz über die Möglichkeiten der Organisation dazu führen, dass der Einstieg in die Transformation verschoben wird. Warum sind nur wenige gekommen? Haben die Führungskräfte den Freiraum nicht gewährt? Sind die Lage der Organisation und der Bedarf der Veränderung nicht klar? Wenn die Einladung zur Veränderung nicht angenommen wird, sollten Sie mit Storytelling und Info-Veranstaltungen an diesen Themen arbeiten.

OpenSpace Agility zeigt aber auch emotionslos auf, wozu Ihre Organisation in der Lage ist. Die Einsicht mag oft ernüchternd sein, sie ist aber die Basis, um die Pläne für die Veränderung regelmäßig anpassen zu können: eine agile Organisationsentwicklung zugunsten einer nachhaltigen Veränderung.

Zum Schluss noch etwas, das uns am Herzen liegt. Anders als bei organisatorischen Veränderungen, die interne Abläufe und Zusammenhänge im Fokus haben, sind die Freiheitsgrade im Vertrieb unter Umständen eingeschränkt. Experimente dürfen zum Beispiel auf keinen Fall treue Kunden verunsichern. Auf der anderen Seite bietet kaum ein Unternehmensbereich so klares und messbares Feedback über neue Arbeits- und Denkweisen wie der Vertrieb. Ansätze wie OSA bieten hier eine große Chance, Kundenbeziehungen und Umsatz zu verbessern – zusammen mit allen engagierten Mitarbeiterinnen und Mitarbeitern. Sie müssen nicht gleich morgen in das erste Open Space Event starten, aber Sie sollten heute darüber nachdenken, es irgendwann zu tun.[1]

10.2.2 Vision und Strategie

Ein Vision Quest (Visionssuche) ist ein uraltes Übergangs- oder Initiationsritual. Übergangsrituale waren und sind weltweit in allen Kulturen bekannt und dienen dazu, die Übergänge von einer Lebensphase in eine nächste bewusst, kraftvoll und tragend zu gestalten. Nutzen Sie das Potenzial unseres Unterbewusstseins und der Vorstellungskraft, die jedem Menschen natürlicherweise innewohnen. Im Unternehmenskontext bringen Visionsreisen Teams oder Bereichen die Möglichkeit, ein gemeinsames Bild der Zukunft zu entwerfen, abzugleichen und aufzuladen. Das bringt alle auf einen Nenner und entfacht eine ganz andere Kraft und Richtung als top-down kommunizierte Leitbilder.

---

[1] Umfangreiche Informationen und Praxistipps zu Transformationen mit OpenSpace Agility finden Sie in der deutschen Ausgabe von „Das OpenSpace Agility Handbuch" (Mezick et al. 2019), einen kurzen Überblick erhalten Sie in Pfeffer und Sasse (2018).

Wo im Vertrieb einsetzbar?

Nur den Wandel zu mehr Agilität auszurufen wird nicht reichen, um alte Muster und Vertriebsmentalitäten zu verändern. Beginnen Sie die Veränderung mit einer gemeinsamen Visionsgestaltung. Nehmen Sie sich dazu mindestens einen Tag, besser zwei bis drei Tage Auszeit mit den Teams, buchen Sie einen Ort in inspirierender Umgebung und sorgen Sie für Abstand vom Arbeitsalltag.

Was bringt es?

Eine gemeinsame Richtung und ein greifbares Zukunftsbild, das jedem sinnvoll und attraktiv erscheint, vereinen bewusste und unbewusste Kräfte in Menschen; sie sind Basis jeder fruchtbaren Wir-Kultur. Die Vision ist das Fundament einer wirksamen Strategie, die den Weg vom Ist zum Soll beschreibt, die Ziele sind sozusagen die Erfüllungsgehilfen auf dem Weg dorthin.

Wie läuft es ab?

1. Laden Sie alle Mitarbeiter auf freiwilliger Basis dazu ein, das Zukunftsbild im Rahmen eines Off-Sites zu gestalten. Die Einladung und die Kommunikation zu dem Event transportieren dabei, wie wichtig, willkommen und einflussreich jeder Einzelne ist.
2. Vergegenwärtigen Sie die Dringlichkeit des Wandels. Lassen Sie die Beteiligten ihren Markt und die Entwicklung in den nächsten Jahren einschätzen. Je komplexer die Aufgaben und je disruptiver der Markt, desto agilere Arbeitsweisen sind erforderlich.
3. Entwickeln Sie gemeinsam mit den Beteiligten eine Vision (s. Abb. 10.3 und 10.4). Dazu eignen sich geführte Trancen (s. Abschn. 5.2) oder lassen Sie die Teams mit Lego oder Paper City eine Vision bauen. Egal, welche Methode Sie nutzen: Es geht um eine verankerte plastische Vorstellung der möglichen Zukunft.
4. Aus den Vorstellungen wird eine gemeinsame Formulierung der Vision kondensiert. Früher hat man Visionen für zehn Jahre und mehr entwickelt. Bei den aktuellen, marktgetriebenen und disruptiven Veränderungen reicht meist ein Zeithorizont von vier bis fünf Jahren aus.
5. Die Vision wird aus vier Perspektiven betrachtet und formuliert: Wie lautet die Vision aus Teambrille? Was bedeutet sie für die Prozesse? Wie sieht sie aus der Brille der Kunden und Partner aus? Was müssen wir aus dem Blickwinkel der Organisation tun, um die Vision zu verwirklichen?
6. Um die Vision mit den Zielen und dem Beitrag jedes Einzelnen zu verbinden, eignet sich die beschriebene Strategie-Canvas (s. Abschn. 5.3.3).

Was sind die typischen Hindernisse?

Meiner Erfahrung nach ist das größte Hindernis das fehlende gemeinsame Verständnis. Zurzeit sind starke Einwände und Verwirrungen in den Firmen spürbar. Um die Menschen für eine gemeinsame Vision und einen kreativen Prozess zu gewinnen, müssen Ziel und Nutzen für jeden klar sein. Das Warum und das Wozu gehören beantwortet. Erst wenn alle Einwände willkommen sind und Bedenken ausgeräumt werden, sind Menschen bereit, sich auf Experimente einzulassen. Dann geben sie die Kontrolle zugunsten der Kreativität auf.

Abb. 10.3 Vision. (Mit freundlicher Genehmigung von © Claudia Thonet 2020. All Rights Reserved)

10.2.3   Objectives und Key Results: OKR

Objectives und Key Results bieten ein Rahmenwerk für moderne Führung. Dabei werden die Ziele der Teams und der Beitrag jedes Mitarbeiters mit der Unternehmensvision verknüpft. Objectives und Key Results sind von innovativem Charakter und können vom gesamten Unternehmen eingesehen werden. Unternehmen wie Google, Twitter, LinkedIn oder Zalando nutzen zusätzlich oder anstelle der Key Performance Indikatoren (KPI) des klassischen Vertriebs Objectives und Key Results (OKR) – was so viel bedeutet wie Ziele und Schlüsselergenbnisse – als eine moderne Form der Zielfokussierung. Im Unterschied zu den KPI haben OKR einen innovativen Zielcharakter und betreffen strategische Ziele. Jedem strategischen und qualitativen Ziel werden Schlüsselergebnisse als Messkriterien zugeordnet.

Im Gegensatz zu klassischen, top-down verordneten Zielen entscheidet jedes Team eigenverantwortlich, welche qualitativen Ziele (Objectives) und quantitativen Ergebnisse

Abb. 10.4 Hands-on-Vision aus Pappe. (Mit freundlicher Genehmigung von © Claudia Thonet 2020. All Rights Reserved)

(Key Results) es umsetzen möchte. Wie wird der Beitrag des Teams und jedes Mitarbeiters zur Vision in den nächsten zwei bis vier Monaten sein? Es wird also nach vorn, in die Zukunft gedacht mit der Frage: Welche Ziele zahlen auf die Unternehmensvision ein? Welchen Beitrag zum großen Ganzen werden wir leisten? Es geht letztendlich um transformative Führung. Die Frage nach dem Beitrag wird nur dann von den Teams ernsthaft durchdacht und beantwortet werden, wenn jeder den Sinn erkennt und sich mit der Vision und der Strategie identifizieren kann. Diese Vorgehensweise basiert auf einem Pull- statt einem Push-Prinzip. Die Menschen wählen sich sozusagen die Ziele und wählen ihren Beitrag freiwillig. Aber: Führen Sie OKR nur dann ein, wenn Sie bereit sind, die Zielverantwortung bei den Teams zu verorten.

Wo im Vertrieb einsetzbar?
Wenn Sie eine Vision entwickelt haben, sind die Ziele – wie schon beschrieben – Ihre Erfüllungsgehilfen auf dem Weg dorthin. Mit OKR können Sie nicht nur operative, sondern vor allem innovative und strategische Ziele greif- und messbar machen. Nutzen Sie KPI in der Übergangszeit weiterhin für Ihre Servicelevel und Umsatzzahlen. Planen und reflektieren Sie OKR, um den Weg zum agilen Vertrieb schrittweise umzusetzen.

Was bringt es?
Es bringt nichts, wenn Sie OKR planen und einführen, ohne sie in einen iterativen Kreislauf mit den zugehörigen Rollen und Prinzipien zu überführen. Der Agile PDCA Kreislauf (Plan – Do – Check – Act) ist auch bei Zielen existenziell, um sie lebendig und am Laufen zu halten. Wenn Sie das hingegen ernsthaft tun und über einen OKR-Master transparent halten sowie mit den dazugehörigen Lernschleifen steuern, dann können OKR wirklich „Flügel verleihen" und die Transformation befeuern.

Wie läuft es ab?

Nach der Entwicklung und Kommunikation der Vision und des Wandels starten Sie mit der Planung der OKR. Dabei formuliert jedes Team eigenverantwortlich seine Ziele und Schlüsselergebnisse, die auf die Vision des Unternehmens einzahlen. Zusätzlich wird ein OKR-Master gewählt, der für den Prozess und die Transparenz der Ziele verantwortlich ist. Abb. 10.5 zeigt die Komponenten und den groben Ablauf von OKRs.

- **Planning:** Die Teams planen ihre qualitativen und quantitativen Ziele. Das Objective „Wir wollen agile Arbeitsweisen und Strukturen nutzen, um unseren Service für die Kunden zu verbessern" wird anhand von zwei bis fünf Key Results messbar gemacht – zum Beispiel:
  1. „Innerhalb der nächsten drei Monate bilden wir ein crossfunktionales Team, das ein Kundensegment betreut."
  2. „Das Team nutzt das Framework Scrum und arbeitet seine Arbeitspakete in Sprints selbstorganisiert ab."
  3. „Die Learnings werden regelmäßig an die anderen Teams kommuniziert. Spätestens nach sechs Monaten werden weitere Teams agile Prinzipien und Strukturen ausprobieren."

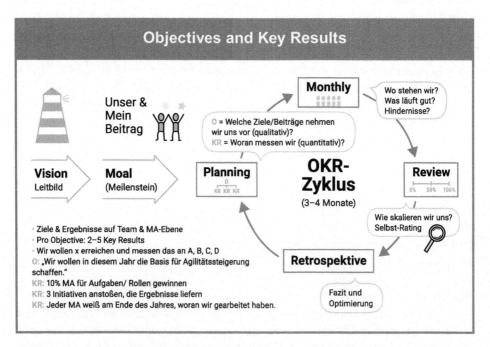

Abb. 10.5 Ablauf OKRs. (Mit freundlicher Genehmigung von © Claudia Thonet 2020. All Rights Reserved)

Ein Beispiel für die Vernetzung über den OKR Master zeigt Abb. 10.6. Ähnliche Ziele werden von allen Bereichen und Teams gewählt und geplant. Der OKR-Master sorgt für Visualisierung, Koordination und Transparenz.

- **Monthly:** Monatlich werden kurz die Bearbeitungsstände der Ziele ausgetauscht.
- **Review:** Nach drei bis vier Monaten beurteilen sich die Teams selbst über den Grad der Umsetzung und passen das Backlog entsprechend an.
- **Retrospektive:** In der Retro werden die Zusammenarbeit und der Prozess betrachtet, um Learnings für den nächsten Zyklus umzusetzen.

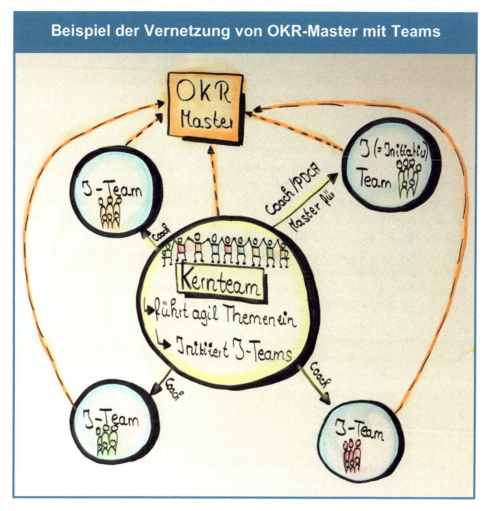

Abb. 10.6 Verbreitung von Kernteams. (Mit freundlicher Genehmigung von © Claudia Thonet 2020. All Rights Reserved)

Was sind typische Hindernisse?

Ich erlebe häufig, wie begeistert und hingebungsvoll OKR für sogenannte weiche und strategische Ziele geplant werden, um dann nach zwei Monaten aus dem Fokus zu geraten. Auch dieses Framework wird nur durch regelmäßige Lernschleifen und laterale Führung durch einen OKR-Master gelingen.

Oft kocht jedes Team oder jeder Einzelne sein eigenes Ziel-Süppchen, anstatt alle Objectives und Key Results für jeden transparent und zugänglich zu machen und zu pflegen. Auch dazu bedarf es eines „Masters des Prozesses", der für eine wirksame Implementierung sorgt.

10.2.4 Design Thinking Framework

Design Thinking ist ein systematischer Prozess zur Lösung komplexer Aufgabenstellungen. Im Gegensatz zu vielen Herangehensweisen steht dabei nicht das Unternehmen mit seinen Vertriebszahlen und Umsatzvorstellungen im Vordergrund, sondern die Nutzerwünsche und die Nutzerbedürfnisse sowie kundenorientiertes Erleben. Auch unsere Kreativität braucht einen Rahmen, in der sie entstehen kann und gelenkt wird. Der strukturierte Prozess hilft allen Beteiligten dabei, neue Angebote aus der Sicht des Anwenders zu entwickeln, die weit über den Tellerrand des üblichen Denkens hinausgehen.

Nutzen Sie mit unterschiedlichen Denktypen aus verschiedenen Bereichen dieses Framework, um aus Persona- bzw. Kundensicht die Schmerzpunkte Ihrer Angebote zu erkennen. Betrachten Sie gleichzeitig die Gewinne und Pluspunkte all Ihrer Services. Versetzen Sie sich in Ihre Kunden hinein und versuchen Sie, deren Wünsche zu verstehen. Durch verschiedene kreative Prozessschritte werden Sie „hands-on" Prototypen erstellen und testen, die den Kunden mehr Nutzen bringen sollen. Das Framework wurde von David Kelley entwickelt (vgl. Wikipedia 2019b).

Wo im Vertrieb einsetzbar?

Generell überall dort, wo es um neue Ideen und Angebote für Neu- und Bestandskunden geht. Voraussetzung sind multidisziplinäre Teams von fünf bis neun Personen, kreative Räume und ein kompetenter Moderator.

Was bringt es?

Design Thinking ist wie alle agilen Frameworks nicht nur eine Methode, sondern eine Philosophie an sich. Allein die Denk- und Handlungsweisen fördern den innovativen Teamgeist und helfen Ihren Teams, Herausforderungen und Interaktionen anders zu betrachten. Die dabei verwendeten Methoden und Prinzipien trainieren die Kundenzentrierung, die Beobachtungsgabe sowie Empathie und Kreativität. Durch den Prozess lernen Menschen, neu zu denken und zu handeln. Unabhängig vom direkten Return-on-Investment oder der Erwartung, sofort bahnbrechende Ideen zu entwerfen, sollte jedes Team diese Methoden kennenlernen und nutzen. Die Phasen des DT-Prozesses zeigt Abb. 10.7.

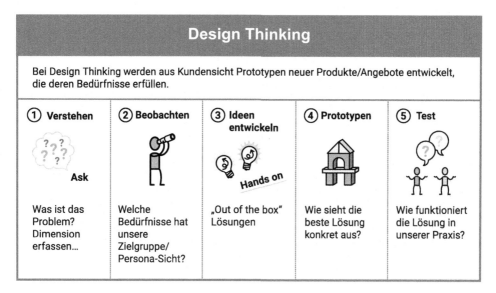

Abb. 10.7   Phasen des DT-Prozesses. (Mit freundlicher Genehmigung von © Claudia Thonet 2020. All Rights Reserved)

Wie läuft es ab?

Google nutzt eine verkürzte Form des Prozesses, sogenannte Design Sprints, um in fünf Tagen neue Angebote zu erschaffen. Ein kompletter Design-Thinking-Prozess dauert meist noch länger und ist ideal für die Kreation neuer Produkte und Angebote durch ein oder mehrere crossfunktionale Teams aus verschiedenen Unternehmensbereichen. Die Herausforderung besteht meist in der Verbindung von Innovation und der Bewerkstelligung des Tagesgeschäfts. Im Gegensatz zu Labs oder Start-ups sind die klassischen Vertriebe mit dem Bestandsgeschäft mehr als ausgelastet. Gleichzeitig wächst das Bewusstsein für die Dringlichkeit und Notwendigkeit, neue Wege zu gehen. Mein Credo ist das Sowohl-als-auch-Prinzip. Verbinden Sie beides und sorgen Sie gleichzeitig für Schutzräume, um das Neue gedeihen zu lassen. Sonst wird es zu schnell von den eingefahrenen Routinen geschluckt.

Einige meiner Kunden bilden Design Thinking Teams aus fünf bis neun Freiwilligen verschiedener Vertriebs- und Schnittstellenbereiche. Diese treffen sich beispielsweise vier Stunden wöchentlich und durchlaufen den Prozess über Monate, bis sie attraktive Prototypen entwickelt haben. In einem Pitch bei Vorstand oder Geschäftsführung werden die besten Ideen zur Umsetzung freigegeben. Folgende fünf Phasen werden im Design Thinking unterschieden, wobei es für jede Phase eine Vielzahl von Methoden und Techniken gibt:

1. **Verstehen:** Zu Beginn geht es darum, das Problem in seinen Dimensionen zu erfassen und genau zu verstehen. Folgendes wird recherchiert: Was genau ist das Problem? Welche Bereiche sind davon betroffen? Wie wirkt sich das worauf aus? Was sind die Hintergründe? Warum gibt es das Thema?

2. **Beobachten:** Anschließend wird das Thema aus Nutzersicht erforscht. Dazu werden Personas entwickelt, Prototypen der typischen Nutzer. Wichtig ist es, diese emotional zu verstehen und ihnen einen Namen und ein Gesicht zu geben. Was sieht, tut, denkt und fühlt Lisa Muster, wenn sie die Kontaktnummer des Kundenservice auf der Website sucht? Welche Schmerzen und welche Gewinne erlebt sie dabei? Aufwändig, aber sehr valide sind Interviews mit realen Nutzern in deren Alltag, die dann empirisch ausgewertet werden.

3. **Synthese:** Nach der Beobachtung wird entschieden, welches Problem gelöst werden soll. Dazu werden die gesammelten Informationen und Eindrücke im Team visualisiert und interpretiert. Die Fragestellung wird als Userstory mit den Akzeptanzkriterien formuliert: Lisa findet auf der Website von jedem Ort aus nach spätestens zwei Klicks das Kontaktfeld zum Kundenservice. Auf dem Weg dorthin werden die meisten ihrer Fragen bereits beantwortet.

4. **Ideen finden:** In der Ideenphase sammelt das Team möglichst viele neue Ideen für den Nutzer. Dazu wird eine Vielzahl von Techniken wie die Sechs Hüte, Brainwriting, Flip-Flop-Technik, Walt-Disney-Methode, Analogietechnik, Kopfstandmethode etc. genutzt.

5. **Prototyping:** Die Ideen werden iterativ im Team in Form eines Prototyps „hands-on" erstellt. Dabei wird gebastelt, gezeichnet und die Idee durch Rollenspiele erlebbar gemacht. Dadurch können frühzeitig Fehlschläge erkannt und behoben werden.

6. **Testing:** Der Prototyp wird getestet und Feedback von Nutzern und Stakeholdern eingeholt. Die Feedbackschleifen dienen der Verbesserung durch Fehlerkorrekturen und mithilfe neuer Ideen. Der Prototyp muss die Kriterien „technologische Machbarkeit", „wirtschaftliche Tragfähigkeit" und „menschliche Erwünschtheit" erfüllen.

Was sind die typischen Hindernisse?
Typisches Hindernis ist das tägliche Geschäft. Welches Team kann sich über eine Woche Zeit nehmen, um einen ausführlichen Desing-Thinking-Prozess zu durchlaufen, und das ohne die Garantie eines nützlichen Ergebnisses und eines Return on Invest? Ich bin ein Fan von integrierbaren und kürzeren Zeitintervallen. Nutzen Sie zwei bis drei Tage andauernde Design Sprints mit Ihrem Bereich oder regelmäßige Meetings crossfunktionaler Innovationsteams.

10.2.5   Design Thinking Brainstorming

Ich nutze in Workshops gern das Design Thinking Brainstorming. Meistens lasse ich als Intro die Gruppe eine Themenstellung in der üblichen Art und Weise diskutieren. Da reguläre Plenumsdiskussionen äußerst selten in kurzer Zeit zu einem effektiven Ergebnis führen, unterbreche ich nach etwa zehn Minuten die „Lösungshirnerei" und frage nach, ob die Gruppe Interesse an einem anderen Weg hat und diesen ausprobieren will. Wie Sie sich sicherlich vorstellen können, sind alle nach der vorherigen frustrierenden Diskussion offen für Neues.

Wo im Vertrieb einsetzbar?

Das Design Thinking Brainstorming können Sie in jedem Meeting einsetzen. Es passt immer dann, wenn Sie schnell aus Kundensicht eine Idee brauchen. Die Methode bringt in kurzer Zeit bessere Ergebnisse als jede übliche Diskussion.

Was bringt es?

Diese vergleichsweise einfache Methode erzeugt viele Learnings und Aha-Effekte für Teams. Durch die gemeinsame Kundenperspektive wird das Denken sonst sehr unterschiedlicher Denktypen synchronisiert und in eine gemeinsame Richtung gelenkt. Optimal ist es, vorher eine Persona zu erstellen, aus deren Perspektive gedacht wird. Das knappe Timeboxing von fünf Minuten verhindert kritische Denkschleifen und fördert die Fokussierung. Auch führt Schreiben anstelle von Reden zu ganz anderen Dynamiken: Jeder ist gefordert, eigene Ideen einzubringen, und kann gleichzeitig die der anderen sehen und nutzen. Wenn Teams dabei diskutieren, entstehen meiner Beobachtung nach weniger als die Hälfte der Ideen. Mit dieser Methode wird das Team innerhalb von fünf bis zehn Minuten erstaunliche Lösungen entwickelt und priorisiert haben. Der Aha-Effekt ist garantiert.

Wie läuft es ab?

1. Notieren Sie das Thema oder die Fragestellung in einer knackigen Formulierung auf einer Pinnwand, einem Whiteboard o. ä.
2. Erläutern und visualisieren Sie die folgenden Regeln:
   - Alles ist richtig!
   - Denke immer aus Nutzersicht!
   - Spinne herum!
   - Baue auf Ideen anderer auf!
   - Schreiben statt reden!
3. Geben Sie jedem einen Block mit Klebezetteln und einen Marker und stellen Sie die Uhr (Sanduhr oder Timer) auf fünf Minuten.
4. Jeder schreibt fünf Minuten lang ohne Diskussionen und ohne innere Beschränkungen alle Ideen und Lösungen auf und klebt sie sofort an die Wand, damit alle die Einfälle sehen können. Wichtig dabei ist dass jeder Teilnehmer jede Idee auf seine Klebezettel aufschreibt und diese sofort an die Wand heftet, damit die anderen Beteiligten die Ideen direkt sehen und darauf eigene Ideen aufbauen können.
5. Ist die Zeit abgelaufen, werden die Ideen geclustert (gruppiert).
6. Jeder erhält entweder einen bis drei Klebepunkte, um seine Favoriten zu markieren. Oder es wird eine Aufwand-Nutzen-Abwägung getroffen (s. Abschn. 10.3.5), um die effektivsten Lösungen zu filtern.

Was sind die typischen Hindernisse?

Ein typisches Hindernis ist die Diskussion der Teilnehmer untereinander. Der Moderator ist gefordert, hier einzugreifen und Diskussionen schnell zu stoppen. Manche trauen sich nicht, ihre verrückten Ideen aufzuschreiben oder denken, dass ihnen nichts einfällt. Ich ermutige die Teilnehmer aufzuschreiben: „Mir fällt gleich was ein", bis die nächste Idee kommt oder sie auf den bereits visualisierten Einfällen der anderen aufbauen können. Meist gelingt das einfacher.

10.2.6   Walt Disney Walk

Die Walt Disney Walk-Strategie geht auf den berühmten Filmproduzenten und erfolgreichen Unternehmer Walt Disney zurück, der mit seinen Zeichentrickfiguren und Filmen zu einem Vorbild an Kreativität und Umsetzungsstärke avancierte. Wie schon beschrieben (s. Abschn. 3.5.1), haben NLPler die Talente von Genies elizitiert und daraus erlernbare Strategien entwickelt. Die Walt Disney-Strategie geht auf Robert Dilts (1994) zurück.

Ich erzähle gern die Geschichte von Walt Disney und seiner Schaffenskraft: Er hatte auf seinem Anwesen drei Räume, die er für jedes neue Projekt in einer ganz bestimmten Art und Weise nutzte0. Der erste Raum war der des Träumers. Wie ein eigenes kleines Universum war dieser Ort voller kreativer Möglichkeiten und Plätze zum freien Fantasieren gestaltet. Hier kreierte Walt Disney all seine Ideen. Erst, wenn er alle Träume ausgeträumt und ausgiebig in seinen Fantasien geschwelgt hatte, verließ er den Träumer-Zustand und ging in den Raum des Realisten. Der Planer- Raum war mit allem ausgestattet, was er für Planungen und Berechnungen brauchte. Jede zuvor erdachte Fantasie plante er nun akribisch und formte aus ihr umsetzbare Aktionen und Konzepte. Erst, wenn alles geplant und umgesetzt war, verließ er auch diesen Ort und ging weiter in den Kritiker-Raum. Im Kritikerzustand betrachtete er seine Pläne und Entwürfe mit äußerst hinterfragendem Blick und prüfte alles auf Schwachstellen und Fehler. Die Lösungen für die gefundenen Kritikpunkte entwarf er anschließend erneut im Träumer-Raum. (Vgl. Dilts 1994)

Wo im Vertrieb einsetzbar?
Diese Kreativitätstechnik dient zur Innovation. Sie können die Methode mit Einzelnen und Teams immer dann nutzen, wenn Sie Ideen explorieren und prüfen wollen. Diese Methode macht Spaß und führt in relativ kurzer Zeit zu erstaunlichen Ergebnissen – auch mit Großgruppen. Hilfreich sind mindestens drei Räume, die vorher entsprechend unterschiedlich gestaltet werden. Durch den klar strukturierten Ablauf und die Perspektivenwechsel ist die Methode auch mit kritischen Teilnehmern und Temas, die im kreativen Denken ungeübt sind, sehr gut durchführbar.

Was bringt es?
Der Walt Disney Walk bringt Spaß und Bewegung in die Köpfe. Er hilft dabei, neue Ideen nicht gleich zu beurteilen und zu bewerten, sondern diese zu explorieren, bevor sie dem kritischen Geist zum Opfer fallen. Gerade für Menschen, die schnell im „Ja, aber"-Modus sind oder bei jeder Idee den inneren Kritiker einschalten, ist die Separation in Rollen hilfreich.

Wie läuft es ab?
Der Kerngedanke der Walt Disney-Methode ist es, sich zu einem Problem oder einer Fragestellung aus Perspektive aller drei Rollen Gedanken zu machen, Ideen zu generieren und zu verfeinern. Dabei startet man mit dem Träumer und entwirft wertfrei Visionen und

Ideen. Abb. 10.8 zeigt den groben Ablauf des Walt Disney Walks. Die daraus entstandenen Ideen werden anschließend in der Rolle des Realisten zu umsetzbaren Plänen und Aktivitäten transformiert. Erst in der Rolle des Kritikers ist die Prüfung auf Schwachstellen und Sinnhaftigkeit erlaubt und erwünscht. Daraus entstehende Fragen und Schwachpunkte können dann wieder in der Träumer-Perspektive gelöst werden. Für unerfahrene Teams ist ein Moderator erforderlich, um die Teilnehmer in ihrer Rolle anzuleiten. Ich teile jeder Rolle einen eigenen geografischen Ort zu und gestalte die Räume gemäß der Rolle. Folgende Perspektiven und Räume werden nacheinander durchlaufen:

1. **Der Träumer:** Der Träumer generiert und spielt mit Ideen, ohne sich Gedanken über deren Realisierbarkeit zu machen: „Alles ist erlaubt!" Er orientiert sich an der Zukunft und an unendlichen Potenzialen und Möglichkeiten. Gestalten Sie den Raum mit allem, was die Kreativität fördert: Sternenhimmel, Musik, Bastelmaterialien, Farben, Flipcharts, Metawände etc.
2. **Der Realist:** Der Realist orientiert sich an der aktuellen Situation und sucht pragmatische Handlungsmöglichkeiten. Er überlegt sich, wie die Ideen umsetzbar sind und was dazu benötigt wird. Er plant und unterteilt die Schritte zum Ziel. Der Raum sollte genügend Schreibplätze, Zugang zu Rechnern, Whiteboard etc. haben.

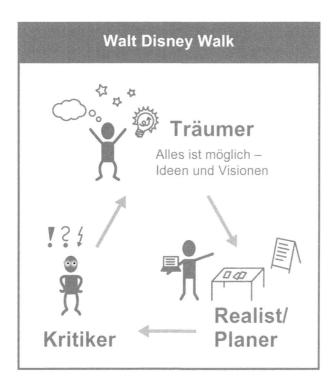

Abb. 10.8 Träumer, Realist und Kritiker. (Mit freundlicher Genehmigung von © Claudia Thonet 2020. All Rights Reserved)

3. **Der Kritiker:** Er bedenkt die Stärken und Schwächen von Ideen. Er versucht, Aspekte zu identifizieren, an die noch nicht gedacht wurde, und fragt sich, was noch verbessert werden kann.

Was sind die typischen Hindernisse?

Ein typisches Hindernis ist die Einmischung des Kritikers im Träumer-Raum. Die meisten von uns sind so stark daran gewöhnt, jede Idee sofort kritisch zu betrachten. Dadurch werden viele gute Ideen nicht exploriert und zu früh ausgebremst. Der Moderator ist gefordert, den Träumer-Raum wirklich frei von kritischen Bemerkungen zu halten.

10.2.7   Persona erstellen

Eine Persona ist eine fiktive charakteristische Person, die eine typische Kundengruppe repräsentiert. Es gibt validierte Personas, die anhand empirischer Daten analysiert, geclustert und beschrieben werden. Oder fiktive Personas, die von den Mitarbeitern aus dem Vertrieb selbst aufgrund der Erfahrungen mit den Kunden ausgewählt und beschrieben werden.

Wo im Vertrieb einsetzbar?

Für mich gehören Personas in jeden Vertrieb. Sie helfen bei der Betrachtung und Entwicklung von Sales- und Service-Prozessen, bei Meetings oder bei der Entwicklung neuer Ideen und Ansprache Strategien. Wenn eine Persona wirklich gut erstellt und integriert ist, dann spricht das Team automatisch von Markus, Laura oder Louis, wenn es um die Kundensicht auf etwas geht: „Laura würde das hilfreich finden und sich über den Hinweis von uns freuen." Oder: „Markus bestellt nicht mehr online, wenn wir Liefergebühren erheben."

Einige Unternehmen nutzen Personas sogar in Meetings: Ein Stuhl ist für die Persona-Sicht reserviert, bei wichtigen Entscheidungen nimmt ein Mitarbeiter als Stellvertreter die Sicht des Kunden ein, indem er sich auf den Stuhl setzt und dessen Meinung formuliert.

Was bringt es?

Personas haben eine Menge positive Effekte: konsequente Kundenorientierung, Perspektivenwechsel und gemeinsam fokussiertes Denken auf ein Ziel hin, nämlich den Kunden zu verstehen und für ihn nützlich zu sein.

Wie läuft es ab?

Ich empfehle folgende Schritte (s. Abb. 10.9):

1. Wählen Sie die Fragestellung, die sie betrachten wollen.
2. Validieren Sie die betroffene typische Kundengruppe.

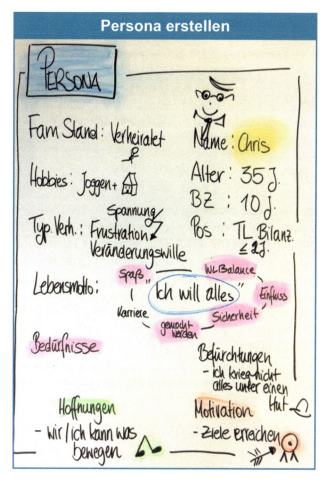

Abb. 10.9 Anleitung einer Persona. (Mit freundlicher Genehmigung von © Claudia Thonet 2020. All Rights Reserved)

3. Erstellen Sie einen Steckbrief für die Kundengruppe. Dazu überlegt das Team oder eine Kleingruppe von drei bis fünf Teilnehmern gemeinsam die Antworten zu typischen Fragen und Themenfeldern über diese Persona. Zum einen werden faktische Antworten gegeben zu Fragen wie Name, Alter, Beruf, Familienstand, Wohnort, Automarke, Mediennutzung, Dienstalter etc. Zum anderen werden persönliche Fragen beantwortet wie: Lebensmotto, berufliche Ziele, persönliche Ziele, Werte und Motive, Wünsche, No-Gos und dergleichen.
4. Stellen Sie Ihre Persona anderen Kollegen vor und bitten Sie um deren Feedback. Dadurch ergänzen und optimieren Sie den Charakter Ihres fiktiven Kunden.
5. Mit der fertigen Persona können Sie diverse Fragestellungen aus Kundensicht beleuchten.

Was sind typische Hindernisse?

Bei fiktiven Personas ist es entscheidend, eine passgenaue und relevante Kundengruppe für die Fragestellung auszuwählen. Viele Teams beschreiben zunächst Klischees von Kunden anstatt ein realistisches Bild der Mehrzahl der Kunden zu entwerfen. Klischees merken sich die meisten Menschen einfach besser und der „Norm- Kunde" geht zu schnell in der Erinnerung unter. Ich hinterfrage die Personas, die den Teams zuerst einfallen, konsequent oder lasse zuerst validierte Daten aus dem CRM oder Marketing analysieren.

10.2.8 Empathy Map

Die Empathy Map eignet sich erstklassig für eine schnelle und sinnesspezifische Bewertung und die Betrachtung eines Angebots oder einer Dienstleistung mit Blick auf die Kundenzentrierung. Sie funktioniert wesentlich zügiger als eine Customer Journey und reicht, um die emotionale Wirkung eines Touchpoints auf einen Kundentyp zu ergründen. Dazu versetzen sich unterschiedliche Mitarbeiter Ihres Unternehmens in den potenziellen Kunden hinein und schauen auf die Sinneswahrnehmungen (Denken, Sehen, Hören, Tun und Fühlen) der Persona.

Wo im Vertrieb einsetzbar?

Überall dort, wo Sie im Sales und/oder Service die Wirkung auf den Kunden verstehen wollen, um Ihre Touchpoints zu verbessern bzw. um neue Angebote zu validieren.

Was bringt es?

Die Erstellung einer Empathy Map bringt Ihnen einen schnellen und prägnanten Eindruck zur Wirkung, die Sie bei einem Kundentypus erzeugen (s. Abb. 10.10). Sie eignen sich bei Vertriebsteams zur Bewertung der Kontaktpunkte, zur Optimierung neuer Angebote oder zur Konstruktion von Cross- oder Upselling-Ansprachen. Den Sales- und Servicemitarbeitern fällt es meist sehr leicht, mit Personas, Empathy Maps und Customer Journeys zu arbeiten, denn sie sind nah genug am Kunden dran, um sich schnell in die Kundenrolle hineinversetzen zu können. Außerdem bereitet diese Arbeitsweise jede Menge Spaß und bringt effektive Erkenntnisse.

Wie läuft es ab?

1. Erstellen Sie als erstes eine Persona für die passgenaue Kundengruppe Ihrer Zielsetzung.
2. Stellen Sie sich vor, Ihre Persona erlebt den anvisierten Service oder das Angebot.
3. Füllen Sie die Felder der Map (s. Abb. 10.10) im Team aus und versetzen Sie sich dabei in jeden Sinneskanal der Persona:
   - Was sieht der Kunde?
   - Was hört er/sie?
   - Was denkt er/sie?

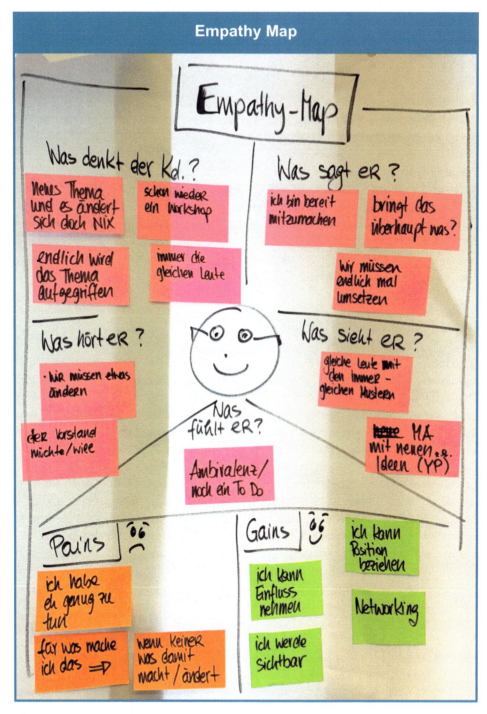

Abb. 10.10 Vorlage zur Kunden Gefühls-Karte. (Mit freundlicher Genehmigung von © Claudia Thonet 2020. All Rights Reserved)

- Was fühlt und tut er/sie?
- Welche Schmerzpunkte bzw. Pains hat er/sie?
- Welche Gewinne und Gains hat er/sie?

4. Diskutieren Sie die Erkenntnisse mit anderen Teams und verinnerlichen Sie die Erkenntnisse.
5. Schließen Sie eine Phase der Ideengenerierung – zum Beispiel mit einem Design Thinking Brainstorming (s. Abschn. 10.2.4) – ab und sorgen Sie für eine Linderung der Pains und eine Stärkung der Gains.

Was sind typische Hindernisse?

Auch bei der Empathy Map besteht ein typischer Fehler darin, Vorurteile oder Zerrbilder der Kunden zurate zu ziehen und damit falsche Interpretationen zu erarbeiten. Ein weiteres Hindernis ist die Oberflächlichkeit der Interpretationen. Nehmen Sie sich ausreichend Zeit, um die Sinneswahrnehmungen der Persona zu analysieren: Das Hören, Sehen und Tun des Kunden gibt, ähnlich wie die Customer Journey, interessante Hinweise zu den Touchpoints und deren Wirkung.

10.2.9   Service Design Thinking

Die Phasen und Methoden des Service Design Thinking helfen dem Vertrieb dabei, herausragende Service-Angebote zu entwickeln und bereitzustellen. So, wie im Design Thinking Produkte gestaltet werden, so werden im Servicedesign Konzepte und Angebote neuer Dienstleistungen entwickelt oder bestehende optimiert. Je nach Zielsetzung kann es dabei um einen neuen Service oder eine zusätzliche Dienstleistung gehen, oder es werden vorhandene Dienste aus Kundensicht bewertet und optimiert.

Gutes Servicedesign hilft Unternehmen, sich nachhaltig vom Wettbewerb zu differenzieren, ihre Kundenbindung zu festigen und neue Kundengruppen zu überzeugen. Entscheidend für den Erfolg ist hier das Kundenerlebnis an jedem Kontaktpunkt mit dem Anbieter. Servicedesign betrachtet alle Komponenten eines Services so, dass sie in ihrer Gesamtheit zu einem einheitlichen, nahtlosen und positiven Erlebnis für den Kunden verschmelzen. Das Ziel sind Serviceangebote, die für den Kunden nützlich und attraktiv und für das Unternehmen wirtschaftlich effektiv und ertragreich sind.

Erste Ansätze gehen auf die Arbeiten von G. Lynn Shostack in den frühen 1980er-Jahren zurück, der u. a. Visualisierungstechniken wie den Service Blueprint zur Darstellung komplexer Serviceprozesse entwickelte (Shostack 1984).

Wo im Vertrieb einsetzbar?

Service Design Thinking ist meines Erachtens das optimale Framework für Innovationen und die Optimierung aller Abläufe und Services im Vertrieb sowie dessen angrenzende Schnittstellen wie Marketing, Produktion, Logistik etc. Im Grunde geht es um das ganzheitliche Kundenerlebnis auf allen Kommunikationskanälen. Der Vertrieb kann hier mit seinen angrenzenden Bereichen starten und entsprechend Vorbild sein. Als Brücke zum

Kunden erzeugt er damit einen unmittelbaren Effekt. Insbesondere die Customer Journey kann hier in unterschiedlichen Ausprägungen und Detailtiefen betrachtet werden. Für den Vertrieb mit seinen Schnittstellen lohnt sich zusätzlich ein Service Blueprint, bei dem alle sichtbaren und unsichtbaren Dienste und Handlungen aus Kundensicht dargestellt und überprüft werden (s. Abb. 10.11).

Was bringt es?

Das Framework bietet Methoden für neue und zusätzliche Services ebenso wie für Optimierungen bestehender Dienste. Neben der Innovation führt es bei allen Beteiligten zu einer konsequenten Kundenfokussierung. Die bestehenden Angebote und Abläufe in Sales und Service werden neu betrachtet und bewertet.

1. Service-Innovation: Bei der Entwicklung von Service-Innovationen werden ähnlich wie beim Design Thinking neue Servicemodelle entwickelt – um neue Geschäftsfelder zu erschließen, zusätzliche Dienste für bestehende Leistungen anzubieten oder zur radikalen Innovation und Differenzierung vom Wettbewerb.
2. Service-Optimierung: Wie Kunden einen Service wahrnehmen und erleben, ist je nach Kundentyp und Kundenbedarf sehr unterschiedlich. Demzufolge muss jeder Service für diverse Kunden gleichzeitig attraktiv gestaltet sein und reibungslos performen.

Die meisten Kundenbedürfnisse vereint der Wunsch nach den folgenden Eigenschaften:

- attraktive, nützliche und überzeugende Angebote
- reibungslose Abläufe
- Kulanz bei Reklamationen
- Freundlichkeit, Kompetenz und Problemlösungsfähigkeit
- Zuverlässigkeit und Verbindlichkeit
- verständliche Kommunikation und Transparenz über alle Kanäle
- funktionierende Prozesse

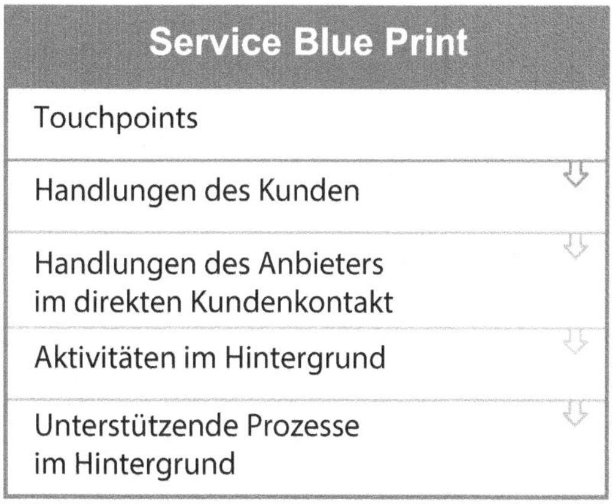

Abb. 10.11 So machen Sie ein Blueprint. (Mit freundlicher Genehmigung von © Claudia Thonet 2020. All Rights Reserved)

Service Blue Print
Touchpoints
Handlungen des Kunden
Handlungen des Anbieters im direkten Kundenkontakt
Aktivitäten im Hintergrund
Unterstützende Prozesse im Hintergrund

Wie läuft es ab?

Service Design Thinking und Design Thinking sind sich in den Phasen sehr ähnlich. Oberflächlich betrachtet, kann man es auf den einfachen Nenner bringen: Design Thinking ist vor allem für die Entwicklung neuer, innovativer Produkte und Angebote das Framework der Wahl, während Service Design Thinking ideal für Innovationen und Optimierungen bestehender Services und Abläufe aus Kundensicht oder auch für die Entwicklung neuer Dienste ist.

- **Entdecken:** In der ersten Phase geht es darum, Einblicke zu sammeln, Recherchen durchzuführen und die Zielgruppe zu verstehen. Mögliche Methoden sind Online-Umfrage, Interviews, Stakeholder Map und die eigenen Erfahrungen und Erlebnisse mit den Services durchlaufen. Ich lasse die Teilnehmer gern zunächst ihre eigenen Kundenerfahrungen bei einem alltäglichen Erlebnis wie Shopping, Onlinesuche nach einem bestimmten Service, Restaurantbesuch etc. bewusst wahrnehmen und analysieren. Sie bekommen dazu eine konkrete Fragestellung, mit der sie offline oder online eine Kundenreise starten und diese im Anschluss schrittweise analysieren. Durch diese Übung wird die Kundensicht befeuert. Der anschließende Blick durch die Brille der fiktiven Persona auf den Service des eigenen Unternehmens gelingt den Teilnehmern erfahrungsgemäß besser.

Beispiel

In der Ausbildung zum Vertriebscoach nutze ich folgende Übung zur Customer Journey: Die Teilnehmer bilden zwei Teams. Ein Team bekommt die Aufgabe, in einem gegenüber dem Schulungsraum gelegenen Handyshop eine Frage nach Vertragsoptionen und eine nach einem bestimmten Ladekabel zu stellen.

Die andere Gruppe geht zu einem Drogeriemarkt, um eine Creme zu kaufen, mit der Fragestellung an eine Verkäuferin nach bestimmten Inhaltsstoffen, um allergische Reaktionen zu vermeiden.

Beide Teams analysieren ihre Erlebnisse Schritt für Schritt anhand der vorgegebenen Customer Journey Map (s. Abb. 10.4). Die Erkenntnisse aus Kundensicht sind jedes Mal enorm hilfreich, um im Anschluss eigene Angebote bewerten zu können.

- **Erkenntnisse gewinnen:** Die durch Phase 1 gewonnenen Erkenntnisse werden analysiert und auf eine Fragestellung reduziert. Das Ergebnis ist eine klare Aufgabenstellung. Mögliche Methoden sind die bereits genannten Personas, Customer Journey sowie Service Experience Blueprint. Durch Service Blueprint werden die bestehenden vorder- und hintergründigen Abläufe bei einer Kundenanfrage im Vertrieb mit allen beteiligten Schnittstellen detailliert aufgeschlüsselt und analysiert. Sie sehen dadurch, wie effektiv die Zusammenarbeit und die Abläufe wirklich sind. Welche Umwege oder unnötigen Schritte gilt es, in Zukunft zu vermeiden? Wo werden Staus erzeugt und wie können Sie den Prozess beschleunigen oder für den Kunden transparenter gestalten, um damit Zufriedenheit und Bindung zu stärken?

- **Ideen generieren:** In diesem Schritt wird der Ideenraum geöffnet. Möglichst viele Ideen zur Lösung der konkreten Fragestellung werden gesammelt, gesichtet, gruppiert und bewertet. Mögliche Methoden sind Walt Disney Walk, Brainstorming, Lego Serious-Play, Bauen mit Bastelmaterialien und kollaboratives Skizzieren.
- **Lösungen entwickeln:** Am Ende wird eine Lösung fokussiert, getestet und optimiert. Mögliche Methoden sind Rollenspiel, Paper Prototyping, Customer Journey und Experience Blueprint.
- **Umsetzen:** Die beste Lösung wird umgesetzt und stetig optimiert.

Was sind die typischen Hindernisse?

Für die Mitarbeiter erweist es sich als äußerst schwierig, zwischen Hypothesen und Realitäten zu unterscheiden. Gerade im Vertrieb oder im Service filtern die Mitarbeiter ihre Eindrücke und Wertungen über Kunden durch Emotionen. Je schwieriger für den Mitarbeiter der Kunde oder Kundenanliegen zu lösen sind, desto mehr bleibt der Kontakt in Erinnerung. Die einfachen Kundenanliegen kommen entweder dank Automatisierung gar nicht beim Mitarbeiter an oder sie bleiben nicht haften. Insofern ist es bei der Bewertung aus Kundensicht sehr wichtig, mit validierten Primärkunden zu arbeiten. Sonst besteht die Neigung, Prozesse aus der Sicht eines Kundentypus zu betrachten, der für den Mitarbeiter emotional hervorstechend, aber keinesfalls repräsentativ ist. Ein weiteres mögliches Hindernis ist Betriebsblindheit. Je länger die Zugehörigkeit zum Bereich besteht, desto weniger produzieren die Teams neue Ideen und Perspektiven. Mischen Sie erfahrene und neue Mitarbeiter, bringen Sie den externen Blick mit ein und sorgen Sie für eine interdisziplinäre Zusammensetzung der Teilnehmer.

10.2.10 Customer Journey Map

Die Customer Journey Map ist eine visuelle Methode, mit deren Hilfe das Unternehmen versteht, was ein Kunde durchlebt, wenn er ein Produkt oder eine Dienstleistung kauft. Sie beschreibt in klaren, unterteilten Stationen die Reise, die Ihre Kunden durch den Service- und Verkaufsprozess mit allen verbundenen Schnittstellen durchläuft.

Wo im Vertrieb einsetzbar?

Zunächst einmal hilft Ihnen die Customer Journey, Ihre Service- und Salesprozesse sowie alle dazugehörigen Touchpoints zu bewerten und zu optimieren. Aus Kunden- und Unternehmenssicht ist es empfehlenswert, alle Schnittstellen einzubinden und die Kundenreise gemeinsam mit den Bereichen zu einem besseren Erlebnis umzugestalten.

Je nach Spielraum wird mit den Teams eine Journey entweder für einzelne Abläufe bei spezifischen Kundenanliegen oder für den kompletten Neukundenprozess von der ersten Kontaktaufnahme bis hin zur After Sales-Betreuung erstellt. Neben der Bewertung bestehender Prozesse ist die Methode auch ideal für zukünftige Kundenerlebnisse geeignet.

Mit dem sogenannten „Happy Flow" erschaffen die Teams ein optimales Kundenerlebnis. Frei von Grenzen und Beschränkungen wird eine glückliche Kundenreise erdacht und erfühlt. Ähnlich wie bei der Walt Disney-Methode wird dabei zunächst frei geträumt und wie im Schlaraffenland alles ermöglicht, um dann im zweiten Schritt die Realisierbarkeit zu betrachten. Das eröffnet neue Möglichkeiten und schafft Raum für Ideen.

Was bringt es?

Zur Optimierung bestehender Sales- und Serviceabläufe ist die Customer Journey eine hervorragende Methode. Anhand der Customer Journey Map werden die Interaktionen eines Kunden mit Ihrem Unternehmen online und offline visuell dargestellt. Sie wird verwendet, um zu analysieren, welche Teile dieses Prozesses für die Kunden Gewinne oder auch Schmerzen verursachen, um durch Anpassungen das Erlebnis für den Kunden zu verbessern.

Mit der Customer Journey erhalten Sie detailliertere und komplexere Informationen und Ansatzpunkte zur Optimierung als mit der Empathy Map. Sie können jeden einzelnen Schritt unterschiedlicher Kundentypen und Anliegen vom Start bis zum Ende seiner Reise durch Ihren Vertrieb betrachten. Das bringt dem Vertrieb nicht nur jede Menge Ansatzpunkte für optimale Kundenerlebnisse, sondern schafft bei den Sales- und Serviceteams ein besseres Verständnis und mehr Einfühlungsvermögen für Ihre Kunden. Der Happy Flow als optimales Kundenerlebnis der Zukunft liefert Ihnen völlig neue Ansatzpunkte und Ideen, wohin sich Ihr Vertrieb aus Sicht der Kunden entwickeln kann.

Wie läuft es ab?

Die Customer Journey Map für bestehende Angebote besteht aus den folgenden Schritten:

1. Lassen Sie die Beteiligten als Kunde eine eigene Reise durch einen Service- oder Verkaufsprozess erleben und bewerten. Sie können beispielsweise Kleingruppen mit einer Fragestellung in umliegende Läden, Handyshops oder Bäckereien losziehen lassen. Anschließend werden die einzelnen Aktionen und Erfahrungen im Detail analysiert und bewertet. Dieser Schritt gehört zwar nicht explizit zu einer Customer Journey, ich empfehle ihn jedoch dringend, um den Perspektivenwechsel zu erleichtern. Wenn Sie die Mitarbeiter zunächst in das eigene Erleben als Kunde eintauchen lassen, wird der Wechsel in die Persona-Sicht leichter fallen und mehr Erkenntnisse bringen.
2. Analysieren Sie Schritt für Schritt jeden Kontaktpunkt, mit dem der Kunde bei einer Anfrage in Berührung kommt. Wie bei einer Reise erleben und betrachten Sie mit Ihrem Team jeden einzelnen Kontaktpunkt konsequent aus Kundensicht, von der Geschäftsanbahnung bis zur Nachbetreuung. Beispiele für Touchpoints sind:
   – Service-Interfaces (Bankautomat, Fahrkartenautomat)
   – Serviceunterstützende Produkte (Kaffeebecher, Einkaufswagen, Rolltreppen etc.)

– Kommunikationsmaterialien und -kanäle (Beschilderungen, Informationsmaterialien, Broschüren, Formulare, Websites, Kundenhotlines, On- und Offlineberatung etc.)
– Einrichtung und Umgebungen (Wartezimmer, Büros, Verkaufsräume, Empfangstheken, Sitzgelegenheiten, Umkleidekabinen, Toiletten etc.)
– Servicepersonal

3. Notieren Sie jede Station auf der Kundenreise in einer Journey Map (s. Abb. 10.12).
4. Wählen Sie eine typische Kundengruppe, für die Sie das Angebot bewerten wollen, und erstellen Sie die Persona.
5. Betrachten Sie für jede Station auf der Reise folgende Themen:
   – Aktionen: Was passiert bei diesem Schritt?
   – Handlungen: Was muss der Kunde tun oder entscheiden?
   – Ziele: Was sind seine Ziele und Anliegen bei diesem Schritt?
   – Emotionen des Kunden: Wie geht es der Persona? Was empfindet er/sie?
     Fazit: Was sind seine Pains/Schmerzen und Gains/Gewinne bei jeder Station?
6. Entwickeln Sie Lösungsideen pro Station auf der Reise durch Ihre Angebote, um das Kundenerlebnis zu optimieren.

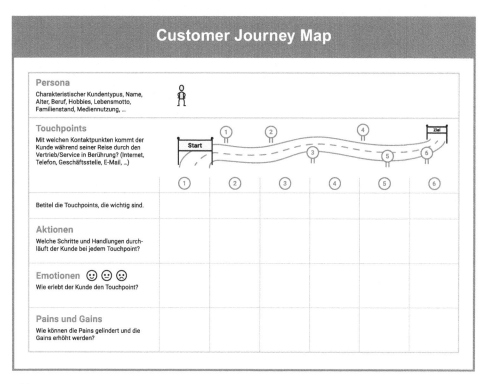

Abb. 10.12 Die Kunden-Reise als Vorlage. (Mit freundlicher Genehmigung von © Claudia Thonet 2020. All Rights Reserved)

Den Happy Flow für zukünftige Angebote entwickeln Sie folgendermaßen:

- Sie können entweder mit dem Team eine Kundengruppe wählen, für die Sie neue Ideen entwickeln wollen, oder eine neue Angebotsidee für eine bestehende Kundengruppe anhand der Journey Map durchdenken.
- Erträumen Sie mit dem Team Schritt für Schritt eine optimale Kundenreise durch Ihr zukünftiges Angebot mit allen dazugehörigen Kontaktpunkten.
- Machen Sie jeden einzelnen Kontaktpunkt zu einem glücklichen Kundenerlebnis. Der Happy Flow hat keine Grenzen, alles ist möglich.
- Visualisieren Sie jeden Touchpoint mit den dazugehörigen Handlungen und Abläufen.
- Bewerten Sie im Anschluss mit dem Team Ihre Traumreise aus Sicht des Realisten und Planers.
- Nutzen Sie die entstandenen Ideen für Innovationen.

Was sind die typischen Hindernisse?

Zunächst gilt es zu klären, ob die Journey für die Optimierung der bestehenden Abläufe gedacht ist oder für neue Services. Bei Optimierungen kommt es schnell zu Fehlinterpretationen der Personas oder der Touchpoints. Ein konsequentes Hinterfragen der Hypothesen hilft, voreilige Schlüsse zu reduzieren. Der Happy Flow für zukünftige Angebote sollte nicht in der üblichen Arbeitsumgebung gestaltet werden. Hierfür braucht ein Team innovative Köpfe und kreative Räume, die den Träumer beflügeln und den Kritiker bremsen.

10.2.11   Prototyping

Prototyping ist der Prozess, um eine Testversion eines Produkts oder einer Dienstleistung zu erstellen. Der erstellte Prototyp ist ein Demonstrationsobjekt der rohen Version des angestrebten Resultats. Damit können Ideen für neue Produkte frühzeitig vorgezeigt und bewertet werden, ohne aufwändige Produktionskosten zu erstellen. Je plastischer ein Prototyp gestaltet ist, desto valider kann das Feedback der Stakeholder dazu erfolgen.

Wo im Vertrieb einsetzbar?

Prototyping ist für das Austesten jeder neuen Idee geeignet. Das kann ein konkretes Produkt sein, eine neue Dienstleistung oder auch eine veränderte Ansprache oder ein neues Meetingformat. Je nach Art des Resultats gibt es unterschiedliche Arten von Prototypen.

Was bringt es?

Durch Prototyping finden Sie frühzeitig heraus, ob ein neues Produkt oder eine Dienstleistung auch tatsächlich das ist, was der zukünftige Nutzer wirklich braucht und schätzt. Durch den Prototypenbau und die Demonstration wird schnell klar, welche Verbesserungen nötig sind. Die Methode ist einfach, der Effekt immens. Anstatt aufwändiger Produktionskosten oder langwieriger Pilotphasen bekommen Sie schnelle und konkrete Hinweise darauf, ob und wie Sie Ihre Ideen weiterverfolgen und optimieren können.

Wie läuft es ab?
Je nach Art der Idee gibt es unterschiedliche Formen. Ich beschränke mich auf drei Arten, die ich im Vertrieb gerne nutze:

- **Staging**: Bei Interaktionen wie neuen Ansprache Strategien, Beratungsansätzen oder neuen Meetingabläufen eignet sich Staging als Prototyp. Das Team entscheidet sich für eine Situation aus dem zukünftigen Erleben und spielt diese in Form eines Rollenspiels den Feedbackgebern vor. Anstatt über eine Interaktion zu sprechen, wird diese sozusagen dreidimensional erlebt und emotional erlebbar. Nicht nur die Zuschauer, sondern auch die Darsteller finden sehr schnell Stärken und Schwächen der Interaktionen heraus und können Optimierungen zügig umsetzen.
- **Bauen plastischer Prototypen**: Für konkrete Produkte eignet sich Prototyping mit Bastelmaterial oder mit Lego. Das dreidimensionale Demonstrationsobjekt wird den Feedbackgebern mit seinen Funktionen so vorgeführt, dass der Betrachter die Handhabung und Einbindung in den Vertriebsprozess erleben und nachempfinden kann.
- **Customer Journey**: Bei Prozessen und Abläufen eignet sich als Prototyp eine dargestellte Reise des Kunden durch den veränderten Service- oder Verkaufsprozess. Dazu kann mit einer Mischung aus gebastelten Stationen und vorgespielten Interaktionen der Betrachter die neue Kundenreise exemplarisch erleben. Diese Art des Prototypings eignet sich auch sehr gut, um Visionen hands-on zu gestalten und ihre Wirkung zu testen.

Was sind typische Hindernisse?
Wie bei allen kreativen und spielerischen Methoden ist das Einlassen der Beteiligten auf die jeweilige Methode oft eine Herausforderung. Blockaden wie „das kann ich nicht" oder „das geht nicht" behindern jedes Experiment. Doch wenn die Botschaft des Widerstands verstanden wird und das Team genügend spielerisches Potenzial hat, verschwinden die Hürden oftmals und erzeugen große Aha-Effekte. Danach kann bei den Teilnehmern eine innere Entwicklung stattfinden, die die eigene Sicht nachhaltig verändert.

10.3 Plan: Frameworks und Methoden zur Planung

Nachdem Sie neu gedacht haben, geht es nun darum, die Ideen oder Veränderungen konkret zu planen und die Rahmenbedingungen für die Umsetzungsphase zu gestalten. Das betrifft nicht nur die Planung der Aufgabenpakete, sondern auch die Ausformung der Teamfaktoren und Entscheidungsprozesse. Je passender der Rahmen gebildet ist, desto schneller und geschmeidiger werden die Teams, die Ideen umsetzen und Erfolge generieren.

10.3.1   Teamcanvas

Teamcanvas ist ein Chart, auf dem die wichtigsten Schlüsselfaktoren eines Teams gemeinsam erarbeitet und visualisiert werden. Die Teamcanvas bringt ein Team schnell auf einen gemeinsamen Nenner; sie macht Sinn, Nutzen und Ziele transparent und schafft eine gute Basis für die Zusammenarbeit. Über ein gemeinsames Verständnis von Teamarbeit, Rollen, Aufgaben und Zielen wird oft zu wenig gesprochen. Das erzeugt Unklarheiten, Missverständnisse und enttäuschte Erwartungshaltungen.

Unterschätzen Sie nicht die Relevanz gruppendynamischer Prozesse! Gruppen durchlaufen Phasen und Reifungsprozesse, bis sie sich zu einem selbstorganisierten und leistungsfähigen Team entwickeln. Ohne Führung, Reflexion und Strukturen tendieren Gruppen dazu, mit sich selbst, statt mit den Aufgaben beschäftigt zu sein. Es bilden sich separierende Untergruppen aus, Rang- und Hackordnungen lenken von dem eigentlichen Auftrag zum Wohle des Kunden ab.

Zu viel Führung ist auch nicht zweckdienlich, im Gegenteil: Sie engt ein und blockiert die Selbstorganisation. Zu wenig Führung nach dem Laissez-faire Führungsstil hingegen ist der nachweislich uneffektivste Führungsstil bei einem unreifen Team und führt zu Unsicherheiten und Konflikten.

Wo im Vertrieb einsetzbar?
Sowohl für neu gebildete Teams als auch bei Veränderungen hinsichtlich der Rollen, Ziele oder Aufgaben ist die Teamcanvas ein wirksamer Prozess, um alle Faktoren der Zusammenarbeit gemeinsam zu definieren, Ziele und Bedürfnisse gegenseitig zu verstehen, neue Vereinbarungen zu treffen und das alles auf einen Blick zu haben.

Was bringt es?
Die Teamcanvas gibt Orientierung, sorgt für Strukturen und stärkenorientierte Verantwortlichkeiten. Dabei handelt es sich um einen Prozess, den die Führung mit dem Team gemeinsam gestaltet und der auf die agilen Werte und Prinzipien abzielt, wie zum Beispiel:

- **Transparenz:** Mithilfe der Teamcanvas werden wesentliche Komponenten des Teams wie Auftrag, Ziele, Rollen, Aufgaben, Vereinbarungen etc. für alle ersichtlich.
- **Kommunikation:** Alle Teammitglieder werden aktiv eingebunden und schaffen dadurch ein gemeinsames Verständnis.
- **Fokus:** Durch die Canvas hat das Team „alles im Blick".
- **Commitment:** Das Team entscheidet eigenverantwortlich, wie die Canvas gestaltet und mit Inhalt befüllt wird. Das stärkt die Selbstverpflichtung immens.

Wie läuft es ab?
1. Starten Sie im Zentrum mit dem „WHY", also der Frage nach dem Warum. Wozu gibt es das Team? Was ist Sinn und Nutzen für den Kunden? Was ist der Auftrag des Teams aus Stakeholder-Sicht? Die Vorlage sehen Sie in Abb. 10.13. Achten Sie darauf, dass

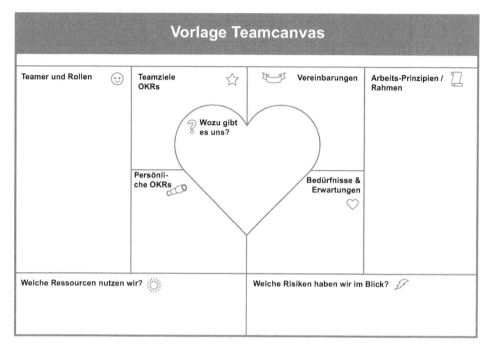

Abb. 10.13 Die wichtigsten Team-Faktoren auf einen Blick. (Mit freundlicher Genehmigung von
© Claudia Thonet 2020. All Rights Reserved)

sich das Team auf einen bis zwei Sätze einigt. Was hier im Zentrum steht, muss absolut
tragfähig sein und von allen Teammitgliedern Zustimmung erfahren.

2. Erarbeiten Sie als nächstes die Teamziele. Hier können Sie Jahresziele definieren oder
   den Beitrag des Teams zur Unternehmensvision in Form von *Objectives und Key Results* (OKR) beschreiben.
3. Brechen Sie anschließend den Teambeitrag mit dem Team gemeinsam auf die Einzelziele
   bzw. OKR herunter und lassen Sie jedes Teammitglied den *eigenen Beitrag* definieren.
4. Vergeben Sie *Rollen im Team* durch stärkenorientierte Verantwortlichkeiten, die das
   Team braucht, um seine Ziele umzusetzen (Beispiel: Coach, Moderator, Prinzipienwächter, Product Owner, Entwickler, Fokusbeschleuniger etc.).
5. Lassen Sie das Team *Vereinbarungen zur Zusammenarbeit* treffen (Beispiel: Wir nehmen uns alle vier Wochen Zeit, um unsere Zusammenarbeit zu reflektieren.).
6. Beschreiben Sie die *Arbeitsprinzipien*, die das Team für sich festlegt. (Beispiel: Wir
   richten unser Denken und Handeln an der Wertschöpfung für unsere Kunden aus.).
7. Lassen Sie jedes Teammitglied wichtige *Bedürfnisse und Erwartungen* benennen. Was
   braucht jeder, um sich wohlzufühlen und seinen Beitrag leisten zu können?
8. Betrachten Sie mit dem Team zum Schluss sowohl die Risiken, die Sie im Blick behalten werden, als auch die *Chancen* und *Ressourcen*, die Sie an Bord haben.

In Abb. 10.14 sehen Sie das Beispiel einer Teamcanvas.

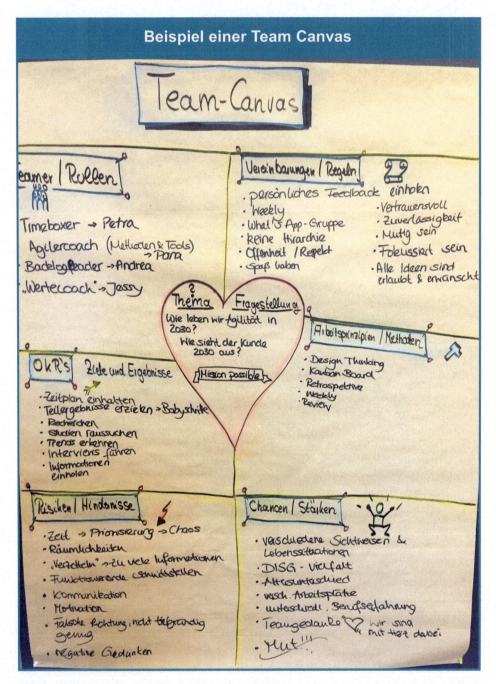

Abb. 10.14 Teamcanvas. (Mit freundlicher Genehmigung von © Claudia Thonet 2020. All Rights Reserved)

Was sind typische Hindernisse?

Ohne psychologische Sicherheit im Team wird die Teamcanvas keine guten Effekte bringen. Nur wenn sich jeder im Team sicher fühlt und seine Meinung offen äußert, werden die relevanten Themen besprochen und auch gelöst.

10.3.2   Delegation Board und Poker

Im Delegation Board wird geregelt, auf welche Art die Führung in Entscheidungsprozessen agiert. Entscheidet das Management allein, bindet es das Team ein oder gibt die Führung die Entscheidung komplett in die Zuständigkeit des Teams? Dazu werden für die verschiedenen Entscheidungsthemen die Stufen der Delegation transparent gemacht.

Wo im Vertrieb einsetzbar?

Selbstorganisation von Teams funktioniert nur mit angemessenen Entscheidungskompetenzen. Wenn Teams für jeden Kugelschreiber eine Unterschrift vom Chef benötigen, ist die Selbstorganisation nur ein Slogan auf dem Papier. Dazu muss die Führung lernen, Verantwortung abzugeben, und das Team muss lernen, diese auch zu tragen. Ohne Entscheidungskompetenz zu agieren, das ist wie Schwimmen in der Zwangsjacke. Überall dort, wo Sie den Übergang von Entscheidungskompetenzen auf das Team planen, lässt sich der Prozess gut mit einem „Delegation Board" gestalten und mit dem „Delegation Poker" im Team spielerisch umsetzen.

Was bringt es?

Führung und Teams klären anhand des Boards gemeinsam, auf welcher Stufe der Delegation sie ein Thema passend finden. Die verantwortliche Führung macht damit transparent, was sie wie selbst entscheidet und was sie dem Team überlässt. Gleichzeitig schätzt jeder im Team ein, welche die zielführendste Stufe der Entscheidung darstellt.

Wie läuft es ab?

Führung und Teams listen die Themen auf, die in Zukunft anders entschieden werden. Sieben verschiedene Stufen der Delegation einer Entscheidung werden transparent definiert. Die Stufen sind in Abb. 10.15 beschrieben. Bei den ersten drei Stufen liegt die Entscheidungskompetenz bei der Führung. Die vierte Stufe steht für gemeinsame Konsensfindung zwischen Führung und Teams. Ab der fünften Stufe liegt die Entscheidung in verschiedenen Abstufungen beim Team.

1. Verkünden: „Führung verkündet ihre Entscheidung"
2. Verkaufen: „Führung überzeugt das Team von seiner Entscheidung"
3. Befragen: „Führung holt sich den Rat und die Meinung des Teams ein und entscheidet dann"
4. Einigen: „Führung und Team einigen sich und finden einen Konsens"

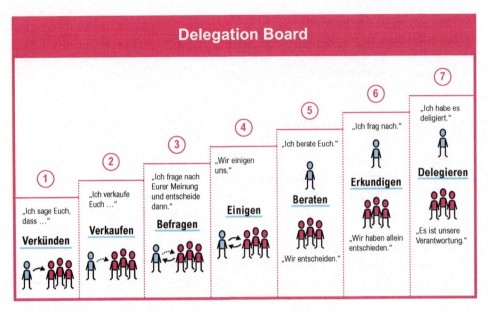

Abb. 10.15 Die Stufen der Delegation. (Mit freundlicher Genehmigung von © Claudia Thonet 2020. All Rights Reserved)

5. Beraten: „Team entscheidet nach der Beratung durch die Führung"
6. Erkundigen: „Team entscheidet und Führung erkundigt sich"
7. Delegieren: „Team entscheidet autonom und braucht die Führung nicht zu informieren"

Zu jedem Delegationsthema wird die zukünftige Stufe der Entscheidungskompetenz besprochen und festgehalten. Eine spielerische Variante ist Delegation Poker. Jeder Beteiligte bekommt ein Kartenset mit den sieben Stufen der Delegation. Bei jeder Fragestellung legen Teammitglieder und Führung die Karte auf den Tisch, die der Entscheidungsstufe entspricht, die sie für sinnvoll halten. Wenn keine Einigung ersichtlich ist, wird eine definierte Zeitspanne (drei bis zehn Minuten) diskutiert. Die beiden Vertreter der Stufen, die am weitesten auseinander liegen, tauschen ihre Argumente aus. Nachdem alle Gedanken dazu gehört wurden, pokert das Team eine weitere Runde. Ziel ist die Annäherung in der Entscheidung zwischen Führung und Team. Je mehr Konsens zur Delegationsstufe im Team vorherrscht, desto tragfähiger sind die Konsequenzen. Durch das spielerische Element werden die Positionen und Meinungen transparent und ermöglichen sehr viel schnellere Lösungen als herkömmliche Diskussionsrunden.

Was sind typische Hindernisse?
Bei mehrdeutigen Fragestellungen können keine klaren Ergebnisse entstehen. Die Beteiligten brauchen ein gemeinsames Verständnis über die Tragweite und den Kontext jeder Entscheidung. Oftmals werden erst durch Delegation Poker Missverständnisse aus dem Weg geräumt und trennscharfe Fragestellungen gefunden. Wie soll ein Team beispiels-

weise über Homeoffice entscheiden, wenn nicht klar ist, unter welchen Rahmenbedingungen das Arbeiten von zu Hause genutzt werden soll?

10.3.3   Planning Meeting

Im Planning Meeting schnürt und priorisiert das Team die Arbeitspakete, die zur Umsetzung von Neuerungen oder zur Erstellung von Produkten anfallen, und schätzt den Aufwand für jede Aufgabe konkret ein. Das Planning Meeting kommt aus dem Framework Scrum. Ich halte es unabhängig von Scrum, aber auch für jede andere Arbeitsweise von Teams, für entscheidend, sich gemeinsam die Zeit für eine realistische Planung als Basis für die erfolgreiche Umsetzung zu nehmen.

Wo im Vertrieb einsetzbar?
Planning Meeting eignet sich immer dann, wenn neue Aufgaben und komplexe Zusammenhänge geplant werden. Sowohl neue Angebote oder Services als auch interne komplexe Veränderungen müssen von Teams gut geplant und priorisiert werden. Passende und strukturierte Aufgabenpakete sind der Schlüssel zur schnellen und engagierten Abarbeitung.

Die Aufgabenpakete können sowohl operative Arbeiten als auch strategische Schritte zu einem Ziel beschreiben. In der Planung werden zum einen alle Aufgaben zur Umsetzung eines Produkts oder Prozesses geplant und beispielsweise in einem Backlog (Aufgabenspeicher) festgehalten. Zum anderen werden die Aufgaben zeitlich eingeschätzt und priorisiert, die in der nächsten Iteration umgesetzt werden sollen.

Was bringt es?
Die gemeinsame Strukturierung und Priorisierung bringt dem Team nicht nur Klarheit über die Aufgaben, sondern führt außerdem zu einem gemeinsamen Fokus auf das angestrebte Ergebnis. Sind die Arbeitspakete entsprechend eindeutig, kann jeder im Team die Kompetenzen einschätzen, die zur Bearbeitung gebraucht werden. Das ist die Basis für das eigenverantwortliche Ziehen der Pakete während der Umsetzungsphase.

Wie läuft es ab?
Nachdem Sinn und Zweck der Aufgaben transparent besprochen und geklärt sind, werden die einzelnen Arbeitspakete geschnürt. Gibt es einen Product Owner (PO), dann ist es seine Aufgabe, Arbeitspakete aus Nutzersicht zu beschreiben und sie dem Team vorzustellen. Gibt es keinen PO, dann formuliert das Team die Arbeiten gemeinsam oder in Kleingruppen und unterteilt die Pakete so, dass sie innerhalb von wenigen Tagen erledigt werden können.

Das Team priorisiert die Aufgaben und entscheidet, welche Pakete innerhalb der kommenden Iteration umgesetzt werden (s. Abb. 10.16). Dazu wird der Aufwand zur

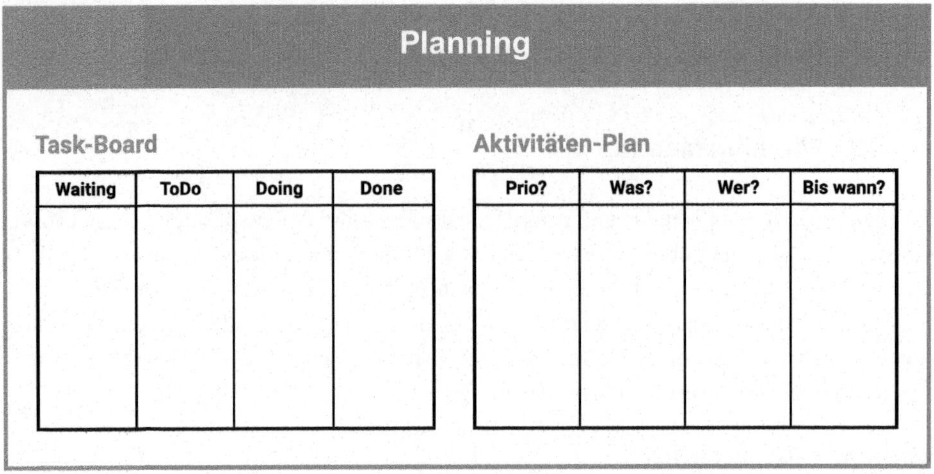

Planning

Task-Board

Waiting	ToDo	Doing	Done

Aktivitäten-Plan

Prio?	Was?	Wer?	Bis wann?

Abb. 10.16 So priorisieren und planen Sie in Teams. (Mit freundlicher Genehmigung von © Claudia Thonet 2020. All Rights Reserved)

Bearbeitung der Arbeiten abgeschätzt. Das kann spielerisch erfolgen und anhand von Pokerkarten (Planning Poker) gespielt oder auch durch T-Shirt Größen (XS, S, M, L, XL) kategorisiert werden. Als Messgröße werden metaphorisch T-Shirt-Größen genutzt. Dazu wird jeder Größe eine Zeiteinheit zugeordnet. Jede T Shirt-Größe entspricht dann einer Zeiteinheit: XXS = 1 – 2 Stunden Arbeitszeit, XS = 3 – 4 Stunden, S = 1 Tag usw.

Was sind typische Hindernisse?
Oftmals werden Arbeitspakete zu groß und komplex geschnürt. Derjenige, der das Paket übernimmt, ist infolgedessen zu lange damit absorbiert. Das beeinträchtigt die Effizienz des ganzen Teams. Sind die Anforderungen aus Nutzersicht nicht klar erkennbar, kann es passieren, dass die Aufgaben nicht zufriedenstellend gelöst werden und Mehraufwand erzeugen.

10.3.4 User Stories

Jede Tätigkeit im Unternehmen sollte idealerweise immer auf die Kunden ausgerichtet sein. User Stories sind Anforderungen der Nutzer an Produkte und Dienstleistungen. Diese Anforderungen werden in Form von User Stories aufgeschrieben, um die Wünsche und Ziele der Kunden bei jedem Schritt im Fokus zu haben.

Haben Sie manchmal als Kunde das Gefühl, in einem Laden oder bei einer telefonischen Anfrage zu stören? Beobachten Sie in Ihrem Vertrieb manchmal Teams, die mehr mit sich selbst als mit den Kunden beschäftigt sind? Genau diesem Phänomen wirken Sie mit der klaren Ausrichtung Ihrer Aufgaben auf den Kunden entgegen.

Wo im Vertrieb einsetzbar?

Meiner Ansicht nach sind alle Aufgaben und Arbeitspakete im Vertrieb als abgewandelte User Story sinnvoll. Alle Handlungen der Sales- und Serviceteams sind schon immer auf die Kunden ausgerichtet, denn das ist der Auftrag jedes Vertriebs. Doch auch dort geht der Kundenfokus von Zeit zu Zeit verloren. Durch die konsequente Kundenperspektive bei den geschnürten und priorisierten Aufgaben bleibt der Fokus dort, wo er hingehört: beim Kunden.

Was bringt es?

Strategische und operative Aufgaben sollten immer aus Sicht der Nutzer beschrieben werden. Dann ist allen im Team zu jedem Zeitpunkt klar, wie das Ergebnis für den Kunden aussehen soll. Das hilft immens bei der Entscheidung, wie eine Aufgabe umgesetzt wird. Wie wird ein Verkäufer seine Cross-Selling-Ansprache ausrichten, wenn er möglichst viele Zusatzverträge verkaufen und am Ende der Aktion der Beste im Team sein will? Wie wird er sie hingegen gestalten, wenn er beispielsweise folgende User Story im Blick hat: Der Kunde erfährt in zwei bis drei Sätzen, wie sein Wunsch nach guter Versorgung im Alter erfüllt wird, er dabei seine Gelder absichert und gleichzeitig flexibel bleibt.

Wie läuft es ab?

- Schnüren Sie Ihre Arbeitspakete im Team. Dann werden die Aufgaben priorisiert und der Aufwand in T-Shirt Größen Einheiten (XS, S, M, L, XL, XXL) geschätzt.
- Nehmen Sie eine Karte oder einen großen Klebezettel und formulieren Sie die Anforderung der Aufgaben aus Kundensicht nach dem folgenden Muster (s. Abb. 10.17):
  - Ich als … (Rolle)
  - möchte … (Ziele/Wünsche)
  - um … (Nutzen).
- Anschließend zieht ein Mitarbeiter das Paket und notiert seinen Namen und das Datum auf den Zettel, sobald die Bearbeitung beginnt.

Was sind typische Hindernisse?

Teams brauchen Übung, um Aufgaben als Anforderungen der Kunden zu formulieren. Ist diese Hürde überwunden, werden die Aufgaben wesentlich kundenorientierter und zielfokussierter bearbeitet.

10.3.5   Priorisieren

Um in der Umsetzung schnell voranzukommen und sowohl ein einheitliches Verständnis von Relevanz zu haben als auch Umfang und Aufwand richtig einzuschätzen, müssen sich Teams in der gemeinsamen Priorisierung üben. Je besser Teams diesen Schritt durchführen und klären, desto reibungsloser und effektiver ist die Umsetzungsphase.

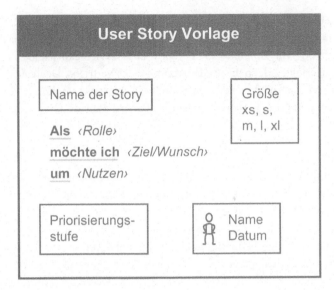

Abb. 10.17 Vorlage zum Verfassen einer Kunden-Story. (Mit freundlicher Genehmigung von ©
Claudia Thonet 2020. All Rights Reserved)

Wo im Vertrieb einsetzbar?
Für alle Aufgaben und Themen, die gemeinsam im Team geplant und umgesetzt werden.

Was bringt es?
Priorisierung schafft Klarheit, Fokus und Struktur. Durch die gemeinsame Gewichtung ist
allen die Reihenfolge und Relevanz der Themen präsent.

Wie läuft es ab?
Es gibt viele Optionen der Priorisierung. Hier ein kleiner Auszug:

- **Offene Plenumsdiskussion zu Prioritäten:** Wie in Abb. 10.18 ersichtlich, sortiert und
  periodisiert das Team seine Themen anhand der Methoden.
- **Punktabfragen:** Dabei werden den Teilnehmern weniger Punkte als Themen gegeben,
  mit denen sie ihre relevanten Themen markieren.
- **Aufwand-Wirkung-Diagramm:** Wie in Abb. 10.18 dargestellt, werden zwei Achsen
  gezeichnet. Eine für die aufsteigende Wirkung des Themas und eine für den Aufwand
  bei der Umsetzung. Jedes Thema wird nach der erwarteten Wirkung und dem anfallen-
  den Aufwand bewertet. Alle Themen mit großer Wirkung werden weiterverfolgt, wobei
  die weniger aufwändigen sofort umgesetzt werden.

Was sind typische Hindernisse?
Menschen neigen dazu, Themen, die ihnen am Herzen liegen, falsch bzw. zu optimistisch
einzuschätzen. Hinterfragen Sie die erste Einschätzung und greifen Sie auf valide Erfahrungswerte zurück.

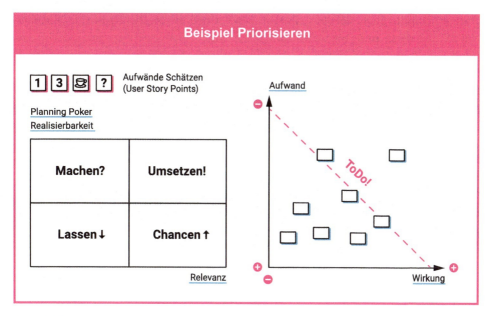

Abb. 10.18 Sortieren und Priorisieren. (Mit freundlicher Genehmigung von © Claudia Thonet 2020. All Rights Reserved)

10.4   Do: Frameworks und Methoden zur Umsetzung

Jetzt geht es um die Umsetzung der Ideen, operativen Aufgaben oder strategischen Ziele. Entscheidend ist dabei nicht so sehr, ob Sie mit Kanban, Shopfloor 4.0, Scrum oder einer eigenen Variante arbeiten. Viel wichtiger ist es, wirklich agil zu arbeiten und zu interagieren. Relevant ist das, was in der Umsetzung auf Schnelligkeit, Anpassungsfähigkeit, Selbstorganisation, Transparenz und Kollaboration einzahlt.

Meiner Erfahrung nach helfen die Frameworks als optimaler Rahmen, um diesen Arbeitsprinzipien Leben einzuhauchen. Die Methoden an sich werden Sie nicht in eine neue Arbeitsweise führen; sie sind nur ein wirksames Hilfsmittel auf dem Weg zum Kulturwandel. Ohne die Wandlung der Kultur im Vertrieb wird keine innovative Zukunftsstrategie fruchten, und ohne die Entwicklung des Mindsets, also der Denk- und Handlungslogik von Teams und Führung, werden keine Methoden wirksam sein.

10.4.1   Kanban

Kanban dient der Visualisierung, der Transparenz und der selbstorganisierten Steuerung von Arbeitsabläufen und Auslastungen. Das Framework kommt aus dem Lean-Management und war ursprünglich für die Optimierung der Lagerhaltung bei Toyota entwickelt worden. Der Begriff kommt aus dem Japanischen und bedeutet sinngemäß „Signalkarte".

Kanban kann allerdings viel mehr, als Workflows zu optimieren. Richtig gelebt, zahlt Kanban auf alle agilen Werte und Arbeitsprinzipien ein.

Wo im Vertrieb einsetzbar?

Es eignet sich hervorragend für Sales- und Servicebereiche, in denen der Arbeitsfluss sichtbar gemacht werden kann. Genauso gut können Sie Kanban zur Planung und Umsetzung von Ideen oder zur Steuerung der vernetzen Kollaboration nutzen.

Was bringt es?

Ganz gleich, wozu Sie es einsetzen – Kanban ist bedeutend mehr als nur ein Board zur Visualisierung. Doch nur durch die agilen Prinzipien und Werte entfaltet das Framework seine volle Wirkung. Richtig eingesetzt, optimieren Sie nicht nur Ihre Prozesse; Sie stärken auch die Kooperation untereinander, arbeiten effektiver, indem Sie z. B. Workflow-Staus vermeiden und genau die Dinge, die für die Wertschöpfung relevant sind, machen.

Voraussetzung für die Wirksamkeit von Kanban sind selbstorganisierte Teams mit rollengebundener Führung und transparenter Kooperation mit Teams aus anderen Bereichen – also mindestens Flughöhe 2 (s. Abschn. 5.6.2). Nur wenn das Team, oder besser noch die ganze Organisation, bereit ist, die alten Zöpfe abzuschneiden und sich von gängiger Machtverteilung und Hierarchien zu verabschieden, wird Kanban helfen, agiler zu werden.

Die beiden Boards in Abb. 10.19 und 10.20 zeigen jeweils eine Variante für ein Salesteam und ein gemeinsames Innovations-Board für Sales und Service.

Gestalten Sie Ihr eigenes Kanban-Board, das als Wertschöpfung für Ihre Kunden dient, und nutzen Sie die Transparenz, um den Ablauf und die Interaktionen agiler zu machen. In Abb. 10.21 sehen Sie ein einfaches Kanaban Board als Beispiel.

Wie läuft es ab?

Bei Kanban geht es nicht nur um die Visualisierung und Transparenz von Arbeitsprozessen. Die Wertschöpfung für den Kunden ist dabei entscheidend. Starten Sie damit, den Prozess der Wertschöpfung zu analysieren und in die wesentlichen Prozessschritte zu unterteilen.

- Beginnen Sie mit der Analyse des bestehenden Workflows zur Wertschöpfung für den Kunden und notieren Sie Schritt für Schritt, was Sie derzeit tun. Ermitteln Sie daran den Wertschöpfungsprozess Ihrer Teams.
- Überlegen Sie, welche Bereiche und Teams mit Ihnen verknüpft sind und für den reibungslosen Ablauf integriert werden sollten/müssen.
- Schreiben Sie den Workflow horizontal als Ablauf auf ein Boardsystem. Der einfachste Arbeitsfluss lautet: Waiting – To-do – Doing – Done. In den Abb. 10.19, 10.20 und 10.21 sehen Sie Beispiele eines solchen Wertschöpfungsprozesses. Boards gibt es in unzähligen Varianten, offline und online (Trello, Jira etc).

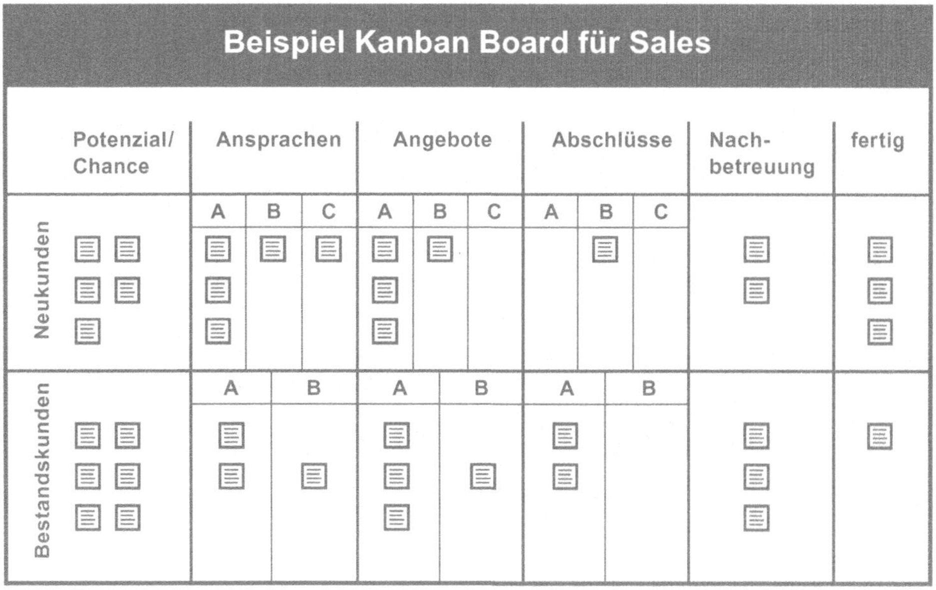

Abb. 10.19 Verkaufs-Kanban. (Mit freundlicher Genehmigung von © Claudia Thonet 2020. All Rights Reserved)

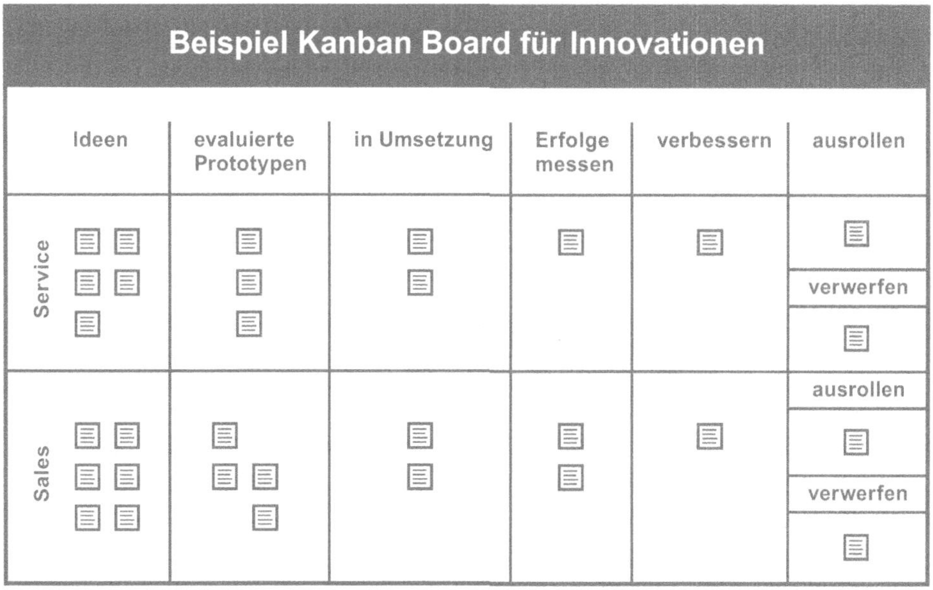

Abb. 10.20 Innovations-Kanban. (Mit freundlicher Genehmigung von © Claudia Thonet 2020. All Rights Reserved)

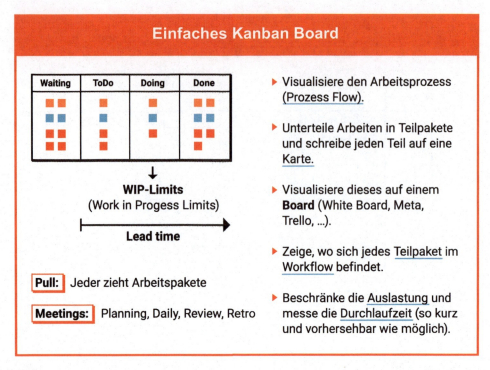

Abb. 10.21 Basis-Kanban. (Mit freundlicher Genehmigung von © Claudia Thonet 2020. All Rights Reserved)

- Nutzen Sie sogenannte „Swimlines", sprich Schwimmbahnen, also horizontale Linien auf dem Kanban-Board, mit dem Sie die vertikalen Bereiche unterteilen können. Sie helfen dabei, mehrere Teams, Kunden oder Prioritäten besser zu koordinieren und eine optimale Übersicht im Arbeitsprozess zu ermöglichen. Im Beispiel (s. Abb. 10.19 und 10.20) habe ich jeweils eine Swimline eingefügt. Im Innovations-Board (s. Abb. 10.20) sind Teams und im Sales-Board die Kundengruppen unterteilt. Sie können auch Prioritäten unterteilen (hoch, mittel, niedrig) oder die einzelnen Teammitglieder bekommen eine eigene Schwimmbahn.
- Überlegen Sie mit dem Team, welche Aufgaben anfallen, unterteilen Sie diese in kleine Pakete. Jedes Paket wird auf eine Karte geschrieben und im Durchlauf durch den Arbeitsfluss auf dem Board visualisiert. Wo befindet sich welches Arbeitspaket zu welcher Zeit?
- Die Verteilung der Aufgaben funktioniert ausschließlich nach dem Pull-Prinzip: Wenn das Team bzw. einzelne Mitarbeiter Kapazität frei haben, ziehen Sie das nächste Paket in Form einer Karte und bewegen diese im Prozess einen Schritt weiter. Jeder zieht sich sozusagen seine nächsten Aufgaben selbstständig und selbstgewählt, im Sinne seiner Rolle.
- Jede Karte wandert im Laufe des Workflows durch die Spalten. Jeder sieht also immer, wo sich gerade welche Karte im Prozess befindet. Ziel ist es, die Lead-Time, also die Zeit, die ein Arbeitspaket braucht, um den Prozess zu durchwandern, zu verkürzen.

- Die Anzahl der Arbeiten, die pro Mitarbeiter in Bearbeitung sind, wird begrenzt (Work in Progress Limit = WIP-Limit). Damit beugt man der Überforderung und der Ineffizienz vor.
- Das Herzstück des Kanban ist das tägliche Kurzmeeting (Daily). Der Bearbeitungsstand wird ausgetauscht und wichtige Themen werden mitgeteilt: Was habe ich gestern erledigt? Was gehe ich heute an? Welche Hindernisse sind aufgetreten? Wo brauche ich Unterstützung?
- Die Führungskraft, ein Master oder ein Coach räumt im Anschluss die Hindernisse aus dem Weg und koordiniert aufgetretene Bedarfe, damit das Team reibungslos weiterarbeiten kann.
- Nach einer Arbeitsphase von drei bis vier Wochen erfolgt eine Review. Alle relevanten Produkte, Ergebnisse, inklusive der Lead Times etc. werden ausgewertet und Feedback von Stakeholdern wird eingeholt. Anpassungen werden umgesetzt (s. Abschn. 10.5.1).
- Dann erfolgt eine Retrospektive, in der das Team auf die Zusammenarbeit schaut und überlegt, was verbessert werden kann (s. Abschn. 10.5.2).

Was sind typische Hindernisse?
Stolpersteine können sein (vgl. Leopold 2018):

- Verwechslung von Mittel und Zweck: Kanban wird als Methode anstatt als Mittel zur Steigerung der Agilität betrachtet. Sinn, Ziel und Kundenfokus gehen dann verloren.
- Die Abhängigkeiten zwischen den Teams und deren Produkten werden missachtet. Das führt zu gegenseitigen Staus statt zu geschmeidiger Kooperation.
- Der Wertstrom wird nicht zu Ende gedacht. Erst, wenn der Kunde den Wert erhält, ist der Prozess erledigt. Vergisst ein Team diesen Fokus, dann generiert man für die Kunden keine Verbesserung.
- WIP-Limits (Work in Progress Limits) werden falsch gesetzt. Zu viele gleichzeitige Arbeiten blockieren das System unnötig. Die richtige Limitierung der Arbeit ist der eigentliche Hebel, um den Ablauf schneller und effektiv zu machen.

10.4.2   Shopfloor 4.0

Shopfloor ist ein lebendiges Visualisierungs-und Steuerungsboard. Es kommt aus dem Lean Management und wurde ursprünglich für die Produktion entwickelt. Die Führungskräfte sollten am Ort der Wertschöpfung führen und dort mit der Belegschaft gemeinsam die Themen besprechen, statt am grünen Tisch zu steuern.

Shopfloor 4.0: Wenn Sie Shopfloor mit agilen Werten und Prinzipien tunen und mit Kanban für die strategischen Themen kombinieren, erhalten Sie ein optimales Framework für den Vertrieb. Als Mittel zum Zweck steigert es die Transparenz, die Fokussierung und die Selbststeuerung der operativen und strategischen Themen von Vertriebsteams immens.

Wo im Vertrieb einsetzbar?

Sowohl im Service als auch im Sales habe ich mit Shopfloor 4.0 gute Erfahrungen ge-macht und von den Teams positive Rückmeldungen erhalten. Viele Vertriebsteams schei-tern beim Einsatz von Kanban an der Abbildung der operativen Themen und KPI: Servi-celevel, Erreichbarkeit, Abschlussquoten etc. Durch die Kombination mit Shopfloor haben Teams alle relevanten Themen auf einen Blick und können sich erfolgreich selbst steuern und organisieren.

Was bringt es?

- **Transparenz:** Die wichtigsten Themen und Daten werden an einem großen Board im Bereich aktualisiert und visualisiert und allen zugänglich gemacht. Jeder hat die Chance auf den gleichen Informationsstand.
- **Steuerung:** Prioritäten und Dringlichkeiten können entsprechend farblich markiert werden. Ich nutze gerne ein farbliches Ampel-System:
  - Grün: Zielkorridor
  - Gelb: Achtung: nicht mehr im Zielkorridor
  - Rot: Dringender Handlungsbedarf – Nachsteuerung erforderlich
- **Wissenslücken:** beseitigen und ein gemeinsames Verständnis entwickeln.
- **Kundenfokus:** Alle relevanten Kundeninformationen und Hindernisse werden abge-bildet und sichtbar gemacht.
- **Verbindlichkeit:** Entscheidungen werden gemeinsam besprochen und am Shopfloor festgehalten. Damit erzeugen Sie Verbindlichkeit im Team.
- **Nachvollziehbarkeit:** Durch die gemeinsame Problemlösung werden Entscheidungen vom Team mitgetragen, der Grad der Mitverantwortung steigt.
- **Kooperation auf Augenhöhe:** Führungskräfte und Mitarbeiter besprechen und lösen gemeinsam im täglichen Kurzmeeting die Themen vor dem Board. Je reifer das Team ist, desto mehr übernimmt es die Selbststeuerung.

Wie läuft es ab?

- Unterteilen Sie eine Wand oder ein großes Board anhand der wichtigsten Themen, die für das Team relevant sind. Entwickeln Sie Ihr eigenes Shopfloor 4.0 Board ge-meinsam mit dem Team (s. Abb. 10.22). Ich nutze gerne den PDCA-Zyklus als grobe Unterteilung:
- Plan: Personal-Kapazitäten, Termine etc.
- Do: Aktivitäten-Steuerung: Calls, Rückrufe, Mails etc. Hier füge ich ein einfaches Kanban-Board (Waiting – To-do – Doing – Done) ein, um strategische Themen im Fokus zu halten und transparent zu bearbeiten.
- Check: KPIs, Analyse von Soll-Ist-Abweichungen mit Ampelsystem.
- Act: Hindernisse, Probleme, Eskalationen etc. Hier werden alle Hindernisse und Pro-bleme gesammelt und gemeinsam gelöst.

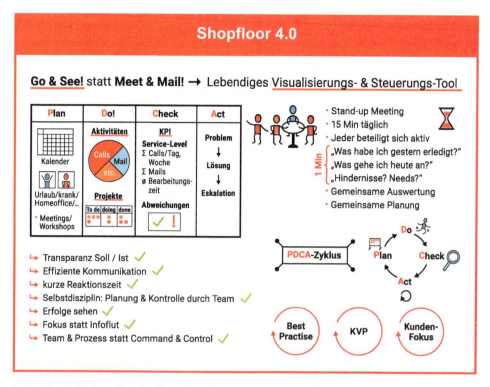

Abb. 10.22 Vorlage für ein Shop Floor Board. (Mit freundlicher Genehmigung von © Claudia Thonet 2020. All Rights Reserved)

- Das Team gestaltet jeden Bereich des Boards als ersten Prototypen. Entscheiden Sie gemeinsam, wie lange die erste Iteration mit dem Board dauern soll. Nach der Testphase kann das Board optimiert werden.
- Pull: Das Team verteilt Rollen und Zuständigkeiten für die Shopfloor-Bereiche: Wer pflegt, visualisiert und koordiniert welches Thema?
- „Go and See" statt „Meet and Mail": Auch Führungskräfte hängen aktuelle und wichtige Themen ans Board. Die werden dann im nächsten Daily besprochen.
- Daily: Das Herzstück des Shopfloor-Managements ist das tägliche Kurzmeeting. Jeder im Team teilt seinen Bearbeitungsstand: Was habe ich gestern erledigt? Was gehe ich heute an? Welche Hindernisse sind aufgetreten? Wo brauche ich Unterstützung?
- Die Führungskraft, ein Shopfloor-Master oder der Coach räumt im Anschluss die Hindernisse aus dem Weg und koordiniert Bedarfe.
- Nach der Iteration findet eine Review statt. Alle relevanten Kennzahlen, Lead Time des Kanban-Boards etc. werden ausgewertet und Feedback eingeholt. Anpassungen werden umgesetzt (s. Abschn. 10.5.1).
- Dann erfolgt eine Retrospektive, in der das Team auf die Zusammenarbeit schaut und Verbesserungen vereinbart (s. Abschn. 10.5.2).

Was sind typische Hindernisse?

- Verwechslung von Mittel und Zweck: Shopfloor wird als Methode und nicht als Mittel zur Steigerung der Selbstorganisation und Flexibilität betrachtet.
- Die Abhängigkeiten zwischen den Teams und die Schnittstellen werden nicht beachtet und einbezogen. Das führt zu Ineffizienz und einem Wir-gegen-die-anderen-Verhalten.
- Die Führungskraft steuert selbst zu viel und bringt keine Entscheidungskompetenz ins Team. Oder das Team traut sich nicht, die Steuerung selbst zu übernehmen.
- Die Meetings finden nicht statt. Dann wird Shopfloor nicht lebendig gehalten und es wird keine Wirkung erzielt.

10.4.3   Scrum

Scrum ist ein beliebtes und in der IT sehr verbreitetes Framework für agiles Projektmanagement. Es eignet sich neben der Softwareentwicklung für Produktentwicklung – und im Grunde für jedes Projektmanagement in entsprechend angepasster Weise. Scrum ist umfassend und beschreibt neben dem iterativen Prozess auch die zugehörigen Rollen und Interaktionen.

Wo im Vertrieb einsetzbar?
Sie können mit Scrum neue Produkte und Dienstleistungen im Vertrieb entwickeln. Auch zur Umsetzung von Projekten wie Neukundengewinnung, Bestandskundenpflege mit Cross Selling, neue Dienstleistungsangebote oder die Einführung neuer Vertriebskanäle ist Scrum ein effektives Rahmenwerk.

Was bringt es?
Scrum ist meiner Ansicht nach das Framework, das am stärksten auf alle agilen Werte einzahlt. Die klare Struktur von Scrum schafft, wenn sie richtig umgesetzt wird, automatisch eine agilere Arbeitsweise. Durch die lateralen und gleichberechtigten Managementrollen des Product Owners, Scrum Masters und Teams ist die klassische Hierarchie aufgehoben. Die Meetingformate Daily, Review und Retrospektive schaffen eine gute Interaktionsbasis und führen zur Anpassung der Angebote an die Kundenwünsche und zur kontinuierlichen Weiterentwicklung der Teamreife. Wie in Abb. 10.23 ersichtlich, ist Scrum ein komplexes Framework

Wie läuft es ab?

- Im Scrum werden fünf- bis neunköpfige, crossfunktionale und selbstorganisierte Teams gebildet, die alle Kompetenzen und die Expertise für die Umsetzung des Angebots abbilden.
- Der Projektauftrag wird aus Nutzersicht in User Stories unterteilt. Das Umsetzungsteam entwickelt oder bearbeitet innerhalb eines Sprints, einer Iteration also, ein funk-

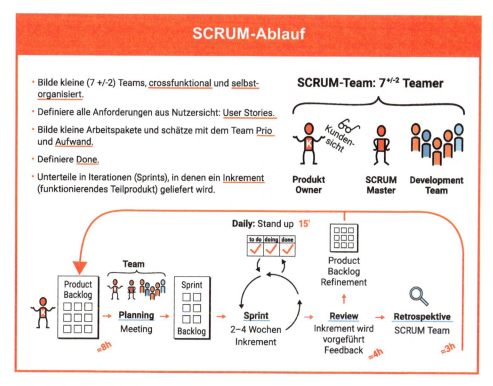

Abb. 10.23 So funktioniert Scrum im Vertrieb. (Mit freundlicher Genehmigung von © Claudia Thonet 2020. All Rights Reserved)

tionsfähiges Teilprodukt, das Inkrement genannt wird. Dieses wiederum wird den Stakeholdern im Review-Meeting vorgestellt, um es im nächsten Sprint weiter zu entwickeln.

- Wählen Sie einen Scrum Master, der für den Prozess verantwortlich ist und Hindernisse beseitigt, damit das Team störungsfrei arbeiten kann.
- Wählen Sie einen Produkt Owner, der aus Nutzersicht den Auftrag formuliert und klärt, das Backlog mit den Arbeitspaketen pflegt und die Kundenperspektive vertritt.
- Definieren Sie alle Anforderungen, die Sie an das Produkt oder die Dienstleistung aus Kundensicht, umsetzen wollen. Der Product Owner formuliert alle Aufgaben als User Story (s. Abschn. 10.3.4).
- Im Planning Meeting werden kleine Arbeitspakete gebildet und priorisiert. Das Team entscheidet, wie lange eine Arbeitsphase bzw. ein Sprint dauern soll.
- In der Arbeitsphase bzw. im Sprint wird ein Teilprodukt bzw. eine Dienstleistung entwickelt, die dem Kunden einen Mehrwert bietet.
- Das Team wählt alle Arbeitspakete, die im Sprint abgearbeitet werden, und bildet daraus das Sprint Backlog.

- Während des Sprints bleiben die Anforderungen unverändert und werden anhand des Task-Boards (wie ein einfaches Kanban-Board) abgearbeitet und im Workflow visualisiert.
- Täglich tauscht sich das Team zehn bis 15 Minuten am Task-Board aus (Daily). Jeder im Team teilt den anderen seinen Bearbeitungsstand mit: Was habe ich gestern erledigt? Was gehe ich heute an? Welche Hindernisse sind aufgetreten? Wo brauche ich Unterstützung?
- Der Master moderiert und beseitigt die Hindernisse.
- Nach einer Arbeitsphase von drei bis vier Wochen wird eine Review gemacht. Alle relevanten Produkte, Ergebnisse inkl. der Lead Times, der Burn-down Chart etc. werden ausgewertet und Feedback von Stakeholdern eingeholt. Anpassungen werden umgesetzt (s. Abschn. 10.5.1).
- Vor dem nächsten Sprint erfolgt eine Retrospektive, in der das Team die Kooperation und Interaktionen reflektiert und optimiert.

Was sind typische Hindernisse?

Das typische Hindernis wird als „Scrum But" bezeichnet. Scrum But steht für alle Projekte, bei denen Rollen, Artefakte, Regeln oder Prinzipien von Scrum verändert oder weggelassen wurden. Nach Preußig (2015) sind die typischen Abweichungen:

- Der Product Owner ist kein Teammitglied: Wenn der Product Owner außerhalb des Teams tätig ist, muss er ausreichend Zeit für seine Aufgaben bereithalten, sonst blockiert er den Ablauf.
- Der Product Owner ist der ehemalige Bereichs- oder Abteilungsleiter: Leider wird das derzeit fast schon inflationär bei den großen Unternehmen gehandhabt, die nach dem Spotify-Modell umbauen und Scrum Teams (Squads) bilden. Oftmals übernimmt der alte Abteilungsleiter die Rolle des Tribe Leads und führt unter einer anderen Bezeichnung genauso wie zuvor; die alten Teamleiter werden zu Product Ownerns. Ändern wird sich nicht sehr viel und agil arbeiten diese Teams unter dem neuen Label Squad und Tribe auch nur auf dem Portfolio.
- Neue Anforderungen im Sprint: Natürlich ist es sinnvoll, schnell anzupassen und neue Kundenanforderungen umzusetzen. Trotzdem lehnt Scrum Änderungen während eines Sprints wohlwissend ab. Denn wenn sich Anforderungen ständig ändern, wird kein Ergebnis geliefert, der Sprint kann nicht eingehalten werden und es entstehen Verwirrung und Ineffizienz. Wählen Sie lieber kürzere Sprints und passen Sie danach die neue Anforderung an.
- Die Rollen werden doppelt übernommen oder weggelassen: Ich erlebe immer wieder, wie der Product Owner und der Master in Personalunion übernommen wird. Das kann nicht gut gehen! Entweder es werden eine wichtige Rolle und Funktion vernachlässigt oder es entsteht ein Rollenkonflikt, der von einer Person nicht zugunsten des Projekts geklärt werden kann.

- Meetings werden weggelassen. Ein ganz fataler Fehler entsteht, wenn die relevanten Interaktionen gestrichen werden oder sich verwaschen. Alle drei Meetings (Dailys, Reviews und Retros) sind für verschiedene Aspekte bedeutsam und bilden das Herzstück der agilen Arbeitsweise.

10.4.4   Daily/Weekly

Ein Daily ist ein Kurzmeeting, in dem das Team täglich Bearbeitungsstände austauscht. Ein Weekly hat die gleiche Struktur, findet aber nur einmal wöchentlich statt und wird vorwiegend von Projektteams genutzt, die nicht täglich zusammenarbeiten. Gerade in selbstorganisierten Teams ist der effektive Austausch in kurzen Intervallen relevant, um die Auslieferung (Time to Market) zu beschleunigen und die Kooperation zu strukturieren.

Wo im Vertrieb einsetzbar?
Unabhängig von Frameworks sind Kurzmeetings in Form eines Daily- oder Weekly-Meetings immer dann zu empfehlen, wenn im Team Angebote für Kunden erstellt oder gemeinsame Dienstleistungen erbracht werden.

Was bringt es?
Kurzmeetings lassen sich je nach Bedarf abgewandelt überall dort einsetzen, wo Aufgaben komplexer sind und eine Notwendigkeit des Wissensaustauschs besteht. Sie haben trotz der Kürze von zehn bis 15 Minuten (die Zeit sollte man von der Teamgröße abhängig machen) viele Wirkungsmechanismen:

- Durch den kurzen Austausch der Emotionslage weiß jeder, wie es den Kollegen heute geht und kann das Verhalten daraufhin besser zuordnen.
- Das Team kann Kapazitäten erkennen und nach Bedarf steuern.
- Jeder weiß, wo die Kollegen in ihren Aufgaben stehen.
- Jeder wählt das Thema aus, das er als nächstes angehen wird.
- Kollegen können bei Bedarf unterstützen.
- Hindernisse werden geäußert und können behoben werden.

Wie läuft es ab?
- Das Team trifft sich zur gleichen Zeit am gleichen Ort im Stehen vor dem Board (Task-Board, Kanban-Board oder Shopfloor-Board)
- Der Moderator (Master, Coach oder einer aus dem Team) startet mit den Fragen:
  - **Wie geht es mir heute?** Jeder zieht dazu eine Gefühlskarte oder sagt ein Wort zur Emotionslage.
  - **Was habe ich gestern bearbeitet oder abgeschlossen?** Am Board werden die erledigten Aufgaben verschoben.

- **Was werde ich heute bearbeiten oder abschließen?** Am Board werden neue Aufgaben gezogen.
- **Welche Hindernisse oder Impediments stören mich bei meinen Aufgaben?** Jeder kann Hindernisse, Schwierigkeiten etc. äußern, die im Nachgang behoben werden.
- **Was brauche ich an Unterstützung?** Hier können zusätzliche Ressourcen, Entscheidungen, Mittel etc. gewünscht werden.
- Die Fragen werden an den Teambedarf angepasst.
- Wichtig ist das Einhalten des Timeboxing. Jeder hat etwa zwei Minuten Gesprächszeit.
- Keiner enthält sich, niemand überzieht seine Zeit.

Was sind typische Hindernisse?

Erfahrungsgemäß ist es wichtig, Dailies oder Weeklies wie feste Rituale zu pflegen. Der Wechsel von Zeit und Ort mündet meistens in Unklarheit und fehlender Verbindlichkeit. Sorgen Sie für die disziplinierte Einhaltung der Regeln (Timeboxing, Struktur etc.) und überziehen Sie niemals. Sonst verwässert dies die Wirksamkeit und das Meeting verliert an Prägnanz.

Ein weiteres Hindernis besteht bei verteilten Teams, die nicht an einem Ort arbeiten. In dem Fall führen Sie die Kurzmeetings online durch. Nutzen Sie unbedingt Videokonferenzen, um Interaktionen und Befindlichkeiten zu sehen und darauf reagieren zu können.

Diskussionen im Daily oder Weekly sollten vermieden werden. Besser ist es, die Themen zu sammeln und in der Retrospektive zu besprechen. Das Daily Stand-up ist, wie der Name schon sagt, ein kurzes tägliches Meeting, bei dem alle Teilnehmer stehen. Die Teammitglieder informieren sich in diesem Meeting über den aktuellen Status ihrer Arbeit und beantworten die oben genannten Punkte. Dabei ist es wichtig, dass die Teammitglieder einander berichten und nicht ihrem evtl. anwesenden Product Owner oder dem Moderator. Sie schauen einander an, alle anderen Anwesenden sind nur Zuhörer. Achten Sie auf wiederkehrende Probleme, die das Team nicht offen als Hindernis adressiert und thematisieren Sie diese in der Retro.

10.5   Check und Act: Frameworks und Methoden zur Prüfung und Anpassung

Nach der Aktions- und Umsetzungsphase, in der das Team schnell und effektiv Arbeitspakete abarbeitet, ist die Zeit für Reflexion gekommen. Aktion und Reflexion sollten in gesunder Balance zueinanderstehen – das ist die Voraussetzung dafür, die richtigen Dinge zu tun. Um nicht in alte Fahrwasser zu geraten, den Kunden aus dem Blick zu verlieren oder sich durch Missverständnisse oder Konflikte lahmzulegen, ist die Reflexionsphase mindestens genauso wichtig wie die Aktionsphase. Das wird meistens unterschätzt, und so manches Vertriebsteam rast getrieben von einem Sprint zum nächsten. Doch im Endeffekt bremst genau dieses Verhalten immens aus. Dem Team geht es dann ähnlich wie einem Läufer, der zu schnell anläuft und bei jedem Lauf das gleiche Laufmuster weiterführt, ohne sich die Zeit zu nehmen, zwischendurch innezuhalten, über seinen Laufstil, die Vorbereitungen, die Ernährung und dergleichen zu reflektieren und vor dem nächsten Lauf diese Erkenntnisse anzupassen. Er wird dann zwar auch eine (begrenzte) Leistung erbringen, doch entspricht diese nicht annähernd dem Potenzial, das er entwickeln könnte, wenn er reflektierte und aus seinen Läufen lernte. Ähnlich geht es Teams, die wenig reflektieren und sich nicht die Zeit nehmen, aus Vergangenem zu lernen. Sie werden ihr volles Potenzial auf diese Weise nie entfalten.

10.5.1   Review

Die Review ist ein Meeting, in dem das Team dem Kunden, Produkt Owner oder anderen Stakeholdern die fertigen Arbeitspakete aus der letzten Arbeitsphase vorführt. Ziel ist es, ein vorzeigbares Ergebnis oder Teilprodukt zu zeigen, anhand dessen die Stakeholder die Wirkung erleben und bewerten können. Das Team bekommt Feedback zu dem Produkt- bzw. Projektstand. Eine Review dauert eine bis zwei Stunden.

Wo im Vertrieb einsetzbar?
Reviews dienen der iterativen Anpassung neuer Vertriebsleistungen für Kunden. Sie erfahren damit regelmäßig und direkt, wie gut ihre Ergebnisse die Kundenbedarfe erfüllen und was Sie in der nächsten Arbeitsphase anpassen können.

Was bringt es?
- Der größte Nutzen der Reviews ist das Feedback von Kunden und Stakeholdern. Sie erhalten konkrete Optimierungen und Anpassungen für die nächste Phase.
- Außerdem prüft das Team durch die Demonstration und Zusammenfassung der Ergebnisse den eigenen Grad der Umsetzung und Zielerreichung.
- Die erzielten Ergebnisse werden in jeder Phase attraktiver für die Kunden.
- Sie sparen Zeit und Kosten, indem Sie wirkungslose Angebote frühzeitig erkennen und verwerfen können.

Wie läuft es ab?
- Das Team findet eine Möglichkeit oder Variante, wie das Produkt, die Dienstleistung oder die Vertriebsaktion erlebbar demonstriert werden können.
- Neben dem Produkt Owner werden Vertreter von Kunden und Stakeholdern eingeladen.
- Der Moderator analysiert und beschreibt den Ablauf der aktuellen Iteration, um die Besucher zu informieren.
- Dazu wird die Umsetzungsphase anhand der passenden Methoden und Tools analysiert und bewertet (s. Abb. 10.24). Abb. 10.25 zeigt Analysemethoden für die Review.

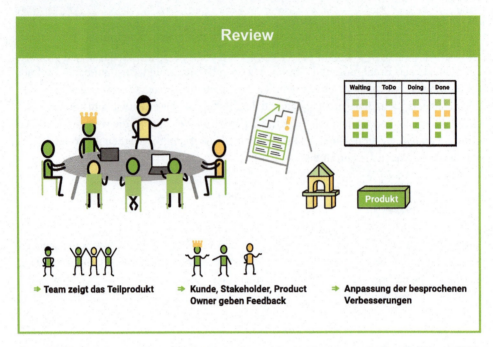

Abb. 10.24 Das Review-Meeting. (Mit freundlicher Genehmigung von © Claudia Thonet 2020. All Rights Reserved)

- Auch die Relevanz und die Ziele der Umsetzungsphase werden kurz zusammengefasst.
- Das Team zeigt seine Arbeitsergebnisse in möglichst plastischer Form (keine Beamer-Präsentation). Die Anwesenden sollen die Funktionsweise und die Wirkung so realistisch wie möglich erleben.
- Der Review-Moderator ermutigt zu Feedback und zum Austausch zu den einzelnen Funktionen. Das Feedback wird schriftlich festgehalten.
- Gemeinsam werden Anpassungen und Optimierungen besprochen und für die nächste Iteration integriert.

Was sind typische Hindernisse?
- Die Arbeitspakete sind nicht fertiggestellt und das Teilprodukt ist fehlerhaft oder unvollständig. Zeigen Sie insbesondere in agilen Projekten Fehlertoleranz und halten Sie trotzdem die Review ein. Sie zeigen einfach das, was bisher erschaffen worden ist, und erläutern die Hindernisse.
- Rechtfertigungen, Vorwürfe oder Diskussionen (Warum hat das so lange gedauert, X fertigzustellen?) sollten vermieden werden.
- Manager nehmen sich nicht die Zeit für die Review oder wollen lieber alles mit der Führungskraft besprechen. Hier zeigt sich der Level des vorhandenen Kulturwandels. Nicht mehr die Führung klärt relevante Entscheidungen untereinander, sondern die selbstorganisierten Teams. Für diesen Wandel braucht es Stringenz – und gerade die Manager müssen als Vorbild unterstützen.

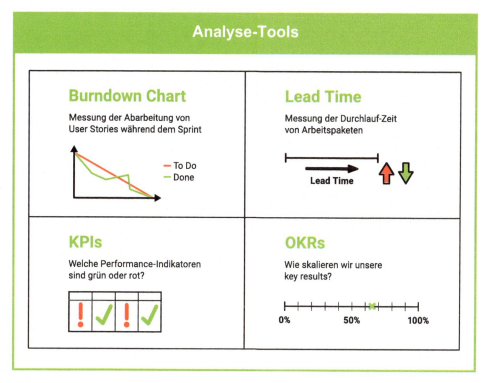

Abb. 10.25 Analysemethoden für die Review. (Mit freundlicher Genehmigung von © Claudia Thonet 2020. All Rights Reserved)

10.5.2 Retrospektive

In der Retrospektive schaut das Team auf die Zusammenarbeit. Es nimmt sich drei bis vier Stunden Zeit, um die vergangene Iteration zu reflektieren. Ziel ist es, aus der Vergangenheit zu lernen. Dazu schauen die Teammitglieder gemeinsam zurück und bewerten, was gut und was schlecht gelaufen ist. Gemeinsam werden die Hintergründe erforscht und verstanden, um Lösungen zu vereinbaren.

Wo im Vertrieb einsetzbar?
Unabhängig von agilen Projekten und Frameworks halte ich die Retrospektive für den Erfolgshebel schlechthin, um Teams in einen hohen Reifegrad zu führen. Je nach Teamzustand und Reifegrad empfehle ich einen Retrospektiven-Zyklus von mindestens drei Monaten.

Was bringt es?
Retros bringen Teams und Einzelne im Team weiter in ihrer Entwicklung. Sie sind wie eine komprimierte Teamentwicklung und erhöhen den Reflexionsgrad des Teams. Für interdisziplinäre Teams sind sie ein absolutes Muss, um mit der Divergenz umgehen zu

können. Für eine Selbstorganisation braucht das Team einen hohen Reifegrad. Der entsteht aber nicht zufällig, sondern ist ein Ergebnis harter Arbeit an der Entwicklung des Teams.

Wie läuft es ab?
Retros werden gut vorbereitet. Der Master, der Moderator oder der agile Coach wählt eine zum Team und zur Teamstimmung passende Retrospektiven-Methode aus und bereitet alle Materialien vor.

Die Anforderungen an den Moderator sind vielschichtig und erfordern Erfahrung und Moderationskompetenz.

Eine Retro hat fünf Phasen, die jeweils individuell konzipiert und moderiert werden (s. Abb. 10.26):

1. **Einloggen:** Holen Sie alle Teilnehmer mit ins Boot und klären Sie Sinn und Zweck.
2. **Themen erheben und bewerten:** Reflektieren Sie die letzte Iteration. Sammeln und priorisieren Sie die Themen.
3. **Hintergründe verstehen:** Ergründen Sie die Ursachen und Zusammenhänge für Missverständnisse, Schwierigkeiten oder Hindernisse.

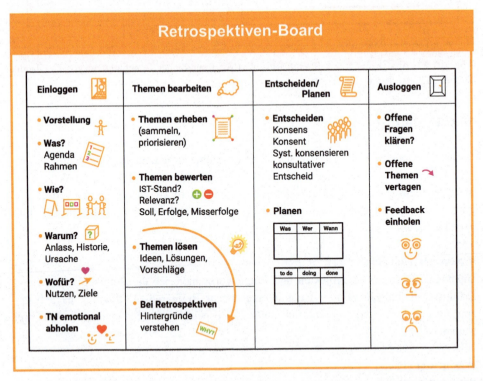

Abb. 10.26 Das Retrospektiven-Meeting. (Mit freundlicher Genehmigung von © Claudia Thonet 2020. All Rights Reserved)

4. **Themen lösen und entscheiden:** Treffen Sie im Team gemeinsam Vereinbarungen und Entscheidungen, die die Kooperation und den Teamgeist fördern.
5. **Ausloggen:** Lassen Sie alle Beteiligten ihr Feedback zur Retro geben und sorgen Sie für einen guten Abschluss.

Was sind typische Hindernisse?

- Halbherzig vorbereitete oder schlecht moderierte Retrospektiven richten mehr Schaden an, als sie Nutzen bringen. Retrospektiven zu moderieren ist nichts, was einer aus dem Team nebenher aus dem Ärmel schütteln kann. Lassen Sie ein Teammitglied zum Moderator ausbilden oder beauftragen Sie für die ersten Retros einen Experten auf diesem Gebiet.
- Der Moderator braucht eine neutrale Haltung und professionelle Distanz. Sobald er als Teammitglied eigene Interessen verfolgt, ist er nicht mehr in der Lage, der Aufgabe gerecht zu werden. Gerade bei Konflikten im Team ist die allparteiliche und lösungsorientierte Steuerung essenziell.
- Befindlichkeiten und ungünstige Interaktionen untereinander sind oftmals anstrengend und destruktiv. Sorgen Sie für radikale Akzeptanz der verschiedenen Charaktere. „Jeder ist als Mensch eine Zehn" – das ist mein Slogan.
- Keiner ist mehr wert oder als Mensch den anderen überlegen. Lassen Sie keine Erziehungsmaßnahmen untereinander zu, sondern fördern Sie als Moderator die Divergenz. Unterschiede auszuhalten ist für viele eine Herausforderung.
- Fehlendes Vertrauen macht Retros zu einer Farce. Denn ohne psychologische Sicherheit sagt keiner mehr, was er wirklich denkt; die relevanten Themen werden unter den Teppich gekehrt.

10.5.3 Management Strategieboard

Das Management Strategieboard ist ein Artefakt für Flughöhe 3 (s. Abschn. 5.6.3). Wenn das Management seine Strategie und alle Projekte und Innovationen offenlegt, die auf die Vision des Unternehmens einzahlen, dann ist der Wandel auf allen Ebenen integriert und wird auch top-down gelebt. Zurzeit gibt es viele Diskussionen, ob Transformation wie beim Graswurzel-Gedanken (Transformation von unten) und damit von einzelnen Mitarbeitern und Teams initiiert wird oder ob es effektiver ist, den Wandel top-down zu treiben und zu lenken. Ich denke, dass beide Strategien zusammen einen effektiven Weg ergeben, der eine Organisation optimal weiterbringt.

Wo im Vertrieb einsetzbar?

Voraussetzung für den Einsatz und die Wirkung ist ein Topmanagement, das sich ernsthaft infrage stellt und bereit ist, bei sich selbst anzufangen mit der Transformation – und zwar durch Selbstreflexion und Experimente.

Was bringt es?

Das Board ist nur die visuelle Darstellung und der Ausdruck der Kultur, die gelebt wird. Es wird auch nur Wirkung zeigen, wenn das Management die eigene Offenheit und Beteiligung ernst meint. Der Kulturwandel bringt den größten Ertrag, wenn Purpose und Strategie klar kommuniziert sind und der gesamte Vertrieb mit seinen Schnittstellen sich daran ausrichtet.

Wie läuft es ab?

- Entwickeln Sie eine Vision (s. Abschn. 5.2) und beteiligen Sie unterschiedliche Denktypen (divergent und konvergent) dabei.
- Beschreiben Sie anhand der Vision die Strategie, beispielsweise mit Canvas (s. Abschn. 5.3).
- Nutzen Sie eine große Wandtafel, die für jeden im Unternehmen zugänglich ist, als einen Ort der Begegnung.
- Visualisieren Sie Ihre Vision in einem Feld dieser Tafel und nutzen Sie nicht nur Worte, sondern auch Bilder, mit denen eine emotionale Botschaft transportiert wird.
- Beschreiben Sie die Strategie anhand eines Wegs hin zur Vision oder anhand verschiedener Perspektiven (Kunde/Markt, Teams, Prozesse, Partner etc.).
- Legen Sie die OKR des Managements offen und zeigen Sie den jeweils aktuellen Zyklus auf dem Board.

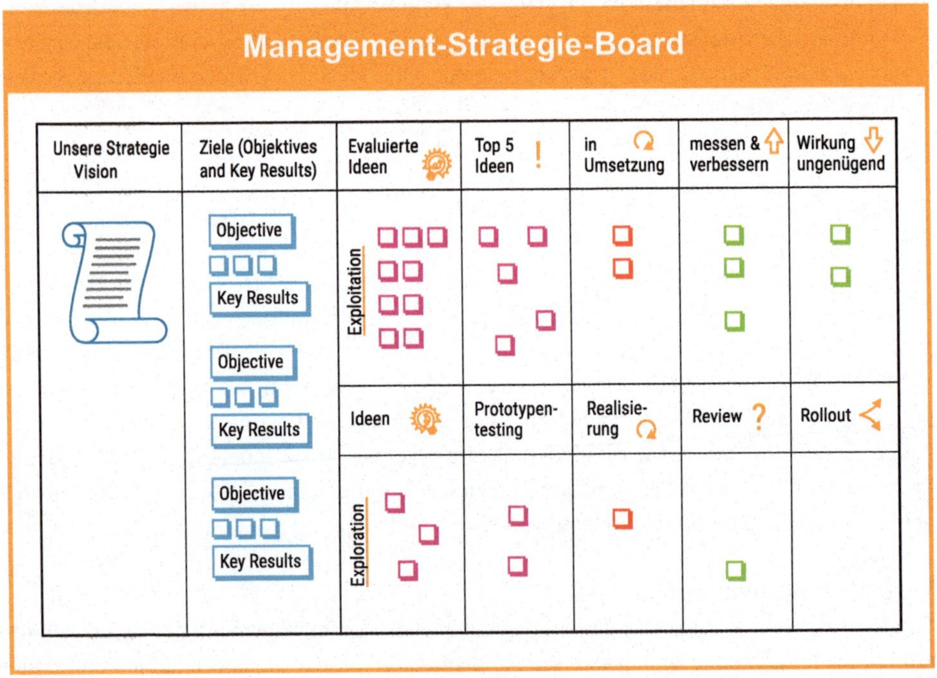

Abb. 10.27 So machen Sie Strategien des Managements transparent. (Mit freundlicher Genehmigung von © Claudia Thonet 2020. All Rights Reserved)

- Unterteilen Sie die Exploitation (das laufende Geschäft aus dem Horizont 1) und die Exploration (Think New für Horizont 2 und 3).
- Die evaluierten Ideen für Exploitation und Exploration werden durch Klebenotizen in der aktuellen Phase der Bearbeitung (Prototyping, Umsetzung, Review, Messen und Verbessern, Verwerfen, Roll-out) am Board visualisiert (s. Abb. 10.27).

Was sind typische Hindernisse?

Das größte Hindernis ist die fehlende Bereitschaft des Topmanagements, eigene Themen offenzulegen und sich fehlbar zu zeigen. Erst wenn das Topmanagement aufhört, Stärke zu demonstrieren, die es oftmals gar nicht haben kann, und seine Teams offen und ehrlich um Feedback oder Rat bittet, dann hat der Kulturwandel an der richtigen Stelle gefruchtet.

Literatur

Dilts R (1994) Strategies of Genius. Volume I: Aristotle, Sherlock Holmes, Walt Disney, Wolfgang Amadeus Mozart. Meta Publications, Capitalo

Leopold K (2018) Agilität neu denken. Leanability, Wien

Mezick D, Pfeffer J, Sasse M, Pontes D, Sheffeld M (2019) Das OpenSpace Agility Handbuch: Organisationen erfolgreich transformieren: gemeinsam, freiwillig, transparent. peppair, Wangen im Allgäu

Owen H (2011) Open Space Technology: ein Leitfaden für die Praxis. Schäffer-Poeschel, Stuttgart

Pfeffer J, Sasse M (2018) OpenSpace Agility kompakt: Mit Freiraum und Transparenz zur echten agilen Organisation. peppair, Wangen im Allgäu

Preußig J (2015) Agiles Projektmanagement. Haufe, Freiburg

Shostack L (1984) Designing services that deliver. Harvard Business Manager, January 1984. https://hbr.org/1984/01/designing-services-that-deliver. Zugegriffen am 20.07.2019

Wikipedia (2019a) Demingkreis. https://de.wikipedia.org/wiki/Demingkreis. Zugegriffen am 18.03.2019

Wikipedia (2019b) David Kelley. https://de.wikipedia.org/wiki/David_Kelley_(Ingenieur). Zugegriffen am 03.05.2019

Schlusswort

Als ich vor einem Jahr das Buchprojekt „Agiler Vertrieb" in Angriff nahm, gab es durchschnittlich nur zehn Google-Suchanfragen pro Monat zum Begriff „Agiler Vertrieb". Meine neuen offenen Ausbildungen zum „agilen Vertriebscoach und zur agilen Führung im Vertrieb" wurden entsprechend belächelt. Die meisten Kollegen sahen einfach keinen Markt dafür und konnten sich vieles vorstellen, doch beim besten Willen keinen agilen Vertrieb. Nichts desto trotz war mir das Thema nicht nur eine Herzensangelegenheit nach dem Motto „Klasse statt Masse"; ich wollte darüber hinaus gerne eine kleine Revolution im Sales- und Servicebereich anzetteln. Dem Himmel sei Dank!

Ich bin damit nicht alleine geblieben, mittlerweile packen einige Vertriebsbereiche und Berater den Kulturwandel aktiv mit an. Inzwischen sind es fünfmal mehr Suchanfragen bei Google pro Monat, und auch meine Kurse werden mit wachsendem Interesse gebucht.

Ich freue mich ganz besonders über die Öffnung des Vertriebs für agile Arbeits- und Denkweisen. Es lebe die Evolution, mit einer Prise Revolution. Seien Sie mutig, liebe Vertriebler, und packen Sie den Wandel an – Sie werden sehen, es lohnt sich!

© Springer Fachmedien Wiesbaden GmbH, ein Teil von Springer Nature 2020
C. Thonet, *Der agile Vertrieb*, Edition Sales Excellence,
https://doi.org/10.1007/978-3-658-29093-1

Ihr Bonus als Käufer dieses Buches

Als Käufer dieses Buches können Sie kostenlos das eBook zum Buch nutzen.
Sie können es dauerhaft in Ihrem persönlichen, digitalen Bücherregal
auf **springer.com** speichern oder auf Ihren PC/Tablet/eReader downloaden.

Gehen Sie bitte wie folgt vor:

1. Gehen Sie zu **springer.com/shop** und suchen Sie das vorliegende Buch
   (am schnellsten über die Eingabe der eISBN).
2. Legen Sie es in den Warenkorb und klicken Sie dann auf:
   zum Einkaufswagen/zur Kasse.
3. Geben Sie den untenstehenden Coupon ein. In der Bestellübersicht wird
   damit das eBook mit 0 Euro ausgewiesen, ist also kostenlos für Sie.
4. Gehen Sie weiter **zur Kasse** und schließen den Vorgang ab.
5. Sie können das eBook nun downloaden und auf einem Gerät Ihrer Wahl lesen.
   Das eBook bleibt dauerhaft in Ihrem digitalen Bücherregal gespeichert.

EBOOK INSIDE

eISBN	978-3-658-29093-1
Ihr persönlicher Coupon	xFRp3RpWm5JjRS6

Sollte der Coupon fehlen oder nicht funktionieren, senden Sie uns bitte
eine E-Mail mit dem Betreff: **eBook inside** an **customerservice@springer.com**.

Printed by Printforce, the Netherlands